Theodore Isaac Rubin
Sich selbst annehmen

Theodore Isaac Rubin
mit Eleanor Rubin

Sich selbst annehmen

Der Weg vom Selbsthaß zum positiven Ich

mvg verlag

CIP-Kurztitelaufnahme der Deutschen Bibliothek

Rubin, Theodore I.:
Sich selbst annehmen : d. Weg vom Selbsthaß
zum positiven Ich / Theodore Isaac Rubin.
[Aus d. Amerikan. übertr. von Angelika
Bardeleben]. – Landsberg am Lech : mvg-Verlag,
1987.
Einheitssacht.: Compassion and self hate <dt.>
ISBN 3-478-07070-8

Titel der amerikanischen Originalausgabe: „Compassion and Self Hate – An Alternative to Despair“

Aus dem Amerikanischen übertragen von Angelika Bardeleben.

Umschlaggestaltung: Baeuerle & Gruber
Satz: Verlagsdruckerei Kessler, 8903 Bobingen
Druck: Presse Druck, Augsburg
Bindearbeiten: Thomas-Buchbinderei, Augsburg
Printed in Germany 070070/487502
ISBN 3-478-07070-8

Inhalt

Teil 1

Eine Alternative zur Verzweiflung

Wenn jemand grausam ist zu sich selbst,
sich selbst Leid zufügt, wie könnten wir jemals von
ihm erwarten, daß er Einfühlungsvermögen für
seine Mitmenschen aufbringt?

(Hasdai, Ben ha-Melekh, ve-Ha-Nazer)

Die Inspiration zu diesem Buch kam aus den Erfahrungen, die ich mit mir selbst und mit meinen Patienten gemacht hatte.

Vor einigen Jahren hatte ich eine sehr schmerzhafte Depression; sie war eine Folge von, wie ich meinte, persönlichem Versagen und einem dadurch sehr tief verletzten Stolz.

In einer psychoanalytischen Behandlung lernte ich viel über mich selbst, wovon ich vorher nicht die geringste Ahnung hatte. Dazu gehörte vieles über Gefühlsprobleme und -verwirrungen, aber auch sehr viel Gutes über meine menschliche Grundsubstanz. Aber trotz dieser wertvollen und wichtigen Einsichten hatten mich meine Verzweiflung und meine Depression weiter im Griff, und ich glaubte allmählich, mich nie mehr wieder richtig wohl fühlen zu können. Mir wurde klar, daß ich in Wirklichkeit gnadenlos auf mir herumhackte. Ich erkannte, daß ein großer Teil dieser Selbstquälerei auf ein falsches, perfektionistisches und schrecklich aufgeblasenes Selbstbild zurückzuführen war. Ich hatte das Gefühl, daß ich in dem Moment, wo ich diesem Bild nicht hatte entsprechen können, auf den Status eines minderen Menschen herabgesunken war.

Trotz all meiner Bemühungen konnte ich diesen Prozeß des Selbsthasses nicht einfach abstellen. Besonders schrecklich waren meine Nächte. Entweder durchwachte ich unruhige Stunden, in denen ich selbstquälerischem Grübeln nachhing, oder ich hatte Alpträume, in denen ich mich als Kind erlebte und mich dementsprechend hilflos, verängstigt und verletzlich fühlte. Ich durchlebte noch einmal die Gefühle von Demütigung, wie ich sie in der fünften Klasse hatte. Es war gerade so, als ob die Entwicklung, die Entfaltung und das Wachstum, die ich seitdem durchgemacht hatte, überhaupt nicht stattgefunden hätten. Trotz besserer Einsicht hatte ich kein Erbarmen für das verwirrte Kind, das ich gewesen war und das offensichtlich immer noch in meinem Inneren lebendig war; noch weniger Mitgefühl hatte ich für den jungen Mann, zu dem ich inzwischen herangewachsen war. Der Maßstab für mein Recht zu *sein* war unglücklicherweise nur an dem orientiert, was ich erreichte. Ein scheinbarer Fehlschlag genügte, um diese zerbrechliche, feine Konstruktion zusammenbrechen zu lassen und um eine fast vollständige lähmende Depression hervorzubringen.

Ich gehörte zu den sehr wenigen Leuten mit viel Glück. Meine Frau, Ellie, war in ihrer Liebe und in ihrem Mitgefühl für mich unbeirrbar, und sie half mir zudem, viele Dinge klarer zu sehen. Mein Therapeut hatte, neben anderen menschlichen Qualitäten, einen großen Kampfgeist und sehr viel Mitgefühl. Beides setzte er ein, um tapfer gegen meinen Selbsthaß anzukämpfen. Wir gewannen.

Eines Abends, als seine unerschütterlich sympathisierende Haltung mich einmal tief anrührte – und zugleich meine eigenen schlafenden Reserven von Mitgefühl weckte – fand eine radikale Veränderung statt. Bevor ich in dieser Nacht einzuschlafen versuchte, beschloß ich, nicht vom Kopf her, sondern vielmehr mit meinem Gefühl, alles endlich „loszulassen“, mich einfach fallenzulassen, mich zu entspannen, aufzuhören, mich anzuklagen, alles unter Kontrolle zu haben, alles in Ordnung bringen zu wollen – einfach die Dinge laufen zu lassen – geschehen zu lassen, was sowieso geschah. Auf der Bewußtseinsebene fühlte ich mich, als wäre ein großes Gewicht von meiner Brust genommen. Plötzlich war ich von einem neuen Glauben an die Menschen erfüllt, an die Bedingungen, unter denen Menschen leben, an die Welt, an die Natur und, ich denke, an all das, was einige Menschen als Gott empfinden. Aber dies bedeutete in Wirklichkeit Glauben an mich selbst, nämlich an mich als Ganzes, krank oder gesund. Dies war Ausdruck sowohl eines Gefühls von Demut als auch eines Gefühls von Selbstannahme und Mitgefühl für mich selbst. Ich sah endlich ein, daß ich tatsächlich kleiner war als die Welt, in der ich lebte, und das gab mir ein gutes Gefühl von Bescheidenheit und Erleichterung. Und ich mochte diese neue Haltung an mir. Ich konnte nun mit meinen Tugenden, mit meinen Vorzügen, Problemen, Grenzen und Fehlschlägen leben, ohne davor auszuweichen und ohne schrecklichen Selbsthaß zu empfinden. Obwohl es mir zu jenem Zeitpunkt noch gar nicht bewußt war, aber dies war der Anfang eines Lebens voller Selbstliebe. Der Kampf darum hatte begonnen. In jener Nacht schlief ich friedlich. Am Morgen war meine Depression verflogen.

Jeder von uns hat zwei gegensätzliche Strebungen von enormer Kraft und Wirksamkeit in sich: Mitgefühl und Selbstliebe sind die stärksten menschlichen therapeutischen Wirkungsmechanismen, die es gibt. Mitgefühl für sich selbst, Selbstannahme sind das stärkste Potential für konstruktives Wachstum und für menschliche Kreativität. In dieser Haltung liegen fast unbegrenzte Möglichkeiten, um diese Entwicklung zu konstruktivem Wachstum und zu menschlicher Kreativität zu fördern.

Selbsthaß ist der stärkste menschliche antitherapeutische Wirkungsmechanismus, den es gibt. Die zerstörerischen Möglichkeiten einer solchen Haltung sind fast unbegrenzt.

Bis heute können Menschen, aus keinem Kulturkreis, diesem Zwiespalt entrinnen. Es gibt überall eine solche Zweiteilung der psychischen Struktur des Menschen. Gefühle von Verzweiflung sind direkt proportional zu der Energie und den Gefühlen, die im Dienste des Selbsthasses stehen. Das Gefühl von Wohlbefinden und das Gefühl, relativ frei zu sein von zerstörerischem inneren Aufruhr, sind direkt proportional zu der Energie und den Gefühlen, die im Dienste der Selbstliebe stehen.

Für diejenigen unter uns, die sich für menschliches Wachstum und für eine Steigerung des inneren Friedens interessieren, ist es lebenswichtig, diese Kräfte kritisch zu betrachten und zu verstehen. Dies ist die einzige wirksame Möglichkeit, um Selbsthaß zu untergraben, um die Selbstannahme und Selbstliebe zu steigern und um innere Verzweiflung zu mindern. Ich glaube, daß alle psychotherapeutischen Ansätze, die diesen Bereich vernachlässigen, langfristig nicht erfolgreich sein können. Auf der anderen Seite hat jede Beziehung, sei es im Beruf oder in einem anderen Bereich, die den Selbsthaß mindert und die Selbstannahme steigert, eine langfristig und vielleicht sogar andauernd therapeutische Wirkung. Dieser Prozeß wiederum ermöglicht eigenes Wachstum, Kreativität und konstruktive Beziehungen untereinander. Mit Sicherheit werden wir bessere Beziehungen zu anderen aufbauen können, wenn wir eine bessere Beziehung zu uns selbst haben.

Der erste Teil dieses Buches soll einer Erörterung des Selbsthasses dienen. Im Krieg ist es lebenswichtig, den Feind zu kennen, und selbst wenn wir uns dessen nicht im mindesten bewußt sind, so kämpfen wir alle in unserem Innern einen solchen Krieg. Für nur allzu viele jedoch das schreckliche Ende eines solchen Kampfes bereits vorprogrammiert. Ohne die Erleuchtung, die uns Einsicht und das Verständnis der inneren Zusammenhänge bringen können, siegt ein Gefühl der Hoffnungslosigkeit, und es ist unausweichlich, daß wir am Ende unterliegen. Unsere inneren Kraftreserven, unsere Vitalität und unsere Spontaneität werden zerstört, weil wir mit einem versteckten und unbekannten, aber immer gegenwärtigen Feind leben. Verklemmte Gefühle, ein inneres Absterben, ein Verlust von Empfindungen und menschliche Verzweiflung sind das Resultat. Der erste, lebenswichtige therapeutische Schritt ist, die Natur des Selbsthasses zu erkennen und zu verstehen.

Im mittleren Teil dieses Buches werde ich den Begriff der Selbstliebe und eines Lebens im Sinne der Selbstliebe definieren und erörtern. Selbstliebe in dem Sinne, wie dieser Begriff in diesem Buch gebraucht wird und wie wir dieses Gefühl in unserem Leben erfahren, bezieht sich auf eine sehr aktive und starke Kraft, die in diesem besonderen Zusammenhang gesehen werden muß. Einige ihrer Auswirkungen sind sehr kompliziert und komplex, aber es kann sehr lohnend, ja sogar lebensrettend sein, sie zu verstehen.

Hoffentlich wird ein solches Verständnis dem aktiven therapeutischen Prozeß einer Verminderung des Selbsthasses förderlich sein, die Selbstannahme steigern und das Gefühl der Verzweiflung, das aus der Selbstaufgabe und Hoffnungslosigkeit entspringt, auslöschen. Die Alternative zu solchen Gefühlen sind die positive Einstellung zur eigenen Persönlichkeit, zum wirklichen Selbst, und eine größere Befähigung zum Frieden und zum Glück.

Der letzte Abschnitt des Buches – „Bedingungen des menschlichen Lebens“ – soll zu einem besseren Verständnis unserer wichtigsten destruktiven kulturellen Werte verhelfen. Wenn wir diese Werte verstehen und ändern, dann muß sich unser Selbsthaß, ebenso wie der Haß gegeneinander, vermindern, und wir werden schließlich einen Beitrag zu einem liebevolleren, einfühlsameren menschlichen Zusammenleben leisten.

Teil 2

Selbsthaß

Selbsthaß in Aktion

Selbsthaß, der Haß auf die eigene Persönlichkeit oder auf einen spezifischen Bereich der eigenen Persönlichkeit, ist immer ein aktiv fortlaufender Prozeß. Wenn wir uns für unser Aussehen hassen, die Art, wie wir uns bewegen, für ein besonderes körperliches Gebrechen oder für Eigenschaften, die im Widerspruch zur Gesellschaft stehen, wie Eifersucht, Neid, Besitzgier, Schwäche, Verletzlichkeit, Verstellung, Lügen, Stehlen oder sogar zum Mord, zu Perversionen sexueller oder anderer Art, dann betreiben wir aktiven Selbsthaß. Wir sind Opfer von Selbsthaß, wenn wir uns hassen für Dinge, die unseren Wesenskern ausmachen, oder wenn wir allgemein Gefühle von Selbstverachtung haben.

Während es so scheint, daß die Gefühle oder Taten, die Selbsthaß ausdrücken, isoliert auftreten, sind sie doch tatsächlich immer ein Aspekt eines zusammenhängenden, fortlaufenden Prozesses. Er beginnt mit Gefühlen von Unzufriedenheit und streckt sich hin bis zu Verachtung, Ekel und Widerwillen. Zu ihm gehören der Entschluß, sein Selbst zu sabotieren, alle Aktivitäten, die gegen das eigentliche Selbst gerichtet sind, letztendlich auch der Selbstmord.

Das eigentliche Selbst bedeutet hier das, was wir wirklich sind, und nicht verzerrte Versionen dessen, was wir annehmen zu sein oder was wir gerne sein möchten. Alle Verzerrungen des Selbst, sei es durch Erniedrigung oder Idealisierung, bedeuten eine Zurückweisung des eigentlichen Selbst und sind deshalb Selbsthaß. Selbsthaß ist also auch, seine Fähigkeiten zu überschätzen. Aber ebenso ist Ausdruck von Selbsthaß, diese Fähigkeiten zu schmälern oder zu ignorieren. Eine Verzerrung der Realität, wie auch immer sie aussehen mag, hat immer zerstörerische Wirkungen auf die eigene Persönlichkeit.

Wenn wir uns entschieden haben, eine bestimmte Rolle zu spielen, dann mag uns eine solche Realitätsverzerrung dabei helfen. Sie geht jedoch immer auf Kosten des eigentlichen Selbst. Wir können zum Beispiel vorgeben, daß wir alles wüßten und außerstande sind, jemals eine schlechte Entscheidung zu treffen. So können wir die Rolle eines allmächtigen Supermenschen aufbauen. Aber dies bedeutet eine Geringschätzung des eigentlichen Menschlichen in uns.

Dieser eigentliche Mensch kann nicht allwissend sein, er kann nicht die Zukunft vorhersagen, und er muß notwendigerweise schlechte wie gute Entscheidungen treffen. Ein solcher unmenschlicher Anspruch führt unausweichlich zu einem Gefühl der Verachtung und zu Zweifeln an den begrenzten, aber wirklich vorhandenen Fähigkeiten des Menschen. Später werde ich darstellen, daß viele unserer verzerrten Ansichten darauf zurückzuführen sind, daß in unserer Kultur die wirklichen Bedingungen unseres Lebens mißverstanden werden. Einigen dieser Mißverständnisse werde ich nachgehen.

Selbsthaß ist auch jeder Gedanke, jedes Gefühl oder jede Tat, die auf Ansichten basieren, die das Wahre und wirklich in uns Vorhandene verneinen oder in den Schmutz ziehen.

Sobald die Kindheit vorüber ist, entwickelt sich der Selbsthaßprozeß zu einer eigenständigen Kraft, und wenn nicht aktiv, heldenhaft dagegen angegangen wird, dann wird er sich ungehindert, automatisch, zwanghaft fortsetzen, wie unser Herz schlagen muß. Oft kann der augenscheinlich passivste Teil des Selbsthasses dauerhafte und bösartige Folgen haben. Die Auswirkungen chronischen Selbsthasses und geringer Selbstachtung sind unsichtbar und zugleich alles durchdringend, auch wenn sie nicht sofort deutlich werden. Allgemeine Gefühle von Wertlosigkeit und Unzulänglichkeit ziehen unausweichlich eine in jeder Hinsicht katastrophale Lebensführung nach sich. Aufsehenerregende, selbstzerstörerische Handlungen können auf der anderen Seite für jeden erkennbar sein, aber häufig ist der gesamte Schaden, den sie hervorrufen, begrenzt.

Ich habe eine Patientin, die es unweigerlich schafft, sich stets selbst den Urlaub zu verderben. Sie haßt sich dafür, daß sie in Urlaub geht, weil sie sich unrealistischerweise als eine unermüdliche Arbeitsmaschine ansieht. So wird sie denn während ihres Urlaubes krank; sie fährt zusammen mit „Freunden", deren Nähe ihr unerträglich ist; sie erleidet kleinere Unfälle, die von verstauchten Knöcheln bis zu Schnittverletzungen am Finger reichen; sie packt Kleidung ein, die für einen bestimmten Ort oder für ein bestimmtes Klima unpassend ist; sie baut unerfüllbare Erwartungen auf, die sie letztlich enttäuscht und unglücklich zurücklassen. Die meiste Zeit jedoch lebt sie ein relativ volles und erfülltes Leben, sie hat gute Beziehungen zu anderen Menschen und ist fähig, sich über längere Zeiträume hinweg einigermaßen glücklich zu fühlen.

Ich habe einen anderen Patienten, dessen extrem niedrige Meinung über sich selbst und dessen Gefühle in bezug auf sich selbst es unmöglich machen, daß er eine Arbeit verrichtet oder gesellschaftliche Beziehungen aufbaut, die seinen wirklich vorhandenen und beträchtlichen Fähigkeiten und guten Eigenschaften entsprechen würden. Das ganze Leben dieses Mannes spielt sich auf einer niedrigen, deprimierten und unerfüllten Stufe ab. Eben dieser Selbsthaßmechanismus, der ihn zwingt, ein Leben an der Grenze des Gelähmtseins zu führen, hindert ihn auch daran, sich mit Risikosituationen auseinanderzusetzen, denn sie könnten zu selbstzerstörerischen Unfällen führen. Aber sogar dann, wenn er eine absolut sichere Position einnimmt, ist er im Nachteil.

Meine erste Patientin, nennen wir sie einmal Bettina, kann leicht erkennen, welche Handlungen ihrem Selbsthaß erwachsen und welche Folgen für sie daraus entstehen. Sie kann dann die Ursachen dafür ergründen, so daß sie einen Sinn ergeben. Peters Gefühle in bezug auf sich selbst und ihre Auswirkungen auf sein Leben stellen dagegen eine diffusere Sachlage dar. Sie beruhen nicht auf konkreten, leicht erkennbaren Situationen, und sie sind einer Beobachtung und Ergründung nur schwer zugänglich.

Sein Selbsthaß ist weniger offensichtlich und führt oberflächlich nicht zu dem, was wir als einen offenen Akt des Sich-selbst-Schmerz-Zufügens ansehen, wie zum Beispiel ein verstauchter Knöchel oder kleinere Autounfälle. Sein Selbsthaß hat einen allumfassenden Charakter, und dieser zwingt ihm einen bestimmten Lebensstil auf. Er ist so durchdrungen, erfüllt und vollkommen identisch mit seinem Selbsthaß, daß *er* und *sein Selbsthaß* als untrennbar erscheinen. Deshalb war auch sein Selbsthaß ursprünglich sehr schwer erkennbar. Ich denke dabei an das Bild einer totalen Sonnenfinsternis, in der die ganze Sonne verdunkelt ist; im Vergleich dazu erscheint in einer teilweisen Finsternis der Sonnenkranz vielleicht noch am Rande sichtbar. Peters „Sonnenkranz“ war kaum sichtbar, als er zu mir kam. Er war nur sichtbar in Form eines starken, aber tief vergrabenen Lebenswillens, der sich noch in einer winzigen Kammer seiner Gefühle regte. Er nannte es eine „Sehnsucht“, obwohl sein chronisch gleichförmiges Wesen und die Bösartigkeit seines Selbsthasses es zunächst unmöglich machten, mir oder sich selbst zu sagen, wonach er Sehnsucht hatte. Bettinas Selbsthaß war offenkundig. Er zeichnete sich klar ab und war leichter anzugehen.

Auf jeden Fall ist Selbsthaß immer ein Teil eines autonomen und aktiven Prozesses, der viel oder wenig im Leben eines Menschen zerstören kann. Zwar ist der Zusammenhang zwischen dem Selbsthaßprozeß und seinen Auswirkungen nicht sofort offensichtlich, aber es gibt ihn immer: Selbsthaß hat unweigerlich einen zerstörerischen Effekt. Ich werde später über das Fehlen des Bewußtseins einer solchen Wirkung beziehungsweise über den unbewußten Aspekt des Selbsthasses noch mehr sagen. Ich möchte zunächst den Ursprung von Selbsthaß erörtern und dann zeigen, wie diese Haltung genährt und aufrechterhalten wird.

Wie Selbsthaß entsteht

Als menschliche Wesen haben wir eine Reihe unverwechselbarer Charakterzüge. Einige davon machen uns außerordentlich aufnahmebereit für das Erzeugen und die Aufrechterhaltung von Selbsthaß. Als Angehörige der Gattung Mensch haben wir die besondere Fähigkeit, uns selbst zu beobachten und uns selbst gegenüber kritisch zu sein. Wir verfügen auch über ein weitreichendes Gedächtnis. Anders als andere Geschöpfe, deren gegenwärtige Befindlichkeit und deren Gefühl im Hier und Jetzt einen verhältnißmäßig kurzen Zeitraum umfaßt, ist unser Jetzt aus miteinander verbundenen Gefühlen und Verhaltensinformationen zusammengesetzt, die auf unsere frühesten Kindheitstage zurückgehen. Wir sind auch besonders empfänglich für Informationen und Einflüsse von außen, vor allem in einem sehr frühen Lebensalter. So sind wir in geringerem Maße angeborenen, instinktiven, biologischen Verhaltensmustern unterworfen, aber wir sind auch weniger durch sie geschützt.

Das bedeutet, daß wir im Gegensatz zu anderen Organismen zu unzähligen Gefühlen und Verhaltensweisen befähigt sind und daß wir über ein großes Maß an Anpassungsfähigkeit verfügen. Aber eben diese Anpassungsfähigkeit und die Tatsache, daß wir im Vergleich zu anderen Geschöpfen weniger abhängig sind von angeborenen primitiven biologischen Zwängen, macht uns in der Kindheit besonders empfänglich für Einflüsse von außen.

Wenn diese Einflüsse dem entgegenwirken, was und wer ein heranwachsender Mensch wirklich ist, dann entwickelt das sehr verletzliche, empfindsame und aufnahmebereite Kind einen Haß auf sich selbst. Besonders schwerwiegend wird der Prozeß, wenn das Kind während seiner frühen Lebensabschnitte zu einem ungewöhnlich hohen Ausmaß von seinen Eltern abhängt. Wahrscheinlich fühlt sich das Kind ursprünglich als einen Teil und Ausläufer seiner Eltern. Als ein solcher Ausläufer reagiert es sehr feinfühlig auf den eigenen Selbsthaß der Eltern und ebenso auf alle Manifestationen, die als Haß auf das sich entwickelnde Individuum wahrgenommen werden. Wenn Haß, wie er vom Kind als von den Eltern ausgehend wahrgenommen wird, besonders bösartig ist, dann verschlimmern sich die Dinge in zweierlei Hinsicht. Zunächst entwickelt das Kind offensichtlich mehr Selbsthaß und eine größere Fähigkeit, sich selbst abzulehnen. Als Folge von Selbstablehnung und einem sich unzulänglich entwickelnden Selbstvertrauen wird es zweitens das Gefühl haben, sich nicht auf sich selbst verlassen zu können. Auf diese Weise verlängert sich die Abhängigkeit von seinen Eltern, und gleichzeitig verlängert sich seine Unfähigkeit, zwischen sich selbst und seinen Eltern deutlich zu unterscheiden. Dies verlängert den Zeitraum, während dem es unter den Gefühlseinflüssen der Eltern zu leiden hat, und so vervollständigt sich ein Teufelskreis, dem es nur mit größter Schwierigkeit entrinnen kann. Besonders durchschlagend wird dieser Prozeß bei Eltern, die ein besonders starkes Bedürfnis danach haben, kulturellen Normen zu entsprechen.

So haben wir ein Baby, das außerordentlich abhängig ist von seinen Eltern, um seine wirklichen Bedürfnisse zu befriedigen und sich gegen Gefahren zu schützen, die es als Neugeborenes besonders verletzlich machen. Besonders in unserem komplexen Kulturkreis müssen ihm seine Eltern beibringen, was richtig und falsch, was erlaubt und verboten ist. Jedes Baby muß eine Botschaft in sich aufnehmen, in der gesagt wird, daß nicht alle seine natürlichen und unmittelbaren Impulse oder Neigungen akzeptabel sind. So lernt das Baby sogar in der gesündesten familiären Umgebung, sich selbst zu beobachten, sich zu beurteilen und bestimmte Anteile seines Ichs zurückzuweisen. Es lernt auch, daß „schlechte" Anteile seiner Person Strafen nach sich ziehen können. Es lernt, sich dafür zu bestrafen, daß es „schlecht" ist. Dies ist der Preis, den wir für Kultur und Zivilisation bezahlen. Aber in vielen Fällen, besonders bei sehr ängstlichen Eltern, erstreckt sich das Urteil „schlecht" unglücklicherweise auf weite Bereiche menschlicher Grundsubstanz.

Charakterzüge, die in unserem Kulturkreis als „schlecht" beschrieben werden und die man mit einer besonderen Abneigung beurteilt, sind unter anderem Aggressivität, Passivität, Eifersucht, Neid, Feindseligkeit, Wut, Faulheit, Feigheit und Hilflosigkeit.

Lassen Sie mich an dieser Stelle ein kleines Beispiel anführen: Eine Mutter beschäftigt sich mit Karin, einem ihrer drei Kinder, die dreieinhalb Jahre alt ist und vor einer Schale mit Kirschen sitzt. Karin liebt Kirschen, sie ißt sie aus der Schale heraus und wird, wenn man sie nicht daran hindert, alle auf einmal essen. Ihre Mutter bittet sie, mit dem Essen aufzuhören. Karin will nicht und sagt wahrheitsgemäß, daß sie Lust hat, alle aufzuessen. Sie hat einen überwältigenden Appetit, und sie ißt weiter. Ihre Mutter nennt sie ein schlechtes und selbstsüchtiges Mädchen, gibt ihr einen Klaps auf die Hände und nimmt die Kirschen weg.

Karin weint eine Weile, hört dann auf und spielt mit einer Puppe. Dabei ist vieles in ihr vorgegangen. Karin ist in einem Alter, in dem sie sich nicht länger als Teil ihrer Mutter empfindet. Und obwohl sie ein eigenständiges, in sich geschlossenes Individuum ist, ist sie doch zugleich außerordentlich abhängig von ihr und sehr empfänglich für alles, was sie in sich selbst und als Einfluß von außen wahrnimmt; besonders empfänglich ist sie für Stimmungen. Was ihre Mutter sagt und tut, wird nicht nur von ihr registriert, sondern auch dauerhaft von ihr aufgenommen, vor allem, wenn es immer aufs neue wiederholt wird. Karin hatte mehr gehört als die bloßen Worte ihrer Mutter. Der Einfluß resultiert aus der Stimmung, dem Tonfall, den impliziten Botschaften und Handlungen und in diesem Fall aus den Klapsen auf die Hände. Was hat also Karin in Wirklichkeit gehört? – Sie hat gehört, daß Appetit schlecht ist; daß es egoistisch ist, alle Kirschen haben zu wollen, daß Egoismus ein schlechtes Gefühl ist, daß das Bedürfnis zu teilen ein gutes Gefühl ist, daß schlechte Gefühle Liebesentzug und Bestrafung zur Folge haben.

Karin lernt, daß einige ihrer Eigenschaften unerträglich sind, daß sie diesen Eigenschaften mißtrauen und sich gegen sie wehren sollte. Wenn sie dies dann tatsächlich tut, dann weist sie einen Teil ihres Ichs zurück und lehnt es ab. Sie lernt auch, daß diese Eigenschaften unterdrückt und versteckt werden müssen und daß sie vielleicht eine Bestrafung nötig hat und sich schließlich selbst bestraft, wenn diese Eigenschaften zum Vorschein kommen. – Dieses Beispiel war natürlich eine „schwache Lektion“. Sie hätte härter und häufiger ausfallen können, aber genausogut hätte sie auch auf einfühlsamere Weise gegeben werden können.

Karins Mutter hätte sagen können: „Natürlich möchtest du alle Kirschen. Wenn wir einmal anfangen, möchten wir immer mehr, so daß wir schließlich vergessen, daß auch andere etwas davon haben möchten, zum Beispiel deine Geschwister, und deshalb werde ich einige Kirschen für sie wegstellen müssen.“ Der wichtige Unterschied in dieser Botschaft ist, daß Karins Gefühle dadurch nicht herabgesetzt werden. Sie bedeutet: „Es ist dir erlaubt, nach deinem Willen zu fühlen, und du solltest wirklich alle deine Gefühle haben und empfinden, auch wenn du sie nicht befriedigen kannst.“ So wird nichts unterdrückt, und es gibt keinen Grund zur Bestrafung solcher Gefühle.

Unglücklicherweise sind wenige von uns Eltern in der Lage, den Wert von Gefühlen zu verstehen und zu erkennen, daß sie nicht durch Unterdrückung abgetötet werden können. Unterdrückte

Gefühle erfahren eine Intensivierung, sie entwickeln ein Eigenleben, und wenn sie an die Oberfläche kommen, dann in Form eines eingefahrenen Verhaltensmusters von Selbsthaß, häufig als Depression. Depression bedeutet Bestrafung ebenso wie eine aktive Handlung, sich selbst und seine Gefühle *zu erdrücken.* Depression erzeugt eine Art Betäubung, so daß die Gefühle, einschließlich der nicht annehmbaren, mit nur geringer Intensität erfahren werden.

Depressionen können sich zu einem so stark ausgeprägten Mechanismus entwickeln, daß sie geradezu Abhängigkeitscharakter annehmen: mit einem Mal wird die Gefühlsunterdrückung immer wieder aufs neue praktiziert.

Wie Selbsthaß am Leben erhalten wird

Die Fähigkeit, die wir fast alle haben, nämlich uns selbst zu beobachten, kann unter Umständen äußerst nützlich sein. Sie kann die Basis zu konstruktiver Kritik und wirklichem Wachstum bilden. Aber ebenso kann es ein, daß sie zu einer Aufspaltung des Selbst beiträgt und zu einer bestimmten Art von Befangenheit, die unausweichlich in einem gewissen Verlust an Spontaneität resultiert. Dieser Verlust an Spontaneität macht uns sehr viel abhängiger von Selbsthaß; stimulierende Impulse und Richtlinien erhält unser Leben dadurch kaum.

Lassen Sie mich das erklären. Von Kindheit an besitzen wir etwas, das in uns die Rolle des Beobachters, Kritikers und Zensoren spielt. Was zunächst nichts als ein nützlicher Selbstschutzmechanismus war, verwandelt sich unglücklicherweise oftmals, vor allem unter den oft widrigen Umständen, unter denen wir leben, in einen tyrannischen Despotismus. Maßstäbe werden aufgestellt, denen nicht entsprochen werden kann. Prüfungen werden konstruiert, die nicht bestanden werden können. Das Bewußtsein und die Beobachtung seiner selbst verwandeln sich in Selbstverachtung und in ein unterschwelliges, alles durchdringendes Gefühl des Versagens. Spontaneität und ein ungezwungenes Verhalten werden mit Impulsivität und Dummheit verwechselt. Beim Versuch, den selbstbestrafenden Tendenzen dieses abgespaltenen Selbsthasses zu entrinnen, wird das Opfer immer stärker eingezwängt, und es wird immer vorsichtiger in seinem Verhalten, Fühlen und Denken. So wie viele Gefangene das gegenüber ihren Wächtern tun, so wendet es sich in immer stärkerem Maße an den Tyrannen in sich selbst, zur Orientierung und zur Erreichung eines Ersatzgefühls von Lebendigkeit. Dies resultiert dann in einem weiteren Verlust von Selbstwahrhaftigkeit, einer stärkeren Schwächung des Selbst und einer weiteren Abhängigkeit von festen und starren Regeln und Verhaltensvorschriften, die von dem abgespaltenen, selbsthassenden Anteil in ihm festgelegt werden. So kommt es zu nachlassender Spontaneität, wenn es um das Ausdrücken der *wirklichen* Gefühle, wirklichen Gedanken, wirklichen Qualitäten und wirklichen Möglichkeiten geht.

Ohne daß das Opfer dies bewußt wahrnimmt, hat der Tyrann die Herrschaft übernommen, und sein Selbst ist weitgehend verlorengegangen. Jedes kleine Erwachen des Selbst, jede Bedrohung, daß es auferstehen könnte, bewirkt gewöhnlich ein schnelles Agieren des tyrannischen Anteils, um einen Konflikt und einen möglichen Sieg des mitfühlenden, liebevollen Anteils des Selbst zu vermeiden. Dies geschieht gewöhnlich in Form einer Depression, die für mich häufig ein Anzeichen dafür ist, daß ein Individuum noch Hoffnung hat, daß es sich darum bemüht, lebendig zu werden und daß es die Anfänge eines konstruktiven Kampfes in sich spürt. Ohne diese Sehnsucht nach einer Auferstehung der Spontaneität, müssen wir häufig zusehen, wie eine verachtenswürdige, chronische *Resignation* sich ausbreitet; an die Stelle der Depression tritt dann das totale Aufgeben der Möglichkeit von Lebendigkeit und Vitalität, nämlich ein wirklicher Rückzug vom Leben.

Depression ist nicht nur das Ergebnis einer inneren Bestrafung, die wir uns dafür antun, daß wir an innere Freiheit zu denken wagen. Sie ist auch das Resultat von Verzweiflung, die aus dem tiefen Wissen entsteht, sich selbst gegenüber nicht loyal zu sein, sein eigenes Selbst und seine wirklichen Fähigkeiten zu verschwenden für ein Leben der Unterwerfung und inneren Tyrannei. Wenn einmal der Kampf angefangen hat und fortgeführt wird, gewinnt glücklicherweise oft die Spontaneität, und ich werde dies erklären, wenn ich zum Phänomen der Selbstliebe komme. Die Tendenz der meisten Menschen führt in die Richtung eines gesunden Wachstums, das im Dienste eines Ernstnehmens der eigenen Persönlichkeit und ihrer wirklichen Hoffnungen und Sehnsüchte steht. Unglücklicherweise liegt dies oft nicht klar auf der Hand, weil wir unter den unerfüllbaren Zwängen unseres kulturellen Wertesystems leiden, deren Opfer wir und auch unsere Eltern sind. Die Verbindung von inneren und äußeren Zwängen macht es außerordentlich schmerzhaft und schwierig, sich dieser schädlichen Verhaltensweise zu entziehen, und es bedarf einer beträchtlichen Motivation dazu.

Aber wie verhält es sich nun bei Eltern mit besonders zerstörerischem Einfluß? Lassen Sie mich zuerst sagen, daß die meisten von uns Opfer von Opfern sind und daß wir fortfahren, andere zu Opfern zu machen, wenn nicht ein wirkliches Erwachen, eine tiefe Einsicht und der konstruktive Kampf um ein anderes Verhalten dazwischentreten. Die meisten Menschen haben einfach keine Ahnung davon, daß sie die Selbsthaßdynamik nähren und aufrechterhalten helfen, daß sie einiges davon auch auf ihre Kinder übertragen und daß durch Selbsthaß weiteren schädlichen Kultureinflüssen Vorschub geleistet wird. Eltern, die aufgrund ihrer eigenen Schwierigkeiten ihre Spontaneität verloren haben und angstbesetzten, zwanghaften Verhaltensmustern folgen, werden natürlich viele ihrer Selbsthaß-Einstellungen auf ihre Kinder übertragen. Eltern, die in der einen oder anderen Weise das Kind oder irgendeinen Anteil seiner Persönlichkeit oder seiner natürlichen Neigungen ablehnen, sind häufig unbewußt dabei, das Kind, so wie es wirklich ist, zu hassen, und sie erzeugen einen fruchtbaren Nährboden für das Wachsen von Selbsthaß. Wir müssen uns noch einmal ins Bewußtsein rufen, daß es aufgrund der intensiven und langen Abhängigkeit von unseren Eltern während unserer Kindheit besonders bedeutsam für uns ist, wie diese Eltern zu uns stehen.

Das sehr junge Kind, dessen Persönlichkeit (seine Gefühle über sich selbst und über sich im Verhältnis zur Welt) und dessen Charakterstruktur (die Art, wie es sich verhält und wie es zu sich selbst und zu anderen Menschen in Beziehung tritt) noch nicht ausgebildet sind, lernt weitgehend von seinen Eltern, welche Gefühle es in bezug auf sein Selbst hat. Automatisch und unbewußt wendet es die Gefühle, die die Eltern ihm gegenüber haben, auch auf sich selbst an. Wenn sie allzu vieles durchgehen lassen und es den Anschein hat, daß sie sich nichts aus ihm machen, dann hat das Kind das Gefühl, jemand zu sein, der es nicht wert ist, daß man sich etwas aus ihm macht. Wenn sie das Kind überrollen und ersticken, dann sieht es sich als zerbrechliches, verletzliches Anhängsel einer anderen Person und nicht als ein separates, ganzes, fähiges menschliches Wesen. Wenn sie außerordentlich harte Strafen anwenden, über das Kind hinweggehen oder, schlimmer noch, sich sadistisch verhalten, dann sieht es sich als ein Ungeheuer, das gewöhnlichen menschlichen Eigenschaften und Impulsen nicht trauen darf, geschweige denn individuellen Unterschieden oder seinem eigenen Urteil. Wenn sie wenig Respekt oder Achtung haben vor der Persönlichkeit, die es wirklich ist, vor seinen natürlichen Neigungen, Wünschen, Zielen und Talenten, dann wird das Kind sich ebenfalls wünschen, anders zu sein als es wirklich ist. Vielleicht spielen solche Eltern seine beträchtlichen und tatsächlich bestehenden Talente herunter, während sie zu gleicher Zeit die Tugenden eines mythischen ‚Superman' hochspielen. Zusammen mit dem Druck des sie umgebendes Kulturkreises, in dem unerfüllbare Maßstäbe gesetzt werden, in dem die Vorstellungen über die Bedingungen, unter denen Menschen leben, aufgebläht und verwirrt sind, wird das Kind auf den Weg der Selbstidealisierung drängen. Das Kind wird danach streben, unmögliche Ziele von außerordentlicher Tugendhaftigkeit, einer großen Macht und idealer Weisheit zu erfüllen – und in all diesen Zielen steckt schon der Keim des Scheiterns, der Frustration und der Hoffnungslosigkeit. Dieses Scheitern zieht dann noch mehr Selbsthaß nach sich. Er dient zur Bestrafung des Scheiterns und als ein Stachel, um den Heranwachsenden auf Reisen zu drängen, die immer weiter wegführen von seinem eigentlichen Selbst, von seinen menschlichen Chancen und Befriedigungsmöglichkeiten.

Eltern, die es besonders darauf anlegen, häufig hart zu bestrafen und Verbote auszusprechen, produzieren ein überwältigendes, überstrenges Gewissen in ihren Kindern. Kriminelle leiden, so meine ich, unter einem außerordentlich tyrannischen Gewissen, und das bedeutet, daß sie mit ihrer ganzen Person gegen diese Bedrohung durch ihr Gewissen rebellieren müssen, daß sie es zum Schweigen bringen müssen, um überhaupt mit einigen unverletzten und lebendigen Gefühlen überleben zu können. Auf der anderen Seite schließt eine „Alles-ist-erlaubt"-Haltung nicht aus, daß ein Elternteil ein Despot ist und zu gleicher Zeit innerlich unberührt erscheint. Es ist möglich, daß ein Kind unter einem Zusammenspiel von zerstörerischen Einflüssen eines Elternteils leidet, ebenso wie es unter der Kombination solcher Einflüsse von beiden Eltern leiden kann, zu denen dann kulturelle Einflüsse hinzukommen mögen. Es ist möglich, daß ein Elternteil selbst unter einem beträchtlichen Ausmaß an Selbsthaß und unter aktiven Überbleibseln destruktiver Zwänge leidet. Von demselben Elternteil kann ebenso sehr viel Mitgefühl und Liebe ausgehen. Vielleicht erscheint dies unlogisch und ungereimt, und ist es auch; doch ist es ebenso bezeichnend für die Situation, in der Menschen leben. Wir, jeder von uns, sind in unserer Entwicklung einer unendlichen Vielfalt von sowohl konstruktiven als auch destruktiven Einflüssen unterworfen. Die Frage der Verhältnismäßigkeit und des Ausmaßes sind offensichtlich von wesentlicher Bedeutung.

Überstrenge kulturelle Normen werden in Verbindung mit inkonsequenten und destruktiven Eltern, die selbst nur wenig Selbstliebe und Einfühlungsvermögen besitzen, Kinder hervorbringen, die ein wahrer Ausbund von Selbsthaß sind. Glücklicherweise ist dies nur selten der Fall, und den meisten von uns sind wenigstens einige positive, ermutigende und liebevolle Einflüsse weitergegeben worden. Ist der Selbsthaßprozeß einmal in Bewegung gesetzt worden, dann spielt er sich fest ein und entwickelt sein besonderes Eigenleben. Man empfindet ihn mehr als nur vertraut. Das Opfer erlebt ihn als sein eigenes Inneres, mit dem es sich identifiziert. Es erlebt sich als gleichsam fixiert auf selbsthassende Werte und Ideen. Schließlich ist es so, daß jedes Gefühl und jeder Gedanke über sich selbst, der aus einer wie auch immer lebendig gebliebenen Selbstachtung erwächst, als fremdartig empfunden wird. Solche Gefühle und Gedanken stellen nämlich für einen Prozeß, der, wie alle totalitären Prozesse, *totale* Unterwerfung und Hörigkeit erfordert, eine Bedrohung dar. Deshalb wird *jedes* Gefühl wirklicher Selbstachtung oder jeder Beitrag zu einer wirklichen Selbstachtung sehr schnell verdrängt. Manchmal werden bestimmte „Auftriebserlebnisse" – wie eine momentane Stimulierung durch sexuelle Eskapaden, ein guter Geschäftsabschluß, eine unerwartete Geldeinnahme, eine kleine Reise – als Selbstachtung angesehen und empfunden. Aber sie werden häufig nur benutzt, um Stolz und Größenwahn zu nähren, und sie dienen so wiederum nur bestimmten Haltungen, die vom eigentlichen Selbst wegführen. Karen Horney hat diesen Prozeß in ihrem Werk auf glänzende Weise beschrieben, und ich werde darüber später noch mehr sagen.

Zum Abschluß dieses Kapitals lassen Sie mich einen Patienten beschreiben, den ich einige Jahre lang behandelt habe. Bill war der einzige Sohn von eingewanderten Eltern, zutiefst unsicheren Menschen, die sich dauernd mit Gedanken der Einfügung in dieses Land und dessen Kultur beschäftigten, indem sie „immer das Richtige taten". Sie betrachteten ihren Sohn als das „perfekte Kind", durch das der Makel ihrer nichtamerikanischen Abstammung vollkommen ausgelöscht würde. Schon im frühesten Kindesalter zeigte Bill wiederholt eine beträchtliche Begabung und ein Bedürfnis zu malen und zu zeichnen. Das anfängliche Lob seiner Eltern verwandelte sich in Entmutigung, dann in Spott und schließlich in haßerfüllte Tiraden, als er zu einem Teenager herangewachsen war. Sie empfanden das „Kunstgeschäft" als fremdartig, frivol, feminin und als das Gegenteil all der Ziele, die sie für Bill akzeptieren konnten. Bills anfängliche Versuche der Selbstbehauptung und sogar Rebellion verwandelten sich schon rasch in vollkommene Kapitulation und in Gefügigkeit. Dies war vor allem darauf zurückzuführen, daß man ihn schlug und in einen Schrank einsperrte und daß man ihm bei verschiedenen Gelegenheiten, als er seine Wut ausdrückte, den Mund mit scharfer Seife auswusch. Bill sagt, er sei „ein guter Junge" und ein „fast perfekter Schüler" in der Schule geworden. Er sagt auch, daß er sich ganz genau an einen Tag erinnert – er war fünfzehn Jahre alt –, als er etwas in sich sterben fühlte und in den Zustand friedlichen Nebels geriet, in dem er bis heute geblieben sei.

Dieses Gefühl, so erinnerte er sich, trat auf, als er von der Schule nach Hause gekommen war und seinen Eltern erzählte, daß ein Lehrer ihm gesagt hatte, er sollte doch einmal überlegen, ob er nicht auf die Hochschule für Musik und Kunst gehen wolle. Diese Ankündigung zog schreckliche Beschimpfungen und hysterische Ausfälle nach sich.

Bill erinnert sich, daß seine Eltern während seiner ganzen Kindheit überbeschützend und tyrannisch waren. Er wurde dauernd zu Ärzten gebracht wegen aller möglichen Krankheiten, die er nach Meinung seiner Mutter hatte. Selten war es ihm erlaubt, an Aktivitäten mit anderen Jungen teilzunehmen, und er durfte keine Freunde haben, die nicht „anständig“ sprachen und anzogen. Er kann sich nicht erinnern, daß er jemals bei jemand anderem hätte schlafen dürfen oder daß er mit Freunden eine kleine Reise hätte machen dürfen. Er erinnert sich, daß seine Mutter Nachbarn gegenüber angab, daß er ein Musterbeispiel von Ordnung und Sauberkeit sei und daß sie ihnen sein fast perfektes Zeugnis zeigte. Aber dies geschah immer ohne daß er davon wußte. Durch die Nachbarn erfuhr er von diesen Erzählungen. Seine Eltern lobten ihn fast nie und anerkannten nur widerwillig seine Anstrengungen und Leistungen, offensichtlich aus dem Gefühl heraus, daß eine besondere Begeisterung für ihn ihrerseits ein Signal sein könnte, in seinen Bemühungen nachzulassen. „Ich fühlte, daß nichts, was ich tat, jemals gut genug war und daß ich jeden, den ich kannte, übertreffen mußte, um nur einigermaßen hinzukommen.“ Er erinnert sich auch daran, daß seine Eltern ihn häufig ermahnten, „nicht zu denken, er sei zu gut“ und „nach einem guten, regulären Job zu streben, auf den man sich verlassen kann, weil die Welt eigentlich ein gefährliches Dickicht ist.“ Obwohl seine Lehrer ihn ermutigt hatten, ein College zu besuchen, und obwohl er den zweitbesten Notendurchschnitt seiner Schule hatte, bestanden seine Eltern darauf, daß er geradewegs damit beginnen sollte, Geld zu verdienen; der Besuch eines Colleges erschien ihnen frivol. Dies hieß, daß er einen Job als Möbeldesignassistent in einer bekannten Firma annahm. Er begann diese Arbeit, blieb häufig zu Hause, hatte sehr selten soziale Kontakte und, sechzehn Jahre später, im Alter von sechsunddreißig, kam eine schwere Depression über ihn.

Wieder schaltete sich seine Mutter ein. Sie und Bills Chef suchten einen örtlichen Arzt auf, der zur Elektroschockbehandlung riet. Zu diesem Zeitpunkt entwarf Bill neunzig Prozent der Möbel dieser Firma, aber er wurde immer noch „Möbeldesigner-Assistent" genannt. Er bekam zehn Prozent mehr als sein Anfangsgehalt, er parkte den Wagen seines Chefs und chauffierte ihn und seine Eltern in seiner „überflüssigen Zeit" herum. Bis zum Zeitpunkt seiner Depression hatte er unglaublicherweise nicht das Gefühl, ausgebeutet zu werden, und, wie er es später formulierte, „Ich frage mich, ob ich überhaupt ein Gefühl hatte." Aber er war außerordentlich nützlich, und man entschied, daß ihn eine Elektroschockbehandlung wieder schneller zur vollen Produktionsfähigkeit bringen würde als irgendein anderes Mittel. Jedoch setzte sich Bill nach zwei Schockbehandlungen plötzlich durch, und er lehnte es ab, noch mehr Elektroschocks zu bekommen. Er selbst traf nun die Entscheidung, einen Therapeuten aufzusuchen.

Als er zu mir kam, war er schwer deprimiert und aufgewühlt. Viele der frühen Sitzungen wurden damit verbracht, unzählige Ereignisse ins Gedächtnis zu rufen, in denen er tyrannisiert und ausgebeutet wurde und in denen jegliche Hoffnung und jegliches Bedürfnis in ihm abgewürgt wurden. „Ich war ein guter Junge und emotional fast vollständig tot." Bill war ein Beispiel für die Auswirkungen eines übertriebenen, gesellschaftlichen Drucks, sich den kulturellen Normen anzupassen, Geld zu verdienen, ein guter Junge zu sein und so weiter. Er zeigte massiven direkten und indirekten Selbsthaß.

Die Vorstellung von seinem eigentlichen Selbst hätte kaum schlechter sein können, und doch gab es alle Arten von edlen Zielen, die zu erfüllen er sich gezwungen sah. Er sah sich als der beispielhafte selbstlose Märtyrer, und seine Eltern und sein Chef halfen dabei, dieses Image zu nähren. Er war zudem ein einziges Bündel an Wut und hatte anfänglich keine Ahnung, daß er überhaupt wütend war. Er fürchtete sich schrecklich vor Wut, setzte sie mit Wahnsinn und Bösartigkeit gleich. So war seine Wut auf andere vollständig aus dem Bereich seines bewußten Empfindens herausgedrängt worden. Vieles davon war auch internalisiert worden, hatte sich gegen ihn selbst gewandt und trat als dauerhafte Depression, Resignation und als ein Abtöten der Gefühle in Erscheinung. Das Aufgeben angesichts innerer und äußerer Tyrannei, die Neigung, den Kampf um das Selbst aufzugeben – was der eigentliche Ausdruck von Selbsthaß ist – zeigte sich in dem Gefühl, daß „etwas in mir gestorben war".

Wie kam es zu Bills akuter Depression, und was drückte diese Depression aus? Wie kam es, daß chronische Depression und Jahre schwelender Wut sich plötzlich in einer schweren akuten Depression austobten, die zu schmerzhaft war, als daß man sie hatte ignorieren können? Für zahllose Menschen tritt dies nie ein. Ihr eigentliches Selbst ist zu einem Häuflein Asche geworden, und keine lebendige Flamme kann aus den glimmenden Scheiten hochgefächert werden. In diesen Menschen hat der Selbsthaß vollkommen gesiegt. Für viele Menschen ist chronische Depression, innere Leere und Leblosigkeit zur täglichen Gewohnheit geworden, und sie wissen nicht mehr, daß es dazu Alternativen gibt. Tatsächlich sind sie sich nicht einmal bewußt, daß sie deprimiert sind.

Ich vermute, daß einer der großen Faktoren in Bills Leben seine Arbeit war. Er war glücklich, daß er eine Arbeit im Bereich des Möbeldesigns gefunden hatte (ganz zufällig, und glücklicherweise setzten seine Eltern diese Arbeit nicht mit künstlerischen Absichten gleich). Wenn diese Arbeit auch nicht das war, was sich schließlich als ein großes Reservoir eines beträchtlichen Talents erwies, so gab sie Bill doch einige persönliche Befriedigung, und sie erhielt einen kleinen Teil seiner Persönlichkeit lebendig und sehnsüchtig. Mehrere Monate nach dem Beginn der Behandlung, nachdem er viel seiner Wut herausgelassen hatte (und er schließlich eingesehen hatte, daß er doch nicht verrückt war), und nachdem sich seine akute Depression und sein aufgewühlter Zustand gelegt hatten, erzählte er mir etwas, was er als ein tiefes und erschreckendes Geheimnis ansah. Er war nur deshalb in der Lage, mir davon zu erzählen, weil er in mein Engagement und in meine Arbeit zur Verwirklichung seines eigentlichen Selbst Vertrauen setzte und weil er wußte, daß ich ihn nicht bestrafen würde. Aber als er es mir erzählte – und das war im Alter von 37 Jahren –, war er immer noch ganz offensichtlich nervös und ängstlich. Das Geheimnis war, daß er sich in seinem Zimmer von Zeit zu Zeit einschloß und ein „kleines Bild“ malte.

So schaffte er es, bis zu dem Zeitpunkt lebendig zu bleiben, als zwei wichtige Ereignisse eintraten. Ein sehr reicher Geschäftsmann, der Möbel herstellte und der erkannte, daß Bill, ohne sich selbst dessen bewußt zu sein, zu einem der wichtigsten Designer in diesem Bereich geworden war, bot an, Bill ein eigenes Geschäft zu eröffnen. Eine neue Angestellte in Bills Firma verliebte sich in ihn, bestand darauf, eine Beziehung einzugehen und dann zu heiraten und ermutigte ihn, neue Geschäfte abzuschließen und zu malen. Er zeigte ihr schließlich ein Bild, und sie bestand darauf, daß er mehr und mehr Zeit mit Malen verbringen sollte.

Schließlich richtete sie einen Teil ihres eigenen Appartements als Studio ein, so daß er seinem Talent nachgehen konnte. Bills Eltern wußten nichts von der Malerei, aber sie dachten, daß die Idee eines eigenen Geschäfts und ebenso die Beziehung zu dem Mädchen Ausdruck einer gewissen geistigen Verwirrung waren, die plötzlich über Bill gekommen war.

Der Druck auf Bill – sowohl von außen als auch in ihm selbst – wurde sehr stark. Während er jahrelang fast zur Bedeutungslosigkeit heruntergedrückt worden war, kämpfte sich sein eigentliches Selbst seinen Weg in sein Bewußtsein. Seine Sehnsucht nach menschlicher Befriedigung konnte nicht länger ignoriert werden. Bill wollte das Mädchen, das Geschäft, er wollte malen und leben. Die selbsthassende Seite in ihm wollte, daß er still weitermachte wie vorher, daß er keine Risiken eingehen sollte, daß er sein reduziertes Leben weiterführen sollte und daß er weiterhin Illusionen hegen sollte, die von mythischer Größe waren, die Phantasien von strahlendem Märtyrertum und hingebungsvoller Liebe für wunderbare Eltern ausdrückten. Eine schwere akute Depression war die Bestrafung für sein Schuldgefühl, weil er meinte, das Image von sich selbst und seine eigenen starren Regeln verletzt zu haben. Er bestrafte sich für seine Sehnsucht nach menschlichen Befriedigungsmöglichkeiten, die vielleicht bedeutet hätten, daß er ein schlechter Sohn sein könnte. Er bestrafte sich, indem er versuchte, sich selbst in seine frühere Position zurückzupeitschen. Seine Depression war auch ein Versuch, den ganzen Konflikt zu betäuben, ihn abzutöten und hinunterzudrücken. Aber sie bedeutete auch einen sehr realen Kummer, der aus der neugeborenen Erkenntnis kam, daß Jahre von guten Lebensmöglichkeiten verschwendet worden waren.

Bill war anfänglich voller Wut gegen sich selbst und voll von krassem und direktem Selbsthaß. Er sah sich als ein Monster von Undankbarkeit, das einem Elternmörder gleichzusetzen war. Erinnerungen an viele Jahre kamen auf, in denen er sich selbst vernachlässigt hatte und während derer er sich mit verschiedenen Formen von indirektem Selbsthaß attackiert hatte. Ich werde dies noch in einem späteren Kapitel beschreiben. Zu seinem Selbsthaß gehörten viele Wahnideen, die seine Unschuld, Sanftheit, liebevolle Ergebenheit etc. betrafen. Er hatte keine Ahnung, daß er in seiner Vorstellung einen Erzengel beschrieb, der keine oder nur wenige menschliche Züge trug. Aber es ist nicht einfach, das wirkliche Selbst auszulöschen, wenn man einmal darauf aufmerksam geworden ist. Bills Entscheidung für die Psychoanalyse anstelle einer Elektroschockbehandlung war von erheblicher Bedeutung. Indem er diese Wahl traf, fällte er die allerwichtigste Entscheidung seines Lebens. Er hatte sich in der Tat entschieden, bei der Suche nach sich selbst auf eine schwierige Reise zu gehen und sich nicht durch schwere Selbstbestrafung zur Strecke zu bringen und ein für alle Mal zu resignieren.

Bills Behandlung bedurfte sehr intensiver Persönlichkeitserforschung, einer Umbewertung, Umerziehung und eines schmerzhaften Kampfes seinerseits. Er erkannte, daß ein großer Anteil seiner verwirrten Gefühle und Gedanken Ausdruck eines unrealisitischen kulturellen Wertesystems waren, dessen Opfer auch seine Eltern waren. Ein großer Teil des Selbsthasses wurde um der Selbstliebe willen besiegt. Der anfängliche Haß gegen seine Eltern verwandelte sich in Mitgefühl, und er entwickelte schließlich eine reife, realistische Beziehung zu ihnen. Bill wurde Geschäftsmann und ist augenblicklich sehr erfolgreich. Seine Malereien haben sehr viel Anerkennung gefunden, und heute sind es gewöhnlich sehr großformatige Ölbilder.

Bill ist glücklich verheiratet und hat zwei Kinder, von denen eines bereits sehr viel Talent zum Malen beweist und sehr viel Ermutigung von seinen Eltern erhält. Jedoch hatte er das Mädchen, das ihm anfangs so viel Mut zusprach, nicht geheiratet. Er hatte das Gefühl, daß sie zu sehr seiner Mutter ähnelte.

Selbsthaß: Die Rolle von Bewußtsein und Unterbewußtsein

Selbsthaß ist oft ein bewußter Akt, über den sich sein Opfer vollkommen im klaren ist. Wer unter einer schmerzhaften Depression leidet, weiß dies ganz deutlich, und ebenso merken es die, welche ihm nahestehen. Eine Depression drückt sich in Selbstkasteiung, in Spott über sich selbst, im Aushungern seiner selbst, in Selbstverstümmelung, ja sogar in Lähmung und völliger Funktionsunfähigkeit aus. Aber selbst dann, wenn eine schmerzhafte Depression nicht direkt zum Ausbruch kommt, setzen sich Menschen häufig vorsätzlich in ihrem Wert herab, sie machen sich schlecht und unterdrücken insgesamt ihre Gefühle – und dies alles mit einer fast perfektionistischen Leichtigkeit. Sie sind sich nur sehr schwach oder gar nicht der destruktiven Aspekte und Resultate bewußt, die solche Verhaltensmuster mit sich bringen. Möglicherweise sprechen eben dieselben Leute darüber, daß sie sich demoralisiert, leer, schwach, hilflos, hoffnungslos und voller Selbstzweifel fühlen – und sie erkennen dabei nicht den Zusammenhang zwischen diesen Symptomen und ihren Angriffen auf das eigene Selbst.

Ich hatte einen Patienten, Robert, der niemals eine Gelegenheit verstreichen lassen konnte, um sich selbst herabzusetzen und der sich selbst für jedes Unglück anklagte, das sich irgendwo im Umkreis von mehreren Kilometern ereignet hatte. „Ich kann einfach nichts richtig machen. Ich glaube, ich bin einfach blöd.“ „Wenn ich klüger gewesen wäre, dann hätte mein Vater diese Investition nicht gemacht und er hätte all das Geld gespart.“ „Ich glaubte, ich hätte recht – und tatsächlich war es auch so, daß ich die ganze Zeit über recht gehabt hatte. Ich weiß, daß er viel intelligenter ist als ich; ich kann es einfach nicht verstehen."

„Du sagst mir, ich hätte recht und ich kann es einfach nicht glauben. Sagst du mir das nur, damit ich mich gut fühle?" Robert war häufig müde, unentschlossen und unglücklich, er hatte Angst vor neuen Situationen und fühlte sich in den meisten Situationen wie „verdammt, wenn ich es tue und verdammt, wenn ich es nicht tue." Er war sich bewußt, wie sehr er sich selbst verachtete, und trotzdem stellte er keine Verbindung her zwischen seinen Symptomen und den offensichtlichen Anzeichen von Selbsthaß. Die Tatsache, daß jemand eine solche Verbindung verneint und sich ihrer nicht bewußt ist, ist schon an sich der Ausdruck einer Art von Selbsthaß, denn Unwissen vernebelt das Problem und verhindert eine konstruktive Änderung. Ich wies Robert immer wieder darauf hin. Gegenüber sich selbst empfand er diese Gefühle in weit stärkerem Maße als gegenüber anderen. Tatsächlich lag ein Großteil seiner Angst in der Vorstellung, daß sein Selbsthaß in neuen Situationen wiederkommen würde. Es dauerte lange, bis es Robert klar wurde, daß die Vorstellung, andere würden ihn zurückweisen, keine realistische Basis hatte, sondern daß sie aus Gefühlen kam, die seinem eigenen Denken entsprangen.

Der größte Teil des Selbsthasses lebt im Unterbewußtsein, das heißt, wir wissen nichts davon. Er äußert sich nicht als offen ausgesprochene Selbstherabsetzung und Verachtung. Seine Auswirkungen richten heimlich Schaden an, sie dringen überall durch und sind sehr viel schwieriger aufzuspüren und zu bekämpfen. Dies ist eine Art emotionale Bösartigkeit, bei der wir uns oft schlecht fühlen und das Warum nicht verstehen.

Beim Versuch, den Zwängen der Umwelt und des uns umgebenden Kulturkreises zu entsprechen und nur mit solchen Werten und Maßstäben übereinzustimmen, von denen wir gelernt haben, sie als akzeptabel anzusehen, wächst eine bestimmte Fähigkeit in grotesker Weise: Wir lernen, Informationen über uns selbst in einem Teil unseres Unterbewußtseins zu speichern, der nicht leicht zugänglich ist. Mit anderen Worten: unsere Fähigkeit zu verdrängen, wird zu gut.

Wir haben die Fähigkeit, uns zu erinnern und zu vergessen. Um den Weg für die Hier-und-Jetzt-Angelegenheiten des täglichen Lebens freizulegen, vergessen wir im Augenblick bestimmte Dinge, die für den unmittelbaren Gebrauch nicht wichtig sind. Wir können uns jedoch an diese Dinge erinnern, wann immer wir sie brauchen. *Aber es gibt vieles, vor allem alle Arten von Gefühlen, bei denen wir nicht die Fähigkeit haben möchten, sie ins Bewußtsein zurückrufen zu können oder überhaupt etwas darüber zu wissen.* Dies gilt besonders für vollkommen menschliche Gefühle und Charakterzüge, die wir unglücklicherweise als unmenschlich oder dem Ideal nicht entsprechend anzusehen gelernt haben. Dazu gehören vielleicht Wut und Ärger, vor allem gegenüber Menschen, die wir lieben, Egoismus, Feigheit, intensive Gefühle oder, vor allem bei Männern, sanftere Gefühle. Schnell entwickeln wir so unsere Fähigkeit zu vergessen. Wir lernen, sie dauernd und äußerst geschickt einzusetzen, so daß viel Wissen über uns selbst und sehr viele Gefühle, die wir haben, zurück- und weggeschoben werden (Verdrängung), ohne daß wir uns dieses Vorganges überhaupt bewußt wären und ohne daß wir die Möglichkeit hätten, uns dafür oder dagegen zu entscheiden.

Das heißt, daß wir sehr viel *verdrängen* und dadurch den unbewußten Anteil in uns selbst ständig vergrößern. Dieser Vorgang des Betäubens, des Abspaltens, des Sich-vor-sich-selbst-Versteckens und Sich-selbst-Abtötens hat unweigerlich destruktive Rückwirkungen. Wir können nicht, wie wir vielleicht meinen, die Gefühle, die wir verdrängen, durch willentliche Steuerung auswählen. Wenn wir ein bestimmtes Gefühl verdrängen, dann verdrängen wir gewöhnlich auch viele andere, und dadurch verlieren wir viel von dem, was wertvoll in uns ist.

Gefühle und Informationen, die verdrängt werden, gehen auch nicht einfach weg und sterben. Sie bleiben im Gegenteil aktive Kräfte unseres Geistes und produzieren fortwährend alle Arten von Schwierigkeiten. Denn wenn sie einmal vom Hauptstrom des Bewußtseins abgeschnitten sind, dann setzen sie sich autonom fort, häufig mit sehr viel stärkerer Kraft. So *kann sich unterdrückte Wut in schwere Depression* und außerordentlich morbide Gedanken und Phantasien *verwandeln.* Verdrängte Wut funktioniert auch oft wie eine Blockade für andere Gefühle, so daß *eine Person, die wütend ist und es nicht weiß, sehr häufig auch keine Liebe und Wärme empfinden oder ausdrücken kann.*

Auf jeden Fall ist starke Verdrängung eine Form von Selbstablehnung, und ein solcher Vorgang muß als ein Ausdruck von Selbsthaß angesehen werden. Es ist Selbsthaß, wenn wir uns selbst unsere eigene potentielle Lebendigkeit entziehen. Die Tatsache, daß viele von uns ihr Leben verbringen, ohne selbst zu entscheiden, nur einem inneren Diktat folgen, ohne sich dessen überhaupt bewußt zu sein, ist ein weiteres Anzeichen für Selbsthaß. Im Gegensatz zum bewußten Selbsthaß ist unbewußter Selbsthaß allumfassend; er betrifft die gesamte Persönlichkeit und alle Aspekte ihrer Beziehung zu sich selbst und zu anderen.

Selbsthaß ist die Energie, die Neurosen am Leben erhält, und der Treibstoff für die Reise weg vom eigentlichen Selbst. So gesehen hat eine psychoanalytische Therapie eine wohltuende Wirkung auf das Selbst: Sie macht bewußt, was vorher unbewußt war. Jedoch muß eine solche Therapie auch sehr liebevoll und sehr einfühlsam durchgeführt werden, wenn sie sinnvoll und erfolgreich sein soll. Geschieht dies nicht, dann verursacht eine wenig sorgfältige und lieblose Aufdeckung von Aspekten unseres Selbst, die bis dahin begraben lagen, massive Attacken von Selbsthaß und sogar ein noch größeres Maß an Verdrängung.

Wir müssen uns immer wieder selbst versprechen, daß wir, bevor oder während wir uns unter neuen Gesichtspunkten kennenlernen, sanft mit uns umgehen. Unsere Kultur fordert extreme Strenge und bestimmte strafende Maßnahmen, wenn sie entdeckt, daß eines ihrer Diktate oder irgendeine ihrer Verhaltensnormen verletzt worden sind. Bill fällt mir ein, der mir erzählte, wie er sich im Badezimmer einschloß, um dem Zorn seiner Mutter für ein kleineres Vergehen zu entgehen. Sie verlangte von ihm, herauszukommen und zu gestehen, sie versprach, daß die Wahrheit ihm eine Strafe ersparen würde. Wenn er dann herauskam, lobte sie ihn, daß er ihr geholfen hatte und gab ihm trotzdem Schläge für das Vergehen selbst.

Die meisten von uns fürchten, wir könnten uns selbst bestrafen, wenn wir bestimmte Wahrheiten über uns aufdecken. So halten wir den unbewußten Anteil des Selbsthasses in uns am Leben und verhindern es, ihn aufzudecken, sowohl in einer therapeutischen Behandlung als auch außerhalb; es sei denn, daß wir uns selbst versprechen, uns liebevoll zu behandeln und dieses Versprechen auch halten. Wir müssen es ablehnen, uns selbst zu beschuldigen, gleichgültig was wir in uns entdecken mögen. Dies gelingt nur, wenn wir sowohl in die selbsthassenden als auch in die selbstliebenden Kräfte in uns selbst Einblick gewinnen.

Direkte Formen des Selbsthasses

Selbsthaß äußert sich in Angriffen auf die eigene Person. Beim *direkten Selbsthaß* ist der Angriff klar und offensichtlich. Zwar werden sein Ursprung, sein Motiv, der Grund seiner Existenz und seine Auswirkungen von seinem Opfer möglicherweise auf eine unbewußte Ebene zurückgedrängt, aber dieser Selbsthaß ist gewöhnlich jedem offensichtlich und bedarf kaum einer Interpretation. Die selbstzerstörerische Natur dieser Kraft wird schon durch bloße Beobachtung und selbst durch die primitivste Form der Analyse deutlich. Direkter Selbsthaß drückt sich in aktiven Prozessen aus und auch in Symptomen, die auf diese Prozesse zurückzuführen sind. Er drückt sich auch in Anzeichen und symbolischen Erscheinungsformen dieser Prozesse aus, die darauf hinweisen, daß es sich um Selbsthaß handelt.

Im folgenden sind die häufigsten Ausdrucksformen, denen ich begegnet bin, aufgeführt, aber es gibt zahlreiche Abweichungen und Neuschöpfungen. Der Mensch kann sowohl im Dienste konstruktiver als auch destruktiver Kräfte außerordentlich kreativ sein.

Selbsterniedrigung

Dies geschieht in Form von Gedanken und Feststellungen gegenüber anderen: „Ich bin blöd." „Ich tauge nichts." „Ich kann nichts richtig machen." „Sieh mich an, ich bin so ein unmöglicher Tolpatsch." Diese Aussagen kommen in ähnlicher Weise zustande wie ein bedingter Reflex, mit einer scheinbaren Eigengesetzlichkeit, und am häufigsten gerade dann, wenn ihr Opfer etwas Wertvolles und Konstruktives für sich selbst tun will. Viele dieser herabsetzenden, selbstauslöschenden Aussagen gehen auf die Kindheit zurück, und manchmal sind es genau die Sätze, Wort für Wort, mit denen die Eltern sich selbst und auch das gegenwärtige Opfer ihres Selbsthasses beschrieben haben.

Ich hatte einen Patienten, der zu einem frühen Zeitpunkt seiner Behandlung häufig in einer nach außen humorvollen Art von sich selbst als „Harald, der kleine Dummkopf" sprach, und zwar immer dann, wenn er gerade etwas Konstruktives unternehmen wollte. Ein anderer Mann nannte sich selbst scheinbar gutmütig einen „alten, dicken Tolpatsch" – und zwar in genau denselben Situationen. Es kam bald heraus, daß beide Männer sich selbst sehr gering einschätzten und daß sie, „um sich sicher zu fühlen", einen sehr beschränkten, sich selbst reduzierenden Lebensstil entwickelt hatten.

Beide Männer erinnerten sich und entdeckten, daß ihre Eltern bei neuen Unternehmungen und Herausforderungen immer sehr viel Skepsis an den Tag gelegt hatten. Ihnen fielen auch die strengen elterlichen Bestrafungen ein, wenn eine Unternehmung einmal scheiterte. Beide registrierten mit Erstaunen, daß sie sich selbst immer dann mit herabsetzenden Namen belegten, wenn sie etwas unternehmen wollten, das ihr Selbst wirklich aufwerten würde. Die Selbstbeschimpfung war ihnen zu einer Gewohnheit geworden, zu einem Reflex, und sie stand auch im Dienste der Selbsthaßdynamik, durch die sie immer wieder daran erinnert wurden, daß es wichtig war, nicht aus der Reihe zu fallen und daß es gefährlich werden könnte, zu erfolgreich und zu gut zu sich selbst zu sein. Durch Selbstbeschimpfung bestraften sie sich selbst für einen Fehlschlag – *und zwar bevor er überhaupt eingetreten war.* Sie hofften, auf diese Weise ihren Selbsthaßmechanismus besänftigen und so vielleicht eine sehr viel strengere Bestrafung später vermeiden zu können. Sie versuchten dadurch auch, das selbsthasserische Bedürfnis nach einer Beschränkung zu befriedigen, um sich dadurch wenigstens ein kleines bißchen Genuß zugestehen können.

Beide waren tief erstaunt, als durch ihre Erinnerungen deutlich wurde, daß ihre Eltern genau dieselben herabsetzenden Worte, Begriffe und Sätze gebraucht hatten. Während vieler Jahre hatten sie vollkommen den Ursprung dieser Beschimpfungen vergessen. Solche Entwicklungen sind häufig auch bei schwer gestörten Menschen erkennbar, die ihren Selbsthaß zunächst auf andere projizieren und sich dann vorstellen, daß andere sie in herabsetzender Weise beschimpfen und beleidigen. Häufig haben sie Halluzinationen von Stimmen. Ich habe mit unzähligen Patienten gesprochen, die Stimmen hörten, die sie mit Schimpfwörtern angriffen. In vielen Fällen beschrieben sie diese Stimmen als die ihrer Eltern. Häufig haben ihnen diese Stimmen zum Beispiel schlimme sexuelle Wörter nachgerufen. Dies kann mit einem sexuellen Konflikt und mit Selbsthaß in Verbindung mit sexuellen Gefühlen und einem „Unreinsein" zusammenhängen. Noch häufiger aber übernehmen neurotische Menschen, die sich selbst außerordentlich hassen, die selbsthaßbeladenen Begriffe ihrer Kultur. So haben schizophrene Männer, die jahrelang an Verfolgungswahn litten, über Stimmen geklagt, die sie als Homosexuelle beschimpften, und Frauen klagten darüber, daß man sie Prostituierte nennen würde. Dies waren offensichtlich die schlimmsten Begriffe, die diese Menschen an Herabsetzungen aus ihrem kulturellen Umkreis mitnahmen und auf sich selbst übertrugen.

Selbstentwürdigende Phantasien

Solche Phantasien kommen häufig vor und dienen zum großen Teil dem gleichen, selbstzerstörerischen Zweck. Am weitesten verbreitet sind Phantasien, in denen das Opfer sich in peinlichen Situationen befindet. In anderen Phantasiebildern sieht es sich allein, verlassen, ohne Geld und Freunde; masochistisch gequält und schwer geschlagen. Ich weiß von einer jungen Frau, die sich überall an ihren Beinen leichte Schnittwunden zufügte.

Ein Mann starrte zwanghaft in den Spiegel und belegte sich dabei dabei mit den widerlichsten Schimpfwörtern, die ihm einfielen.

Solche Handlungsweisen und Vorstellungen dienen einerseits als Legitimation dafür, daß man es wagt, Vergnügen zu empfinden, indem man zunächst den selbsthassenden Tyrannen befriedigt. Sie dienen andererseits dazu, sich vom Sockel des reinen Märtyrers herunterzuholen auf eine irdischere Ebene, wo niedrigere Gefühle, einschließlich sexueller Gefühle, empfunden werden können.

Unbarmherzige Selbstkritik

Dies ist Kritik von geringem oder keinerlei konstruktivem Wert. Vielleicht wird ‚Selbstverbesserung' als Rationalisierung der eigentlichen Motive vorgeschoben, der eigentliche Beweggrund ist jedoch Selbstquälerei. Der Zweck solcher Selbstkritik ist zu demoralisieren und das eigentliche Selbst im Dienste des Selbsthasses zu lähmen. Häufig geht diesem noch etwas anderes voraus: Das Opfer begibt sich in unerträgliche Situationen und macht sich vor sich selber lächerlich, wenn es unmöglich ist, mit diesen Situationen fertig zu werden. Unter solche Verhaltensmuster fallen katastrophale Beziehungen und Jobs, unmöglich zu erfüllende oder zu viele Aufgaben zur gleichen Zeit, Situationen, die von vornherein schiefgehen müssen. Es ist ein ebenso beliebtes Spiel, von sich selbst absolute Perfektion, sozusagen als Grundbedingung für alles andere, zu verlangen.

Ich hatte einen Patienten, der unter seinen eigenen perfektionistischen Maßstäben litt, und dies resultierte schließlich in einer tödlichen Furcht davor, irgendwie konstruktiv zu arbeiten. Seine Arbeitslähmung hinderte ihn jedoch nicht daran, sich selbst „dumm, feige, schwach und unfähig" zu nennen. Der Mann war ein hochangesehener Architekt gewesen, der sehr gute Arbeit geliefert hatte, die auch gut ankam. Aber die geringste negative Kritik, selbst wenn sie in noch so wohlwollender Form geäußert wurde, bewirkte, daß er sich in zerstörerischer Weise selbst angriff. Als diese Angriffe auf sich selbst, in Verbindung mit schwerer Depression, unerträglich wurden, hörte er ganz auf zu arbeiten.

Es war ihm nicht bewußt, daß seine Ansprüche unerfüllbar waren. Dadurch, daß er sich selbst anklagte und schlecht machte und deshalb sehr deprimiert war, hatte er sogar noch weniger Einblick in den Zusammenhang zwischen diesen selbst auferlegten Maßstäben und dem dadurch ausgelösten Selbsthaß. Obwohl er sehr schnell meine Erklärung zur Ursache seines Leidens verstand, war seine Einsicht doch weitgehend rein verstandesmäßig und von sehr begrenztem Wert, bis er durch freie Gedankenassoziationen auf wichtige, emotionsbeladene frühe Erinnerungen zurückkam. Er erinnerte sich, daß ihn sein Vater immer, wenn er nur im geringsten von einer absolut perfekten Leistung abgewichen war, angegriffen und bestraft hatte. Einmal hatte er 99 Prozent in einer schwierigen Mathematikprüfung richtig. An jenem Tag hatte er Angst, nach Hause zu gehen, weil sein Vater ein Ergebnis von weniger als 100 Prozent als einen Fehlschlag ansah, und Fehlschläge waren nicht tragbar.

In meinen Augen waren die Lähmung dieses Klienten und seine Unfähigkeit zu funktionieren Ausdruck einer konstruktiven Rebellion gegen unerfüllbare und tyrannische Maßstäbe. Auf diese Weise drückte er aus, daß er aus dieser Enge ausbrechen wollte. Wenn diese Erinnerungen in sein Bewußtsein drangen, bekam er immer heftigere Wutanfälle über die Ungerechtigkeit, die er als unschuldiges Kind hatte erfahren müssen.

Schließlich erkannte er tief im Innern seiner Gefühle, daß seine eigene Selbstbestrafung die Fortsetzung der früheren Bestrafung durch seinen Vater war, mit einer allerdings noch schärferen Wirkung. Er erkannte auch, daß seine Maßstäbe, die er allen menschlichen Leistungen anlegte, nahezu gottähnlich waren. Was folgte, war ein sehr harter innerer Kampf, sie durch menschlich erfüllbare zu ersetzen. Dazu gehörte auch das Akzeptieren von sogar hundertprozentigen Fehlschlägen. Zunächst war er erstaunt, als er feststellte, daß er geschäftliche Niederlagen ohne erbarmungslosen Selbsthaß und Depression überleben konnte.

Er begann, Verständnis für seine Situation zu entwickeln und machte sich auf den Weg zu einem lebenslangen Lernprozeß: Gegebenheiten akzeptieren zu können.

Dieser Klient ist zwar ein ziemlich extremer Fall, aber wir sind fast alle, jeder auf seine Art, Opfer ähnlicher, vielleicht nur etwas subtilerer Selbstquälereien. Eine Form unbarmherziger Selbstbeschimpfung ist die Selbstanklage in Form von hypothetischen Annahmen. Anzeichen und Symptome solcher Selbstanklagen sind weit verbreitet. Es sind Aussagen, die wir häufig zu hören bekommen oder selber machen und unglücklicherweise auch vollkommen ernst nehmen: „Ja, aber . . .,“ „Ich hätte sollen . . .“, „Ich hätte können . . . “, „Was wäre nur gewesen, wenn . . . “, „Wenn ich nur . . . hätte“, „Jetzt ist mir klar . . .“. So klagt man sich selbst an wegen mangelnder Perfektion oder der Unfähigkeit, die Zukunft vorherzusagen.

Wir verschwenden unsere Zeit und unsere Energie mit Selbsthaß und fühlen uns so schlecht, daß wir keine der Lehren, die wir vielleicht aus diesen vergangenen Fehlern hätten ziehen können, in uns aufnehmen. Selbstanklage wird zum zentralen Thema, und da diese Haltung nicht den geringsten erzieherischen Wert für uns hat, da sie vielmehr Angst, Depressionen und Müdigkeit erzeugt, verzehnfachen sich die Chancen, noch mehr „Fehler“ zu machen, und so schließt sich ein Teufelskreis des Selbsthasses.

Ich erinnere mich an einen Klienten, der andauernd unkluge Investitionen machte und dann im nachhinein diese „Was-wäre-wenn-Hypothesen“ aufstellte. Nachdem wir einige Monate lang miteinander gearbeitet hatten, wurde deutlich, was er wirklich meinte. Er glaubte, daß er es verdiente, erfolgreich zu sein, wenn er sich nur genügend selbst beschimpft und genügend gelitten hatte. Er glaubte, daß sein selbsterzeugter Schmerz auf magische Weise in Zukunft eine Garantie für vernünftige geschäftliche Entscheidungen sein würde. Wir mußten erst enorme innere Widerstände gegen eine Veränderung überwinden, bevor er wirklich verstand, daß seine neurotische Gefühlslogik nichts mit der Realität zu tun hatte.

1. Selbsthaß und Leiden machen uns nicht verdienstvoll.

2. Ein bloßer ‚Verdienst‘ hat wenig oder gar nichts damit zu tun, daß wir tatsächlich etwas erreichen oder belohnt werden. Es gibt keinen großen alten Mann dort oben, der Buch führt und darauf achtet, daß der ‚gute Mensch‘ zum Ziel seiner Wünsche kommt.

3. Die Selbstbeschimpfung als Ausdruck von Selbsthaß und das

daraus resultierende geduldige Leiden machen den Menschen nicht vollkommener.

4. Selbstbeschimpfungen befähigen uns auch nicht, die Zukunft vorherzusagen, um in Zukunft frei von Irrtum leben zu können.

5. Die destruktiven Kräfte des Selbsthasses haben *in der Tat* eine demoralisierende, ermüdende und auslaugende Wirkung, und dadurch steigern sich die Möglichkeiten für weitere, noch schlechtere Entscheidungen und noch schlimmere Fehlschläge.

Mißachtung der eigenen Persönlichkeit

Diese Art des Selbsthasses bedeutet, daß man es vermeidet, die wirklichen eigenen Vorzüge und Möglichkeiten einer fruchtbaren Persönlichkeitsentwicklung zu erkennen, oder daß man jede das Selbst befriedigende Aktivität völlig unterdrückt. Dieser Vorgang kann sehr subtil sein und wird möglicherweise nicht einmal von sehr erfahrenen Therapeuten erkannt.

Das Opfer ist häufig geschickt darin, sich selbst herabzusetzen und alle seine wertvollen Seiten zu verstecken; es scheint jemand zu sein, der sich selbst kaum ernähren, kaum eigene Entscheidungen treffen kann, der wirklich nur sehr wenige menschliche Vorzüge besitzt und kein Fünkchen Energie, die notwendig ist für ein mögliches Wachstum. Solche Menschen zeigen häufig sowohl sich selbst als auch dem Rest der Welt eine fast nicht durchschaubare Fassade von Hilflosigkeit und scheinbar vollständiger Abhängigkeit von anderen. Fast immer steht dahinter eine enorme versteckte Energie und ebenso viele menschliche Erfahrungen und Erinnerungen, ebenso viele Gefühle wie Wärme und Stärke, wie sie ihre scheinbar tüchtigeren Mitmenschen aufbringen. Es ist äußerst energieaufwendig, sich selbst auszulöschen und andauernd seine konstruktivsten Seiten nicht wahrhaben zu wollen oder der Wahrnehmung durch andere zu entziehen. Solche Menschen erscheinen und handeln häufig außerordentlich passiv. Aber diese im Verhältnis zu anderen ungewöhnliche Passivität ist die Maske für einen außerordentlich aktiven Prozeß der Selbstmißachtung, bei dem wenig oder keine Energie übrigbleibt für die sogenannte Suche nach dem Glück. Versuche anderer Menschen, einschließlich der Therapeuten, offensichtliche Vorzüge und konstruktive Möglichkeiten aufzuzeigen, treffen gewöhnlich auf ein Gemisch aus Mißtrauen, Ungläubigkeit und Verlegenheit, das gefolgt ist von verschiedenartigen Selbsthaßattacken. „Sie kennen mich nicht wirklich. Eigentlich bin ich blöd. So wie in dem Zeichentrickfilm, den ich einmal gesehen habe. Ich bin wirklich minderwertig. Ich verstehe nicht, wie Sie das sagen können. Sie versuchen nur, mir ein gutes Gefühl zu vermitteln."

Wenn man solche Menschen dazu antreibt, etwas Gutes für sich zu tun, ruft man möglicherweise noch schwerere, bösartigere Anfälle von Selbsthaß hervor, sogar schwere Depressionen. Nett sein zu jemandem, der sich selbst für minderwertiger hält als Schmutz, erscheint dem Opfer vollkommen unangemessen und verursacht große Schuldgefühle. Schuldgefühle und fortgesetzte Selbstherabsetzung sind ein Weg, den Selbsthaßprozeß am Leben zu erhalten. Ich habe mehrere Patienten behandelt, die beim Versuch, „nett, gut und konstruktiv" sich selbst gegenüber zu sein, mit bösartigen Attacken auf sich selbst reagierten. Wenn ich Glück hatte, konnte ich einen Teil ihres Selbsthasses auf mich umlenken, um auf diese Weise schwere Rückwirkungen zu verhindern. Wenn sich diese Menschen selbst etwas Gutes gönnen, brauchen sie Hilfe, während sie mit den ihnen vertrauten Selbsthaßmechanismen gut zurechtkommen.

Viele Menschen fühlen sich, nachdem sie zunächst versucht haben, sich durch Selbsthaßattacken das Wasser abzugraben, verwirrt, desorientiert und glauben häufig, jemand anderer zu sein. Dies ist weitgehend darauf zurückzuführen, daß sie einen bisher ungewohnten Lebensweg einschlagen, in den ungewohnte Aspekte ihrer Persönlichkeit einfließen. Tatsache ist aber, daß sie genau dann Stellung beziehen *gegen* ihre selbstzerstörerischen Handlungen, wenn sie *am meisten* sie selbst sind. Anders als in der Situation eines Kindes, wo die Konfrontation mit dem Selbst ein sich langsam entwickelnder Prozeß ist, erleben Erwachsene das Freilegen ihres Ichs als einen explosiven Vorgang. Diese plötzlichen Einblicke in das Selbst, die der gewohnten Lebensweise widersprechen, das plötzliche Begreifen des wirklichen Selbst, kann schockierend und beängstigend sein.

Vor einigen Jahren kam ein junger Mann, Ende zwanzig, in meine Sprechstunde, weil er, wie er sagte, die meiste Zeit sehr ängstlich und deprimiert war und nicht verstehen konnte warum. Nach seiner Meinung lief alles gut. Er kam aus einer irisch-amerikanischen Familie der Arbeiterklasse, hatte die Schule nicht beendet, war aber dann immer demselben „ordentlichen Job" nachgegangen, seitdem er sechzehn war. Es stellte sich heraus, daß sein Job Fließbandarbeit in einer Fabrik war, wo er acht oder mehr Stunden am Tag ununterbrochen an einem Platz stand und drei Einzelteile zusammenfügte. Den Rest seiner Zeit trank er bis zu zwanzig Bier in einer örtlichen Kneipe, oder er schlief. Seine Mutter arbeitete als Hausangestellte, und sein Vater war Klempner.

Drei Brüder arbeiteten in ähnlichen Jobs, und ein vierter, der als der intelligenteste und fähigste der Familie angesehen wurde, war Feuerwehrmann. Mein Patient sagte mir, daß keines der Familienmitglieder, er selbst eingeschlossen, annähernd so intelligent wären wie Tom, der Feuerwehrmann. Deshalb hätten die anderen niemals ernsthaft daran gedacht, Feuerwehrmann oder Polizist zu werden, weil sie niemals die Prüfungen für den öffentlichen Dienst bestehen würden. Zwei weitere Brüder hatten die Schule ebenfalls nicht abgeschlossen.

Mein Patient war überzeugt, daß er „der Dümmste in der Familie" war, daß er „sich nicht konzentrieren" könne und daß er niemals die Schule hätte abschließen können oder „genug davon verstehen könnte, um den Schulabschluß noch nachzuholen." Aber er würde dies nicht bereuen, hätte einen sicheren Job, ein paar gute Freunde und er lebte zu Hause, „so daß ich immer ein paar Groschen in der Tasche habe", und deshalb könnte er nicht verstehen, warum er in so schlechter Verfassung sei.

Zeitweise wurde er sehr ängstlich und litt unter Herzrasen, kaltem Schweiß, Alpträumen und Schlaflosigkeit. Er litt auch häufig „unter Stimmungsschwankungen und Melancholie und fühlte sich zum Weinen". Solche Symptome sah er als sehr unmännlich und „weibisch" an, und es war ihm sehr peinlich, sie mir zu eröffnen.

Schon zu einem frühen Zeitpunkt der Behandlung erzählte er mir mehrmals: „Ein Gedanke weckte mich auf, und dann grübelte ich darüber nach und konnte nicht wieder einschlafen und ihn auch nicht verscheuchen." Der Gedanke war: „Ich wünschte, ich wäre jemand anders." Es stellte sich heraus, daß dies ein sehr wichtiger Gedanke war, und in bestimmter Weise auch der Schlüssel zu seinem Problem. Der Gedanke drückt ein extremes Gefühl vollständiger Selbstzurückweisung, Selbsthaß, aus.

Bald darauf entdeckte und äußerte dieser junge Mann eine bemerkenswerte Menge angestauter, sich selbst herabsetzender Wut: daß er dumm und unfähig sei, daß er nicht genügte, daß er fürchtete, sexuell zu versagen. Das einzige Gebiet, das er für sich als befriedigend ansah, war seine Arbeit, da er für sich entschieden hatte, daß sie seinen beschränkten Fähigkeiten vollkommen entsprach. Aber sogar in den heftigen Attacken gegen sich selbst entdeckte ich eine feine Fähigkeit, sich selbst auszudrücken, einen bemerkenswerten Humor, und gelegentlich leuchtete eine ungewöhnlich tiefe Verständnisfähigkeit auf, und ich hatte das Gefühl, daß in ihm beträchtliche Intelligenz und Kreativität lebten, wenn sie auch im Dienste des Selbsthasses standen. Ich erkannte dies trotz der Tatsache, daß sein Vokabular sehr begrenzt war, daß er nur ein beschränktes Allgemeinwissen und einen geringen Bildungsstand hatte.

Allmählich dämmerte es mir, daß sein Gedanke „Ich wünschte, ich wäre jemand anders" mehr war als nur ein Ausdruck von Selbsthaß, ebenso wie seine Angst und seine Depressionen. Sie waren Ausdruck des Wunsches, sich zu einer Persönlichkeit zu entwickeln, wozu er aufgrund sozio-ökonomischer, erziehungsbedingter und familiärer Zwänge keine Möglichkeit gehabt hatte. Tatsächlich schrie dieser Mann unbewußt danach, die Chance zum inneren Wachstum zu bekommen – und tatsächlich wuchs er auch.

Er verschlang Informationen, Bücher und Erfahrungen mit einer Geschwindigkeit, die ich niemals vorher oder nachher wieder beobachtet hatte. Es stellte sich heraus, daß er bemerkenswert intelligent, wahrnehmungsfähig, empfindsam und kreativ war. Sein Talent für die schriftliche Darstellung, für das Lernen von Fremdsprachen und für die Einsicht in psychologische Zusammenhänge war größer als das eines durchschnittlichen Akademikers.

Zuerst mußte er harte Leidenszeiten durchmachen. Seine Versuche, sich mit Verwandten, Freunden und Arbeitskollegen über sein neuerworbenes Wissen zu unterhalten, stießen auf Verachtung und sogar Sadismus. Man nannte ihn „verrückt“, einen „Homosexuellen“, einen „Blödmann“, und seine Eltern nannten ihn „einen unnützen Dummkopf“. Diese Tiraden wurden besonders schlimm, als er sich entschied, noch einmal die Schulbank zu drücken. Interessanterweise inszenierte er einen ähnlichen Kampf auch in sich selbst. Als es offensichtlich wurde, daß seine Entwicklung weiter fortschreiten würde, gleichgültig, wie schwer sie auch zu erkämpfen wäre, wurde sein Selbsthaß fast unerträglich. Verschiedentlich dachte er daran, »die ganze Sache zu vergessen, sich nicht zu rühren und den Mund zu halten.“ Wie konnte schließlich er, der schon vor langer Zeit für sich selbst festgelegt hatte, daß er „ganz einfach blöd“ war, nach Nahrhafterem „für Seele und Herz“ streben! Aber er kämpfte sowohl gegen seinen eigenen Selbsthaß wie auch gegen den anderer, die jede Veränderung in jemandem, den sie so gut kannten, fürchteten und beneideten. Es wurde bald offensichtlich, daß er seinen Freundes- und Bekanntenkreis erweitern mußte, und indem er alte Freunde verließ, gelang es ihm auch allmählich, viel von seinem Selbsthaß abzulegen.

Inzwischen hat er verschiedene Universitätsexamen abgelegt und lehrt an einer größeren Universität. Aber sein Leben ist darüber hinaus sehr viel reicher geworden. Er behandelt sich selbst gut. Er hat eine reizende Frau, gute Freunde, er reist viel und genießt Musik und Theater – all dies wäre ihm vor zwölf Jahren als ein Ding der Unmöglichkeit erschienen.

Selbstterrorisierung

Es gibt verschiedene Tricks, die wir anwenden, um uns selbst im Dienste des Selbsthasses zu terrorisieren. Einige sind in teuflischer Weise erfinderisch, andere stützen sich auf unsere persönlichen Ängste, Empfindlichkeiten und auf Verletzbarkeiten, die auf die Zeiten früherer Kindheit zurückgehen. Dazu fällt mir George Orwells *1984* ein, in dem die Henker des Großen Bruders genau die Befürchtungen bestimmter Individuen kannten und ausnutzten, um ihre Persönlichkeit zu brechen. Im Falle des Romanhelden waren es Ratten gewesen, vor denen er sich seit seiner frühesten Kindheit gefürchtet hatte.

Eine meiner Patientinnen, eine junge Frau, hatte außerordentlich Furcht davor, daß in ihrem Gesicht Haare wachsen könnten. Es stellte sich heraus, daß sie diese Furcht früh in ihrer Kindheit entwickelt hatte, denn sie hatte gehört, daß „Bartwuchs das Schlimmste war, was einer Frau passieren konnte." Im Laufe der Jahre entwickelte sie sehr verworrene Ideen darüber, was feminin sei. Während sich ihr Selbsthaß fortwährend vertiefte, wuchs der Zweifel an ihrem weiblichen Aussehen, obwohl sie in jeder Hinsicht sehr weiblich war. Aber das wurde ihr erst bewußt, als sie schon längere Zeit in Behandlung war. Bis dahin gab es für sie nur die Furcht, einen Bartwuchs zu entwickeln. Sie kam immer dann auf und terrorisierte sie, wenn sie Selbstverachtung oder das „Bedürfnis" nach Selbstbestrafung empfand.

Bald erkannte sie bewußt den Zusammenhang zwischen ihrer größten Furcht und dem Gefühl, sie sei „schlecht", weil sie ihrem aufgeblasenen Selbstbild nicht gerecht werden konnte. Aber dies genügte nicht, um ihr Denken aufzubrechen und sich selbst von dem Sympton zu befreien. Erst nach einem schmerzhaften Kampf, in dem sie sich selbst klar wurde über ihr Verständnis von Weiblichkeit und die schrecklich unrealistischen Forderungen, die sie an sich selbst stellte, wie über ihre Selbstverachtung und ihre zwanghaft selbsthasserischen Aktivitäten, konnte sie sich selbst annehmen. Dies dauerte mehrere Jahre, in denen sie sich beträchtlich veränderte. Die fixe Idee vom Bartwuchs wurde bedeutungslos, weil die selbsthassende Energie nicht mehr vorhanden war. Sie wurde nicht länger von verworrenen Ideen, was nun feminin sei, gequält; ihre Maßstäbe wurden nicht nur klarer, sondern es gelang ihr, das Problem in realistischer Weise zu relativieren. Sie betrachtete sich nun als einen Menschen, der es wert war, sich selbst zu lieben und zu akzeptieren. Sie hatte keine Ahnung davon gehabt, wie grausam und skrupellos sie sich selbst angegriffen hatte.

Wenn jemand sich selbst terrorisiert, so kann das durch eine Vielzahl psychologischer Tricks hervorgerufen und aufrechterhalten werden. Dazu gehören Alpträume, seltsame und verworrene, besonders Tabu-Gedanken, wie zum Beispiel Mord, Inzest oder Selbstmord, oder der Gedanke verrückt, hilflos oder homosexuell zu sein; Angst- und Panikanfälle; unbegründete Ängste und Phobien, ungeheuerliche und lähmende Phantasien, schreckenerregende, hypochondrische Anfälle, lähmendes und energiezehrendes Grübeln und andere Tricks und Gedankenkombinationen, die ein erfinderischer menschlicher Geist sich ausdenken kann, um sich selbst anzugreifen.

Solche Symptome sind immer Ausdruck von Angst. Häufig sind sie ein Versuch, innere Gefühle und Impulse zu verdrängen, die an die Oberfläche zu kommen und bewußt zu werden drohen. Aber sie sind immer ein Anzeichen für Selbsthaß, sie steigern den Selbsthaß und funktionieren als Selbsthaßmechanismen. Die Anwendung eines psychologischen Tricks oder das Entwickeln eines solchen Symptoms ist ein selbstquälerischer, selbsthassender Akt. Er dient dazu, irgend etwas zu zerstören oder zu verdrängen, bevor es ins Bewußtsein dringen kann.

Hypochondrie ist insofern eine besonders erlesene Form der Selbstquälerei, als sie zur selben Zeit zwei verschiedene Zwecke erfüllt. Gewöhnlich lenkt sie von der eigentlichen Quelle der Angst ab und zugleich erschreckt sie ihr Opfer durch die Angst vor dem bevorstehenden Tod.

Ich hatte einen Patienten, in dem Wut eine schreckliche Angst hervorrief. Wann immer er wütend wurde, entwickelte er eine Angst vor Krebs. Indem er sich in dieser Weise quälte, lenkte er sich selbst von seiner wirklichen Wut und Angst ab, und diese Gefühle verpufften, indem sie in ein Gefühl von Selbsthaß mündeten.

Der Kampf um ein Leben in Selbstliebe und mit der Fähigkeit, sich in sich selbst einzufühlen, bedeutet das unvoreingenommene Akzeptieren aller Aspekte des Selbst, wobei persönliche und kulturelle Wertsysteme, die Teile unseres Selbst auslöschen könnten, außer acht gelassen und bisweilen bekämpft werden müssen. Wenn wir nicht unser geheiligtes Recht, einfach menschlich zu sein, kennen und dafür kämpfen, dann werden wir unweigerlich feststellen müssen, daß wir zumindest in bestimmter Hinsicht in einem Zustand inneren Terrors leben. Unglücklicherweise sind viele von uns schon so lange und so wirkungsvoll terrorisiert worden, daß wir nicht länger wissen, was es eigentlich heißt, menschlich zu sein.

Mein Patient Tom, der mich aufsuchte, als er gerade zwanzig war, befand sich in einer extrem traurigen Verfassung. Dies ist charakteristisch für Menschen, die genügend Energie und Talente haben, so daß die Destruktivität, die sie gegen sich selbst richten, besonders effektiv ist. Für ihn bedeutete „menschlich sein“ ein ungeheures, verworrenes Schwanken zwischen zwei Polen: Allwissen, Allmacht und reines, engelgleiches Märtyrertum. Er glaubte tatsächlich, daß er ein minderwertiger Mensch war, da „andere Menschen, wirklich gute Menschen niemals wütend werden, da sie jeden lieben, sich immer beherrschen können.“ Er glaubte auch, daß „wirkliche Menschen“, wie er sie nannte, niemals ängstlich, niemals verwirrt, niemals in einem Konflikt wären, daß sie sich couragiert in allen Situationen durchsetzen könnten und daß sie „immer an die Spitze“ kämen. Dies waren nur einige der Werte und Maßstäbe, die er als für Menschen angemessen ansah; er schrieb uns allen gottähnliche Ausmaße und Fähigkeiten zu. Alles, was darunter lag, sah er als minderwertig und monströs an.

Er hatte keine Ahnung von der tiefen Eigengesetzlichkeit menschlicher Gefühle und von der Art und Weise, in der Menschen zueinander in Beziehung treten. Wenn er an sich selbst diese unmenschlichen Maßstäbe anlegte, dann fühlte er sich natürlich „wie ein Wurm, der zu jeder Zeit zerquetscht werden könnte.“ Kein Wunder, daß Tom in einer schrecklich furchtsamen und verletzlichen Verfassung lebte. Aber er intensivierte diesen Schreckenszustand noch dadurch, daß er sich entsetzliche Phantasiebilder ausmalte und daß er sich selbst davon überzeugte, daß er sich nicht von zu Hause und seinen Eltern entfernen könnte, ohne „auseinanderzufallen“, wann auch immer er an seine „Untermenschen-Eigenschaften“ erinnert oder damit konfrontiert wurde.

Da er Menschen als Heilige ansah, fühlte er, daß seine schlimmste unmenschliche Eigenschaft Wut war, und natürlich war er voller unterdrückter Wut. Er versuchte, mit hochkommenden Gefühlen von Wut und Ärger durch ein Verleugnen und mit Grübeleien fertigzuwerden – es gab solche Gefühle ganz einfach nicht –, während er versuchte, seine Gefühle von Wut dadurch zu unterdrükken, daß er seinen Geist mit endlosen, langweiligen und sinnlosen Gedankenketten füllte, aber diese Methoden waren nicht wirkungsvoll und erfüllten ihn nur mit noch größerer Wut gegen sich selbst. Dies war dann der Moment, wo er gewöhnlich seine Wut gegen sich selbst in ganz schrecklicher Weise auslebte, indem er sich selbst sagte, daß er verrückt sei, Krebs hätte und sterben müsse. Dies war eigentlich ein Versuch, sich von „bösen Gefühlen" zu befreien und sich rein zu machen. Da dies nicht länger funktionierte, nahm sein nächster selbsthassender und sich selbst betäubender Akt die Form einer Depression an. Als seine Depression sich so steigerte, daß er schließlich fast vollständig taub und lahm wurde, kam er in meine Sprechstunde und machte sich auf den langen Weg zurück zu Stärke und Realität.

Depression

Depression dient vielen Zwecken, sie kann sogar eine sehr willkommene betäubende Erleichterung verschaffen. Sie ist auch Ausdruck einer akuten Disharmonie in der Seele eines Menschen, und sie ist ein Weg, wenn auch ein schlechter, um angestauten Ärger loszuwerden. Aber letztendlich dient eine Depression dazu, den Menschen in einen Leidenszustand zu versetzen. In dieser Hinsicht ruft eine Depression in beispielhafter Weise Selbsthaß hervor.

Für Menschen, die eine Depression haben, besteht gewöhnlich eine innere Notwendigkeit dazu, daß sie in diesem Zustand sind. Er erlöst sie häufig von schlimmeren Leiden. Manchmal werden Menschen durch eine lähmende Depression daran gehindert, sich selbst umzubringen. Dennoch, eine Depression ist immer ein Zeichen von tiefem Selbsthaß. Ohne Selbsthaß gibt es keine Depression. Natürlich ist es durchaus angemessen, über eine wirkliche Tragödie unglücklich, traurig und deprimiert zu sein. Dieses berechtigte und kurzlebige Gefühl ist jedoch im Grunde nicht die Art von selbsthassender Quälerei, von der ich hier spreche.

Ob sie nun milde und chronisch oder schwer und akut sein mag, sie hat immer eine verletzende und erschreckende Wirkung, und sie tötet einen Teil der begrenzten Zeit, die ein menschliches Wesen hat, um sich auf unserer Erde glücklich zu fühlen. Viele Menschen sind schon so lange deprimiert gewesen, daß sie sich dessen gar nicht mehr bewußt sind. Ich habe eine Reihe von Patienten erzählen hören, daß sie erst dann empfanden, wie deprimiert sie gewesen waren, als sie durch Zufall das erste Mal seit Jahren mit ein wenig Glück konfrontiert waren. Durch diesen Kontrast wurde ihnen ihre langanhaltende Depression unausweichlich deutlich.

Aber es gibt natürlich auch akute selbstzerstörerische Depressionen, wo sich Menschen zu Tode hungern, sich selbst verstümmeln, sich gräßlich verletzen und sogar vollständig lähmen. Solche Depressionen verursachen oft Gedanken und eine Sprache, die einen langjährigen bitteren Selbsthaß ausdrückt: „Ich bin nutzlos"; „Ich verdiene es zu sterben"; „Ich hasse mich selbst"; „Ich bin ein häßlicher, häßlicher Mensch." Wenn ich mit sehr deprimierten Menschen sprach, dann hatte ich oft das Gefühl, daß sie ganz eng mit einem Todfeind zusammenlebten, der niemals nur einen Moment lang nachließ, sie zu foltern und zu quälen. Dies ist tatsächlich das gewöhnliche Erscheinungsbild, denn in einer schweren Depression ist der Selbsthaß zu einem bösartigen Geschwür geworden, das ständig anwesend ist, abgespalten vom gesunden Selbst, und das andauernd sein Opfer in den Staub drückt, ohne ihm irgendein Aufatmen zu gestatten. In diesem Stadium sind viele Therapeuten erstaunt über den enormen Widerstand, den der Patient jeder Versicherung, daß er etwas wert sei, entgegenbringt.

Therapeut: „Aber sie sind doch ein anständiger Mensch."
Patient: „Ich bin entsetzlich."
Therapeut: „Sie haben immer hart gearbeitet und ihre Familie unterstützt."
Patient: „Nur, weil ich es mußte. In Wahrheit bin ich faul – ein Nichtsnutz. Ich hasse mich."

Wenn der Feind des Selbst die Oberhand gewonnen hat – der Selbsthaß nämlich – dann wendet sich der Therapeut natürlich an den Feind und beginnt einen sinnlosen Kampf. Tatsächlich muß er den selbsthassenden Anteil überlisten und die Entwicklung der Selbstliebe fördern. Dies geschieht am besten, indem er darauf besteht, die unmöglichen Maßstäbe und Erwartungen, die das Opfer schon Jahre vor dem Ausbruch der Depression an sich selbst gestellt hat, einmal zu überprüfen. Aber ein listiger Feind kann nicht immer direkt angegriffen werden. Seine Stützen und das Fundament seiner Existenz müssen ausgehöhlt und zerstört werden.

Selbstmord

Dies ist der äußerste der selbsthasserischen Mechanismen. Aber sogar in diesem äußersten Ausdruck von Selbstzerstörung werden verschiedene Grade von Selbsthaß sichtbar. Es ist kein Zufall, für welche Selbstmordart sich Menschen entscheiden. Einige wählen eine verhältnismäßig sanfte und schmerzlose Methode, fast wie einen letzten Akt der Rücksichtnahme, sogar gegenüber einem Selbst, das man aufs äußerste haßt. Andere erstreben nichts weniger als eine vollständige Zerstörung bis zur Unkenntlichkeit (zum Beispiel indem sie sich selbst in die Luft sprengen). Andere wählen die schmerzhaftesten, selbstquälerischsten Möglichkeiten, die es überhaupt gibt (zum Beispiel das Einnehmen von ätzenden Flüssigkeiten). Andere versuchen, in ihrem selbsthassenden Eifer jede Spur von sich selbst, die jemals bestanden hat, zu vernichten. Künstler und Schriftsteller haben versucht, alle ihre Werke zu verbrennen, bevor sie sich selbst zerstört haben. Eltern töten manchmal ihre Kinder und sich selbst zugleich. Einige sehr gestörte Menschen versuchen mit sich selbst so viele andere Menschen wie möglich zu töten.

Viele entwickeln ausgefeilte Pläne und Phantasien zur Zerstörung der Welt. Sie verachten und hassen alles, was menschlich ist, und ihr eigenes Menschlichsein ruft bei ihnen einen unerträglichen Widerwillen hervor. Einige dieser Menschen, die andere ermordet haben, heißen die Todesstrafe fast wie eine Segnung und wie eine

Belohnung willkommen. Offensichtlich sind die Tiefe und die Intensität, mit der wir uns selbst quälen können, fast grenzenlos.

Neigung zu Unfällen, psychosomatischen Krankheiten und gefährlichen Situationen

Solche Neigungen sind weitgehend Ausdruck von Selbsthaß. Ich sehe sie inzwischen als die hinterhältigsten Methoden an, um sich selbst anzugreifen. Ein hoher Blutdruck, Asthmaanfälle, ein plötzlicher Ausschlag, wiederholte Autounfälle, Hausunfälle, gefährliche Jobs, sich beim Schwimmen zu weit vom Ufer zu entfernen, sind Beispiele gut getarnter und motivierter Versuche, bei denen die ursprüngliche, selbsthasserische Absicht nicht leicht zu erkennen ist. Es scheint in der Tat, daß sie sich automatisch entwickeln, häufig als körperliche Erkrankung, ohne daß es den geringsten Anschein hat, daß der Patient bewußt etwas dazutut. Diese sehr direkte Art des Angriffs auf sich selbst in Form einer wirklichen Attacke auf das physische Wohlbefinden und die Existenz ihres Opfers ist gewöhnlich der Ausdruck äußersten Selbsthasses. Tatsächlich ist die Behandlung von Menschen, die in dieser Weise leiden, aus zwei Gründen schwierig: Zunächst einmal ist es fast unmöglich für den Patienten, sein Symptom mit Selbsthaß in Verbindung zu bringen. Ist er nicht gerade aus dem Grunde zum Arzt gegangen, weil er sich Erleichterung von seinem Symptom wünscht? Ist das nicht als solches schon ein Akt der Selbstliebe? Ja, es ist richtig: er hätte gerne Erleichterung, aber die Symptome verdecken so gründlich ihren eigenen Ursprung und ihren Zweck, daß sie häufig den Prozeß der Aufdeckung äußerst kompliziert machen.

Ein zweiter Aspekt ist: Wenn das Gefühl von Selbsthaß stark genug ist, um sich in physische Angriffe zu verwandeln, die vielleicht tödlich sind, dann ist es äußerst gefährlich, daran herumzulaborieren. Eine verfrühte Einsicht kann sich so auswirken, daß sich die Krankheit katastrophal verschlimmert oder daß ein schwerer Unfall inszeniert wird. Die Flucht vor der vollen Erkenntnis des Selbsthasses kann auch eine ernste Geisteskrankheit verursachen. Chirurgen haben aus Unwissenheit solche Situationen heraufbeschworen. Es gibt Fälle, bei denen sich der Patient nach chirurgischen Eingriffen zur Behandlung von Magen- und Zwölffingerdarmgeschwüren ganz unauffällig erholte und wo dann kurz hinterher eine katastrophale neurotische Reaktion auftrat, die den Patienten unendlich mehr krank machte als sein ursprüngliches Symptom. Dies kann geschehen, weil der körperliche Defekt dazu gedient hatte, den Selbsthaß zu verdecken und zu schwächen.

Diesen körperlichen Defekt verfrüht zu beseitigen bedeutet häufig, daß der Patient in direkten Kontakt mit seinem nackten und unerträglichen Selbsthaß gebracht wird, der bis zu dem Augenblick durch das körperliche Leiden verdeckt und gemildert worden war. Der Patient ist unfähig, den Schmerz und die Angst, die zum Selbsthaß gehören, auszuhalten und er versucht, der Qual durch eine Psychose zu entrinnen. Viele Chirurgen bestehen weitblikkend darauf, vor dem chirurgischen Eingriff einen Psychiater zu konsultieren; nach der Operation soll für eine Zeitlang in den Fällen, in denen auch psychosomatische Faktoren eine Rolle spielen, eine Psychotherapie durchgeführt werden.

Vor einigen Jahren sah ich eine sechsundzwanzigjährige Frau, nennen wir sie einmal Rosalind, die unter einem schweren Hautleiden, genannt exfoliative Dermatitis, litt. Die Krankheit hatte sich fast über ihren ganzen Körper ausgebreitet. Ihre Haut war bedeckt von rohen, entzündeten, nässenden Wunden, und an vielen Stellen fehlte die oberste schützende Hautschicht vollständig. Das Ganze wurde noch erschwert durch die Tatsache, daß sie fast ständig brennende, juckende Schmerzen hatte. Wenn sie sagte: „Ich erleide die Hölle auf Erden", dann war wirklich etwas Wahres daran.

Schon in unserem ersten Gespräch spürte ich, daß sie ihrem Leiden zwiespältige Gefühle entgegenbrachte. Sie haßte die Krankheit, und sie haßte sich selbst dafür, daß sie sie hatte, aber es schien auch, daß sie so etwas wie den Ruhm eines Märtyrers genoß, daß sie in dieser Weise dazu auserkoren war, so zu leiden. Von der ersten Sitzung an vermittelte sie den Eindruck, eine passive, umgängliche Person zu sein, die „einfach niemals jemandem Schwierigkeiten machte." Sie erzählte mir sofort, daß sie sich überhaupt nicht daran erinnern könnte, jemals wütend gewesen zu sein. Dies galt besonders für ihr Verhältnis ihren Eltern gegenüber, die das Gefühl hatten, daß Rosalind immer eines der wohlerzogendsten Kinder in der gesamten Nachbarschaft gewesen war; sie erzählten ständig ihren Freunden und Verwandten von der Willfährigkeit und Aufopferung ihrer Tochter in fast allen Angelegenheiten.

Rosalind erzählte mir auch viele Male, daß ihre Eltern geradezu „Heilige" waren und daß sie sich überhaupt nicht daran erinnern könnte, von ihnen jemals ein ärgerliches Wort gehört zu haben. Ich fragte sie nach menschlichen, nichtheiligen Eigenschaften wie Eifersucht, Neid, Besitzgier, Bösartigkeit und Geiz, und ihre Reaktion war zugleich ein Gefühl von Schock als auch ein tiefes Abweisen. Diese niedrigen Eigenschaften waren einfach in Rosalinds engelgleichen Gefühlshaushalt niemals eingedrungen.

Im Alter von achtzehn Jahren jedoch, nachdem Rosalind sich einmal näher mit einem Jungen eingelassen hatte, bekam sie plötzlich einen Hautausschlag. Zunächst diagnostizierte der Hausarzt einen „kleineren Ausschlag, den Mädchen im Teenageralter häufig bekommen und der von selbst weggehen wird." Der Ausschlag ging nicht von allein weg, er ging überhaupt nicht weg, nicht einmal durch die verschiedensten Behandlungsmethoden. Sie suchte Dutzende von Dermatologen, Endokrinologen, Internisten und berühmten medizinischen Zentren auf, in Europa ebenso wie überall in den USA. Tatsächlich erzählte mir Rosalind, daß ihre Haut und deren Behandlung „so viel von meiner Zeit und Energie in Anspruch nahm, daß ich nur die High School abschloß und kurz darauf das College verließ."

Als ich sie nach dem Jungen fragte, mit dem sie ein paarmal ausgegangen war, sagte sie mir, daß er von der Bildfläche verschwunden war, denn „wer will sich schließlich an einen Invaliden binden?" Ich fragte sie über sexuelle Gefühle in Zusammenhang mit diesem Jungen, und sie erzählte mir, offensichtlich voller Verlegenheit und Scham, daß sie nicht nur Gefühle gehabt hatte, sondern daß sie sich auch auf sexuelle Berührungen eingelassen hatte und daß sie sich schrecklich schuldig gefühlt hätte „wegen meiner Eltern – was sollten sie davon denken?". Merkwürdigerweise war ihr diese Frage niemals vorher gestellt worden.

Ihr Ausschlag wurde immer schlimmer, und es gab keine Heilung oder Besserung. Schon vor langer Zeit hatte sich Rosalind angewöhnt, beim Ausgehen Handschuhe und hochgeschlossene Kleider zu tragen, so daß nur ihr Gesicht zu sehen war. Glücklicherweise wurde ihr Gesicht – und sie war recht hübsch – außer einigen Rötungen von dem Ausschlag verschont. Zwei Jahre, bevor Rosalind zu mir von einem weiteren Arzt überwiesen wurde, erlitt sie eine schwere Depression, bei der sie nach kurzer Zeit aufhörte zu essen, 30 Pfund abnahm und schließlich das Bett nicht mehr verließ. Ihre Eltern brachten sie eineinhalb Jahre, bevor sie zu mir kam, auf Rat ihres Internisten zu einem Psychiater, dessen einzige Behandlung eine Elektroschocktherapie war. Er entschied, daß ihr zumindest eine Serie von sechs Elektroschocks verabreicht werden müßte. Rosalind war nicht in der Verfassung, um irgendwelche Einwände zu äußern, und so unterzog sie sich der „Behandlung".

Eine Woche, nachdem die „Behandlungen" vorbei waren, fühlte sich Rosalind nicht mehr deprimiert, und ihre Haut „begann wunderbarerweise zu heilen, bis jede wunde Stelle zugeheilt war. Nach einigen Wochen war nicht mehr das geringste an meiner Haut zu sehen. Meine Haut war so klar und rein wie damals, als es uns noch so gutging." Als ich sie fragte, wie es den „schlecht" für sie alle war, erzählte sie mir, daß ihr Hautausschlag auch Verwirrung bei ihren Eltern verursacht hatte, viele Arztbesuche zur Folge hatte und eine gedrückte Stimmung ausgelöst hatte. „Meine Eltern haben niemals etwas dazu gesagt, aber ich wußte, welche Sorgen ich ihnen machte. Nach den Schockbehandlungen war alles wieder normal – für eine kurze Weile."

Die „Weile" dauerte ungefähr drei Monate, und dann brach die Hölle los. Der Ausschlag kam wieder, schlimmer als je zuvor, und diesmal sah es so aus, als wenn die Krankheit ihr bald kein Stückchen Haut mehr übriglassen würde. Diesmal breitete er sich sogar über ihr Gesicht aus, aber glücklicherweise wurde ihre Gesichtshaut nach wenigen Wochen wieder klar. Obwohl Rosalind „sich schrecklich enttäuscht" fühlte, war sie doch nicht deprimiert. Aber ihre Eltern waren bestürzt, „wirklich am Boden zerstört", und nach hektischen Telefonanrufen und Konsultationen mit dem Internisten und dem Psychiater wurde entschieden, daß sie noch einmal eine Serie von Elektroschocks bekommen sollte.

Im letzten Moment leistete Rosalind Widerstand. Sie erinnert sich daran, daß dies eines der wenigen Male war, wenn nicht das einzige Mal überhaupt, daß sie es ablehnte, entsprechend einer elterlichen Entscheidung zu handeln. Sie weigerte sich, zu dem „Schockarzt" zurückzugehen, weil sie fühlte, daß diese Behandlung sie vielleicht zerstören könnte, selbst wenn ihre Haut dadurch gerettet würde. „Ich wäre eine glatthäutige Qualle geworden." Übrigens meinte sie, daß sie nicht sicher sei, ob die Schockbehandlung überhaupt geholfen hätte. „Vielleicht war es nur ein Zufall." Jetzt verschlimmerte sich ihr Zustand sogar noch mehr. Große Flächen ihrer Oberarme, ihrer Beine und ihres Rückens waren Massen von rohen, blutenden Pickeln. Wieder einmal war die Familie vollkommen von der Krankheit des Mädchens in Anspruch genommen. Dann schlug der Bruder ihrer Mutter, ein angesehenes Mitglied der Familie, vor, daß Rosalind zu einem Psychoanalytiker gehen sollte – nicht zur Heilung, sondern als ein Weg, um sich besser auf ihre Krankheit einzustellen. Dem Onkel wurde bewußt, daß Rosalind „kein Leben außer in ihrer Haut hatte."

Bald nachdem sie zu mir gekommen war, wurde es offensichtlich, daß Rosalind sehr unter verdrängter Wut litt, die sich im wesentlichen gegen sich selbst richtete, weil sie solch ein „süßes, tugendhaftes Nichts" war; die Wut richtete sich auch gegen ihre Eltern, die darauf bestanden, „daß sie den Charakter einer Heiligen annahm". Ihre Wut und ihr Selbsthaß hatten sich über Jahre hinweg entwickelt, und der Konflikt zwischen ihrer Wut auf der einen und den Eigenschaften einer Heiligen auf der anderen Seite wurde weiter intensiviert bei ihrer ersten ernsten Begegnung mit einem jungen Mann. Sie „gestand" mir bald, daß sie in der Tat sehr starke sexuelle Gefühle gehabt hatte, Schuldgefühle gegenüber ihren Eltern und einen enormen Selbsthaß, weil sie die sexuellen Zärtlichkeiten des jungen Mannes erlaubt und zugelassen hatte. Es war kurze Zeit nach besonders leidenschaftlichen Umarmungen, daß ihr „Ausschlag ausbrach." Es kam auch heraus, daß sie ihren ersten und letzten Orgasmus in einer jener zärtlichen Stunden gehabt hatte. Was schließlich deutlich wurde, war das verzwickte psychologische Kräftespiel in ihrer dann entstandenen physischen Krankheit.

1. Durch ihre Krankheit verschaffte sie sich genug Selbstbestrafung, um ihre Schuldgefühle zu beschwichtigen.
2. Selbsthaß entwickelte sich, so daß ihre sexuellen Gefühle, ihre inneren Konflikte und ihre Wut aus dem Bewußtsein verdrängt wurden, und somit wurde sie weiter in die Rolle der reinen Märtyrerin gedrängt.
3. Die Krankheit machte sie genügend unattraktiv, ja in ausreichender Weise abstoßend, so daß weitere verführerische sexuelle Angebote und Möglichkeiten sich nicht ergaben.
4. Sie diente dazu, ihre Eltern zu bestrafen und zur selben Zeit ihr im elterlichen Haus die zentrale Rolle eines Invaliden zu sichern.
5. Sie bot ein sicheres und sehr indirektes Ventil für ihre Gefühle durch ihre Haut, die nun ihrerseits rot und wütend wurde, ebenso schmerzhaft juckend wie naß und nässend. Zu bestimmten Zeiten konnten wir sogar ihre Gefühle mit bestimmten Zuständen ihrer Haut in Verbindung bringen, weil sich ihr Ausschlag tatsächlich entsprechend bestimmter Gefühle, die sie hatte, qualitativ veränderte.

Interessanterweise blieb ihr Gesicht fast immer, wie bei Dorian Gray in dem Roman von Oscar Wilde, weich, ohne Flecken und rein, während ihre intensiven und unterdrückten Gefühle den anderen Teil ihres gewöhnlich bedeckten Körpers, den Ort möglicher sexueller Verlockungen, verunstalteten.

Die Gefühle schwerer Depression waren in der Tat Anzeichen einer akuten Krise und einer möglichen gefühlsmäßigen Wandlung. Der Selbsthaß hatte seinen Höhepunkt erreicht, ebenso das Bedürfnis, ihn zu brechen und einfach menschliche und nicht immer nur hehre und schöne Gefühle zu spüren. Die Elektroschocks waren sogar eine noch strengere Form der Bestrafung gewesen und sie dienten darüber hinaus auch dazu, jeden Konflikt und jede Rebellion gegen den Selbsthaßanteil in sich selbst – ihr tyrannisches Bedürfnis, so perfekt zu sein wie eine Heilige – noch tiefer ins Unterbewußtsein zu verdrängen. Aber diese Art von innerpsychischem Aufruhr in einer Person, die auch sehr viele gesunde Anteile in sich hatte, kann nicht durch Elektrizität vollständig betäubt werden, und Rosalind erlitt einen massiven Rückschlag. Glücklicherweise verhinderten ihre gute Gesundheit, ihre selbsterhaltenden Neigungen und das Bedürfnis, um ihr Leben, das heißt um ihr wirkliches Selbst, zu kämpfen, eine Rückkehr zur Bestrafung durch Elektroschocks, und sie verhinderten, daß sie gänzlich dabei unterging.

Sobald sie für sich selbst klarer sah, wurde sie auch fähiger, ihre Gefühle zu mobilisieren, zu aktivieren und auszudrücken. Manchmal wurde sie von der Intensität ihrer Gefühle geradezu überschwemmt. Ihre Wut gegen sich selbst, gegen ihre Eltern und manchmal gegen mich, verursachte mir trotz meiner Erfahrung und meines Verständnisses beträchtliches Unbehagen. Aber die Sache war es tausendmal wert. Ich empfand es als Privileg, Zeuge und Mitbeteiligter einer Wiedergeburt zu sein.

Dies war ein Prozeß, bei dem eine Frau sich selbst hervorbrachte, indem sie auf ihr eigenes Leben bestand und um das Recht, menschlich zu sein, kämpfte – und in dem sie gewann!

Sobald sie sich von ihrem inneren Gift befreite und sich mehr und mehr selbst akzeptierte, schmolz ihr Selbsthaß zusammen. Zunächst bedeutete es für sie einen Schock, die Unaufrichtigkeit ihrer Familie zu erkennen und zu durchschauen; der idealistische Traum, den sie sich ausgemalt hatten, war verlogen, und sie empfand Wut. Aber schließlich brach durch diese Wut ein Gefühl von Verständnis hindurch und erzeugte Liebe und Mitgefühl.

Aber das große Geschenk, besonders für mich, einen Psychiater, der nur selten die Freude hat, Zeuge einer körperlichen Gesundung zu sein, war die Heilung ihrer Haut. Da sie eine abgerundete und ganze Persönlichkeit wurde und ihre Bestrebungen nach Reinheit und Unantastbarkeit aufgab und da sie sich von Selbstverachtung und dem Eiter von unterdrückter Wut befreite, wurde ihre „schmutzige“ Haut klar und blieb es auch. Ich habe eine Reihe von Leuten behandelt, bei denen psychosomatische Erkrankungen sich in Hautunreinheiten niederschlugen; einige von ihnen hatten interessanterweise ebenfalls eine Elektroschockbehandlung durchgemacht. Aber Rosalinds Erholung und ihre Entfaltung zu einer wirklichen Persönlichkeit war ein Höhepunkt in meinem Leben.

Wenn diese Beschreibung von Rosalind und ihrem Leben auch nur skizzenhaft bleibt, so zeigt sie doch die psychologische Basis, die häufig einem physischen Symptom zugrunde liegt. Ich hatte Glück mit Rosalind. Sie war jung, gut motiviert und hatte eine große Fähigkeit, psychologische Zusammenhänge zu durchschauen. Die Symptome ihrer Krankheit waren zwar schwer und auffällig, aber doch nicht annähernd so kompliziert, komplex und tief verwurzelt wie viele andere, die ich gesehen habe. Tatsächlich ist nämlich diese besondere Art des Ausdruckes von Selbsthaß, das Somatisieren, die Verlagerung in den körperlichen Bereich und die damit zusammenhängende Sabotage des Selbst, häufig am allerschwierigsten zu entdecken und zu beseitigen.

Alkohol, Drogen, Tabak und Essen

Sie stehen wahrscheinlich am häufigsten im Dienste des direkten Selbsthasses. Beim Versuch, sich von Selbsthaßgefühlen zu befreien, werden sie oft als Beruhigungs- und Betäubungsmittel eingesetzt. Menschen mit unerträglichem Selbsthaß nehmen übermäßig viel Alkohol, Drogen, Nikotin und Essen zu sich, um ihren Gefühlen zu entrinnen. Aber dies entpuppt sich zu einem Weg, auf dem man sich selbst seinen Haßgefühlen immer mehr ausliefert, als ihnen zu entrinnen. Wenn ein Individuum bis zur Gefühllosigkeit geschlagen wird, dann fühlt es ab einer gewissen Zeit die Schläge nicht mehr. Dieser Mechanismus wird unseligerweise und fast immer unbewußt auch als eine Methode des langsamen Selbstmordes angewandt.

Das Individuum stirbt langsam, es wird immer hilfloser, bis der Tod schließlich eintritt. Natürlich geht häufig dem Tod eine Verschlimmerung des Zustandes und, was noch wichtiger ist, Entwürdigung voraus. In schweren Fällen ist diese Entwürdigung, die das Opfer auf sich zieht und zu denen es andere Menschen auch herausfordert, als eine Art Folter zu interpretieren, häufig für „Sünden“, die seit langem vergessen sind oder, wenigstens auf bewußter

Ebene, nicht mehr bestehen. Ich glaube, daß sogenannte tödliche Unfälle, die auf eine Überdosis von Tabletten zurückzuführen sind, oder Autounfälle durch Alkohol oder Herzanfälle und Schlaganfälle, die mit übermäßigem Essen zu tun haben, sich in keiner Weise als zufälliger Unfall ereignen. Sie sind plötzliche Angriffe auf sich selbst und sind zurückzuführen auf Gefühle von unerträglichem Selbsthaß, auf ein Bedürfnis nach rachsüchtiger Selbstbestrafung und einem dauerhaften Ausweichen vor der äußerst schmerzlichen Selbsterkenntnis. Obwohl die unmittelbaren Befriedigungen durch Essen und Rauchen auf der Hand liegen und die destruktiven Wirkungen durchaus nicht so offensichtlich sind, weiß doch der einzelne um seine Verhaltensfehler. Unbewußter Selbsthaß nährt diese Gewohnheiten. Das Zusammenspiel von Ursache und Wirkung, von großen Eßanfällen und Wut, vor allem gegen sich selbst, hat mich immer wieder erstaunt. In einer Kultur, die Fettleibigkeit ekelhaft findet, ist es ein sicheres Mittel, um Selbsthaß langfristig zu nähren, wenn man dick und lächerlich aussieht. Rauchen mit dem Bewußtsein der schrecklichen Wirkungen erfordert eine Skrupellosigkeit, die nur einem enormen Selbsthaß entspringen kann.

Schmerzliche Erinnerungen, Verbrechen und Fehlverhalten wachrufen

Die damit verbundenen Denkmuster dienen häufig krassen selbstquälerischen Übungen. Sie sind Ausdruck von Selbstverachtung und charakteristisch für Depressionen, auch bei Mord. Es ist schwierig und häufig unmöglich, Depressionen von allen anderen Selbsthaß- und Selbstbestrafungsarten zu trennen, weil Depressionen fast immer zum Selbsthaß gehören. Die Erinnerung an „Verbrechen" oder an ein Verhalten, das sozial nicht ganz akzeptiert und perfekt war, um sich selbst zu quälen, ist ein autonomer Prozeß.

Dies bedeutet, daß wir im Laufe der Jahre einen Mechanismus entwickelt haben, in diesem Fall das Hervorrufen von schuldbeladenen Erinnerungen, um uns selbst zu quälen. Nach vielen Jahren kann sich dieser Mechanismus von selbst in Gang setzen, ohne daß wir irgendeine Erinnerung oder ein Gefühl für seine Anfänge, Ursprünge und Funktionen haben, und manchmal sogar erfolgt er ohne ersichtliche unmittelbare Ursache. Mit anderen Worten läuft der Mechanismus ab, weil er immer so abgelaufen ist, sogar ohne irgendeine Existenzberechtigung. Er lebt einfach weiter, vor allem deshalb, weil das Opfer ihn als einen regulären Bestandteil seiner selbst akzeptiert und ihn niemals, nicht einmal für einen kurzen Moment hinterfragt hat, geschweige denn versucht hat, ihn zu stoppen. In diesem Fall wird die Liste solcher Übertretungen und der Gebrauch dieser Liste als ein wichtiger und vollkommen vertrauter Teil seiner selbst angesehen, ohne den die eigene Identität in schmerzlicher Weise gefährdet wäre.

Ich hatte eine Patientin, die in regelmäßigen Abständen, vor allem wenn sie nicht schlafen konnte, sich selbst mit dem Wiederkäuen der persönlichen Verbrechen ihres Lebens strafte. Dazu gehörten der Diebstahl eines äußerst billigen Kamms, als sie sieben Jahre alt war, das Schlagen der kleinen Schwester, auf die sie aufpassen mußte (diese Tatsache verschwieg sie ihrer Mutter), und sie strafte sich dafür, weil sie ihrer Mutter nicht genügend bei der Hausarbeit geholfen hatte, als sie ein Teenager war. Natürlich war ihre Schlaflosigkeit nicht ein primäres, sondern ein sekundäres Symptom. Ich meine, daß ihre Gedanken sie wachhielten und nicht die Tatsache, daß ihr Wachbleiben die Gedanken hervorrief. Darüber hinaus diente ihre Schlaflosigkeit jedoch auch dem Selbsthaß und gab ihr noch mehr Grund, sich selbst zu hassen, weil sie unfähig war zu schlafen.

Es interessierte mich, auf welche Weise sie sich durch diese Teufelskreise selbst schadete. Die zugrundeliegenden Schwierigkeiten waren nicht erst in letzter Zeit entstanden.

Es war auch nicht möglich, eine Verbindung zu vergangenen Ereignissen herzustellen. Obzwar sie sich allen möglichen perfektionistischen Maßstäben unterwarf und darunter litt, so ergab dies doch keine ausreichende Erklärung dafür, daß sie diese Verbrechensliste sich selber andauernd vorhielt. Es war, als wären diese ursprünglichen Wurzeln vergraben, verloren und teilweise abgeschnitten von einem Teil der Vergangenheit, der überhaupt nicht mehr ins Bewußtsein zu rufen und sogar verschwunden war. Die Vorstellungen kamen immer wieder, weil sie immer gekommen waren und weil niemals jemand versucht hatte, ihnen einen Riegel vorzuschieben.

Während der Behandlung über einen längeren Zeitraum hinweg wurden die Maßstäbe, denen sie sich unterworfen hatte, um sich selbst achten zu können, auf eine menschliche Ebene zurückgeschraubt, und sie gab sehr viel von ihrem Perfektionismus auf. Aber sie mußte immer noch aktiv, ja sogar heldenmütig gegen die kleinmachenden, autonom ablaufenden Vorstellungen ankämpfen, die sie schon seit Jahren bedrängten. Zunächst war dies sehr schwer, aber wiederholte Ansätze bei der Bewußtmachung, daß solche Vorstellungen wieder lebendig wurden, waren schließlich erfolgreich. Sie war sich bewußt, daß sie niemals *versucht* hatte, den Selbsthaßprozeß aufzuhalten, und diese Tatsache führte dazu, daß sie den *Versuch* machte, zu kämpfen und schließlich den Selbsthaß zu besiegen.

Andere benutzen

Manchmal versuchen wir, in heimtückischer Weise andere dazu zu benutzen, daß sie uns helfen, uns zu hassen und uns selbst zu bestrafen. Gelegentlich benutzen wir andere Leute zu diesem Zweck, die wir überhaupt nicht kennen, aber die gerade verfügbar sind, damit wir uns sofort eine Dosis Selbsthaß verpassen können. Dazu gehören alle möglichen zerstörerischen Beziehungen, die lange dauern oder kurz sein können. Einige dieser Beziehungen sind vielleicht erniedrigend, langweilig, grausam, fruchtlos, frustrierend und ausbeuterisch.

Ich erinnere mich an eine Patientin, die sagte, sie leide unter zwanghafter Promiskuität. Bei der Suche nach den Ursprüngen ihres Verhaltens erinnerte sie sich an einen Vorfall, der sich ereignete, als sie ein Teenager war. Eines nachmittags ging sie allein ins Kino. Ein älterer Mann saß neben ihr und hatte bald seine Hand zwischen ihren Beinen. Während er masturbierte, steckte er seinen Finger in ihre Vagina und dann ging er hinaus. Sie haßte das Gefühl und wollte schreien, aber sie war „zu verlegen". „Was würden die anderen Leute denken?" In ihren gegenwärtigen Beziehungen mit Männern war sie immer noch „zu verlegen", um nein zu sagen.

Promiskuität hat seinen Grund meistens nicht so sehr in sexueller Triebhaftigkeit als in der selbsthasserischen Unfähigkeit, nein zu sagen.

Das Benutzen anderer, um den eigenen Selbsthaß zu nähren, definieren Psychologen häufig als Projektion. Dabei schreiben wir fälschlich anderen Menschen unsere Gefühle zu und glauben, unsere Gefühle kämen von ihnen und nicht von uns selbst. Dazu gehört auch die extreme Form der Projektion, Paranoia, bei der wir das Gefühl haben, daß andere Menschen uns hassen, sich gegen uns verschworen haben und sogar Dinge tun, um uns Schaden zuzufügen und uns zu verletzen, obwohl sie vielleicht überhaupt nichts von unserer Existenz wissen.

Zu diesem Themenbereich gehört auch Karen Horneys Konzept des Vorganges, den sie „Externalisierung" nennt.

Dieser Prozeß ist der Projektion ähnlich, aber er umfaßt weitere Bereiche. Zur Externalisierung gehört der Bereich der Projektion, aber auch subtilere und schwerwiegendere Erscheinungsformen. Unglücklicherweise externalisieren wir alle, wenigstens bis zu einem gewissen Grade. In ihrer vollen Bedeutung bedeutet Externalisierung die Tatsache, daß viele Menschen meinen, ihr Leben sei immer in den Händen anderer und ihr Wohlbefinden werde unweigerlich durch andere bestimmt. Wenn andere Menschen sie mögen, dann mögen sie sich für den Moment auch. Wenn irgendjemand sie zurückweist, dann fühlen sie sich am Boden zerstört. Horney macht deutlich, daß für solche Menschen das Zentrum ihrer Identitätsgefühle in den Händen anderer zu liegen scheint.

Natürlich sind wir in dem Maße, wie wir externalisieren, Opfer von Selbsthaß und Selbstzurückweisung. Wir gelangen dahin, daß wir jeden außer uns selbst als besseren Steuermann unseres Lebens und unseres gefühlsmäßigen Wohlbefindens ansehen.

Einige von uns, die sich besonders stark selbst hassen, gehen Beziehungen ein, die neben der Tatsache, daß sie materiell schaden und auf praktischer Ebene destruktiv sind (schlechte Geschäftsarrangements, schreckliche „Liebes"beziehungen), auch dazu dienen, uns ein tüchtiges Maß an Zurückweisung, ätzender Kritik, rachsüchtiger Angriffe zukommen zu lassen. Es ist, als hätte das Opfer so wenig Selbstachtung, daß es nicht einmal seine eigenen Angriffe auf sich selbst als ausreichendes Maß an Selbsthaß und Bestrafung ansieht. Und schließlich stellt sich die Frage, wie wirkungsvoll eine Bestrafung schon sein kann, die von einem ‚Nichts' als Person kommt? Deshalb muß es jemanden finden, den es akzeptiert, so daß der Haß von ihm genügend Gewicht hat. Ja, wir können sogar unseren Stolz entwickeln, ein gequälter ‚Niemand' zu sein und dann feststellen, daß wir einen ‚Jemand' brauchen, der uns andauernd an unseren ‚Niemand'-Status erinnert und uns dahin zurückdrängt.

Unseligerweise gibt es viele Paare, die diese Art von sadomasochistischer künstlicher Wertschätzung füreinander brauchen, um ihr gegenseitiges Interesse und ihre Beziehung aufrechtzuerhalten. Ich sollte erwähnen, daß Partner in diesen Beziehungen gewöhnlich andauernd die Rollen wechseln. Es ist, als wenn jeder von beiden abwechselnd an der Reihe sein müßte, um eine volle Ladung Verachtung von außerhalb seiner selbst zu erhalten, damit der eigene Vorrat an Selbsthaß aufgefüllt wird.

Wenn ich an diese Formen von Selbsthaß und an die damit zusammenhängenden Angriffe auf das Selbst denke, dann fällt mir ein alter Scherz ein. Es ist Yom-Kippur, der Tag der Buße und Reue. Der Rabbi und der Kantor beten vor der Bibel. Der Rabbi jammert: „Oh Herr, ich bin ein Nichts, ein vollkommener Niemand." Er fällt auf die Knie. Er reißt sich die Haare. Er fährt fort, sich selbst furchtbar zu beschimpfen und Gott zu überzeugen: „Ich bin ein Niemand, ein Nichts. Gott, ich bin ein vollkommener Niemand, ein vollständiges Nichts." Der Kantor, der den Rabbi hört, stimmt denselben traurigen Singsang an. Nach ein paar Minuten beginnt er hingebungsvoll und melodisch zu singen: „Gott, ich bin wie Staub; ich bin niemand, ein vollkommenes Nichts." Moisha, der kleine

Chorknabe, der im hinteren Teil des Tempels die Gesangbücher für die Gottesdienste dieses Tages ausgeteilt hat, hört seine beiden Vorgesetzten und fällt ebenfalls auf die Knie und beschimpft sich und macht sich klein. Mit seiner kleinen, jungenhaften Stimme fleht er ebenfalls Gott an, ihn als „ein Nichts, ein Stück Dreck, ein vollkommenes Nichts und ein Niemand – als absolut nichts“ anzusehen. Der Kantor wird auf ihn aufmerksam, hört den Chorknaben, stößt voller stiller Verachtung den Rabbi an, zeigt auf den Knaben und sagt: „Sie nur, wer da von sich glaubt, daß er ein Nichts sei.“

Natürlich gibt es auch andere Möglichkeiten, die uns offenstehen, damit wir uns wie ein Nichts fühlen können, beispielsweise dann, wenn wir kostenlose Informationen geben, die gegen uns zu einem späteren Zeitpunkt benutzt werden können, unmäßiges Trinken und unnötiges Reden gegen uns selbst.

Bei allen ernsten emotionalen Störungen – bei Verfolgungswahn und bei den sogenannten Schizophrenien und Psychosen, die auf andere als organische Ursachen (tatsächliche Gehirnverletzungen) zurückzuführen sind – ist der wesentliche fehlende Faktor Selbstliebe und Mitgefühl mit sich selbst. Die Kombination von einem völligen Fehlen von Selbstliebe und extremem Selbsthaß macht einen Rückzug von der Realität dringend erforderlich. Deutlich erkennbar bei Verfolgungswahn ist die charakteristische Dynamik der Projektion. Sie ist das wesentliche Charakteristikum dieser Störung.

Bei der paranoiden Schizophrenie hat das Opfer so wenig Selbstachtung und Gefühl für sich selbst, daß es sein Selbst gefühlsmäßig auf andere Menschen ausdehnt. Es empfindet dann seinen Selbsthaß als von anderen kommend. In einigen Fällen hat es das Gefühl, daß Menschen es verletzen werden, und es zieht sich zurück. In anderen greift es diejenigen an, von denen es meint, daß sie es quälen werden. Wenn die Projektionen stark genug sind, dann leidet es vielleicht darunter, Stimmen zu hören, die es verfolgen – dies verschafft ihm Erleichterung von dem unerträglichen inneren Druck des Selbsthasses.

Viele Menschen, die in den sozialen Berufszweigen tätig sind, haben deutlich empfunden, daß der Inhalt von Halluzinationen Aufschluß über die dahinterstehende Krankheit gibt. So haben in unserer Gesellschaft männliche Patienten häufig Halluzinationen, in denen sie „Homosexuelle" genannt werden. Weibliche Patienten hören Stimmen, die sie „Huren", „Prostituierte" und „leichte Mädchen" nennen. Diese Stimmen werden häufig gehört, als kämen sie von den Eltern oder von anderen Autoritätspersonen im Leben des Opfers. Deshalb glaubten und glauben viele Psychiater, daß zu den zugrundeliegenden Problemen unterdrückte Homosexualität und unterdrückte sexuelle Impulse, Gefühle und Sehnsüchte gehören. Aber nach meiner eigenen Beobachtung dieser Fälle ist eine noch wesentlichere Grundlage solcher Phantasien ein ungewöhnlich hohes Maß an Wut auf mutmaßliche Verfolger und im allgemeinen häufig eine Wut auf die Welt im Ganzen.

Phantasien über die Zerstörung der Welt sind ebenfalls charakteristisch für verschiedene Formen der Schizophrenie. Es ist, als wäre das Gefühl von Selbsthaß so groß, daß es nicht durch Projektionen auf einzelne Personen absorbiert werden kann, sondern daß dazu Phantasien über eine vollständige Zerstörung der Welt gehören. Diese Art von schrecklicher Wut kann nach meiner Meinung durch keinen anderen Mechanismus als durch den Selbsthaß entstehen. Wenn Stimmen gehört werden, in denen das Opfer der Homosexualität bezichtigt wird, dann ist dies im wesentlichen auf intensiven Selbsthaß zurückzuführen. Die Verachtung des kulturellen Umfeldes für Homosexualität und Promiskuität und die Unfähigkeit des Einzelnen, diese Charakterzüge in sich selbst zu akzeptieren, verursachen intensiven Selbsthaß. Aber viele, die unter Selbsthaß leiden, der aus vollständig anderen Quellen gespeist wird, wenden diese Schimpfwörter an, weil unsere Zivilisation sie in so wirkungsvoll herabsetzender Weise benutzt. Ich glaube, daß die Beschimpfungen, die bei Verfolgungswahn und bei Halluzinationen gehört werden, sich genau in der Weise ändern werden, wie unsere Kultur andere Symbole und Kennzeichen entwickelt, die eine Erniedrigung bezeichnen.

Paranoide Patienten entwickeln Phantasien über bestimmte Geschehnisse und geben sich diesen Phantasien hin. Sie glauben, daß die Leute andauernd über sie reden und auf sie zeigen und sie lächerlich machen. Es ist leicht, hier den projizierten Selbsthaß zu erkennen und auch das Gefühl von Größenwahn und Wichtigkeit, das dazugehört, wenn man sich einbildet, im Zentrum der Aufmerksamkeit zu stehen, um dadurch Gefühle der Unzulänglichkeit wettzumachen. Angeblich werden sie auch von Menschen beeinflußt, die ihre Gedanken und Gefühle kontrollieren. Intensiver, konzentrierter Selbsthaß ohne eine Gegenkraft durch Gefühle von Selbstliebe und Mitgefühl mit sich selbst, läßt sein Opfer so tot und leer zurück, daß nur der Glaube, andere würden Kontrolle ausüben, einen ausreichenden Stimulus ergibt, um überhaupt zu funktionieren.

Einige Patienten glauben, daß sie von Gott kontrolliert würden, der ihnen spezielle Botschaften zukommen läßt: Sie glauben, daß nur ein Kontakt mit dem Göttlichen das Gefühl der Lähmung, das durch bösartigen Selbsthaß hervorgerufen wird, mildern kann. Es ist auch nicht zufällig, daß einige Menschen glauben, sie würden durch Maschinen kontrolliert. Ich glaube, daß sie zu denen gehören, deren Selbsthaß übergeht in einen schrecklichen Haß auf die gesamte Spezies Mensch und alle Bedingungen des menschlichen Lebens. Sie ziehen es vor, sich dem Wohlwollen von entfernten, sie beeinflussenden Maschinen anzuvertrauen.

Ich habe schon erwähnt, daß einige der bizarrsten Selbstmorde von Menschen mit paranoider Schizophrenie erdacht wurden, die sich manchmal wünschen, sich selbst, alle Verwandten, alle Arbeiten und alles andere, was von ihnen Zeugnis ablegt, zu vernichten, und, wenn es möglich ist, sogar die ganze Menschheit. Beispiel dafür sind Menschen, die sich vor einen Zug werfen oder Mütter, die ihre Kinder und sich selbst töten. Adolf Hitler war einer von den Menschen, die den Versuch machten, zusammen mit der Vernichtung des eigenen Lebens auch alles andere Leben auszulöschen. Die Selbstmorde von einigen sehr gestörten Menschen sind bei weitem nicht so grandios, aber sie können in bezug auf das Selbst dieser Menschen besonders bizarr, grotesk und grausam sein.

Mord

Mord ist für mich die extremste Form von übertragenem und projiziertem Selbsthaß. Viele Menschen, die sich genauer mit der Persönlichkeit von Mördern beschäftigt haben, haben herausgefunden, daß fast alle in eine der drei Kategorien fallen:
1. Der kriminelle Psychopath oder Soziopath. 2. Der sogenannte normale Neurotiker, der ohne ein Profitmotiv und meist ohne einen Vorsatz einen Mord begeht. 3. Psychotiker, deren realistisches Urteil schwer gestört ist und die aus Verfolgungswahn den mutmaßlichen Verfolger töten, bevor sie selbst von ihm oder ihr getötet werden, oder die Mord zu einem magischen und ritualistischen Akt machen (wobei zum Beispiel das Töten als etwas betrachtet wird, das eine magische Macht oder gottähnliche Attribute verleihen würde: „Ich töte, um die Welt heiliger und rein zu machen").

Genau wie bei allen anderen Aspekten des menschlichen Verhaltens überschneiden sich auch hier die drei Gruppen in vielen Bereichen. Menschen werden schließlich nicht in wohlabgegrenzte Kategorien hineingeboren. Wir stellen diese Kategorien nur auf und benutzen sie, um zu versuchen, die Psychodynamik des menschlichen Verhaltens ein wenig besser zu verstehen. Lassen Sie mich kurz die ersten beiden großen Kategorien erörtern.

Jahrelang haben Menschen geglaubt – und sie glauben es immer noch – daß Psychopathen kein genügend entwickeltes Gewissen haben, weil sie gegenüber anderen Menschen ein Verhalten zeigen, bei dem anscheinend Gewissensbisse und Reue keine Rolle spielen. Ich glaube, daß genau das Gegenteil richtig ist. Psychopathen – oder Soziopathen, wie man sie jetzt nennt –, die sich kriminell verhalten oder sogar morden, haben in der Tat überwältigende, extrem selbsthassende Gewissen. Wenn der Selbsthaß besonders stark wird, gibt es die Möglichkeit, entweder Selbstmord zu begehen, sich in eine Psychose (paranoide Schizophrenie) zu flüchten oder gesellschaftsschädigende Taten zu begehen. Diese letzte Möglichkeit ist psychisch in zweierlei Weise wirksam: Sie tötet das eigene lähmende Gewissen und den Selbsthaß, und sie verschiebt und projiziert den Selbsthaß auf Opfer, die zu Repräsentanten des eigenen

Gewissens werden und zu Repräsentanten von Autoritätspersonen in der frühen Kindheit. So bedeutet vielleicht das Niederschießen eines unschuldigen Opfers für den Psychopathen ein symbolisches „Töten“ der Gesellschaft, eine symbolische Beseitigung von autoritären Regimes und zugleich die Ermordung des eigenen Vaters und die Auslöschung des Hasses auf sich selbst.

Neurotiker, die andere umbringen und nicht Selbstmord begehen, handeln fast immer aus Wut, die aus verletztem Stolz resultiert. Neurotischer Stolz wird – Karen Horney hat dies gründlich beschrieben – benutzt, um uns selbst gegen den Kontakt mit dem Selbsthaß und gegen Gefühle von Wertlosigkeit zu schützen. Der Mann der sehr stolz ist auf seine Männlichkeit, schützt sich in Wirklichkeit gegen gefürchtete Gefühle, die er als Ausdruck eines weibischen Verhaltens ansehen würde. Der Mann, der schreckliche Angst davor hat, sich hilflos zu fühlen, setzt seinen ganzen Stolz darein, unabhängig, erfinderisch und häufig geradezu allmächtig zu sein.

Jede Verletzung des neurotischen Stolzes konfrontiert das Opfer mit genau dem Aspekt in sich selbst, den es am meisten fürchtet und haßt und von dem der meiste Selbsthaß ausgeht. Die direkte Begegnung mit dem Selbsthaß ist unerträglich, und die Projektion auf denjenigen, von dem dieser Haß mutmaßlich ausgeht, kann in einem leidenschaftlichen Mord enden. Neurotische Mörder töten häufig Menschen, die ihren Stolz verletzt haben und ermorden dabei tatsächlich repräsentative Teile ihrer selbst. Ich glaube, daß dies auch bei der Todesstrafe geschieht, bei der die Gesellschaft Teile von sich selbst abtötet, die sie nicht als einen Bestandteil des Lebens akzeptieren will. Wenn wir Mörder ermorden, dann versuchen wir, Teile unserer selbst zu morden, um uns so vor der Möglichkeit, Mörder zu werden, zu schützen.

Ich glaube, daß alle Mörder zu den versteckt und andauernd deprimierten Menschen gehören. Ihre Depression lebt im Verborgenen und wird durch eine anstrengende und leicht störbare Selbstbeherrschung zurückgehalten. Wenn der hier wirksame Selbsthaß in ähnlicher Weise ausgelebt würde *wie bei den meisten von uns*, dann würde durch diese Art von emotionalem Sicherheitsventil wahrscheinlich ein Mord verhindert werden. Aber ohne diese harmloseren Möglichkeiten der Erleichterung ist die explosive Reaktion, die dann stattfindet, entweder Mord in Form von Selbstmord oder Mord an einem anderen Menschen.

Tatsächlich konnten viele Therapeuten, die mit Psychopathen gearbeitet haben, keinen Schritt vorankommen, bis schließlich der Selbsthaß identifiziert, bloßgestellt und gefühlt wurde. Dies geschieht fast unausweichlich in Form einer schweren Depression. Der psychopathische Patient scheint zunächst unfähig zu sein, eine Depression zu empfinden. Dies ist in der Tat das pathologische Charakteristikum dieser Krankheit. Aber solche Patienten machen keine Fortschritte, sie haben keine Fähigkeit, im sozialen Bereich Urteile zu fällen, ein soziales Gewissen und menschliches Mitgefühl zu entwickeln, bis sie mit der tiefen, verdrängten Depression in Kontakt kommen, sie empfinden und durch sie hindurchgehen. Diese Depression wurde vorher durch alle möglichen Akte der Rebellion verdeckt.

Jede Erörterung des Phänomens Mord wäre unvollständig, wenn wir nicht die kleinen Morde, die wir uns täglich antun, erwähnten. Wir „ermorden“ uns, wenn Selbsthaßmechanismen folgen oder wenn wir unser Potential zum Genuß der realistischen guten Möglichkeiten, die das Leben uns zu bieten hat, zerstören.

Schuld, Katastrophenerwartungen und unangemessenes Besorgtsein

Diese Selbsthaßaktivitäten zeichnen sich häufig besonders dadurch aus, daß sie als Tugenden angesehen werden. Das Opfer rationalisiert seine Katastrophenerwartungen, indem es sie als Vorsicht ausgibt; die Angst vor Ereignissen wie einem Examen oder dem Erscheinen vor Gericht wird als eine Vorübung zu solchen Ereignissen dargestellt: Schuldgefühle erscheinen als ein hochentwickelter Sinn für Moral und Verantwortung, eine unangemessene Sorge als menschliche Anteilnahme, ähnlich der Märtyrerhaltung eines Heiligen. Aber in Wirklichkeit sind dies alles Verhaltensmuster, die dem Selbsthaß dienen. Unweigerlich zerstören sie Wohlgefühl und Glück ebenso wie die effektive und tüchtige Bewältigung der *Hier-und Jetzt*-Aufgaben. Natürlich kann ein vorausschauendes Planen sinnvoll sein, und Schuldgefühle und Sorge können niemals vollständig abgestellt werden. Aber immer wenn sie im Dienste des Selbsthasses stehen, ist die Unangemessenheit dieser Gefühle vollkommen klar ersichtlich. Sehr häufig wird deutlich, wie vollständig unwichtig der Gegenstand der Sorge oder des Schuldgefühls ist und wie schnell Sorge, Katastrophenerwartung und Schuld einander abwechseln. Ich habe viele Menschen in Behandlung gehabt, die sich selbst mit diesen wechselnden Gefühlen gequält haben und die ihre Sorge von einem Thema zum anderen verlagern konnten, manchmal ohne sich dessen überhaupt bewußt zu sein. Es wurde bald deutlich, daß das Erzeugen von Schuldgefühlen, die Katastrophenerwartungen und die Sorge das eigentliche Ziel waren und daß der eigentliche Anlaß vollkommen unwichtig war.

Wettbewerb und Perfektionismus

Wenn wir uns selbst abverlangen, daß wir perfekt sein müssen und daß wir um jeden Preis mit anderen wetteifern müssen, dann stören wir den Prozeß der gesunden Motivation und eines gesunden Wachstums. Perfektionismus und übermäßiges Wetteifern mit anderen sind sichere Quellen für Katastrophen, sie sind wie geschaffen dafür, persönliche Unzufriedenheit und Unglücklichsein zu fördern. Das Wetteifern mit anderen macht eine Freundschaft mit diesen Leuten unmöglich, aber, was noch schlimmer ist, es macht die Freunschaft mit sich selbst möglich. Das Streben nach unmöglichen Zielen zerstört jede Möglichkeit, uns selbst zu akzeptieren, und jedes Vergnügen, das aus den gegenwärtig vorhandenen Möglichkeiten gezogen werden könnte. Das *Jetzt* wird um einer Zukunft willen, die irgendwie niemals realisiert wird, aufgegeben. Perfektionismus und der Drang, „anderen voraus zu sein“, werden als Köder benutzt, die einen inneren Frieden unmöglich machen und einen permanenten Haß auf das eigentliche Selbst verursachen.

Spielsucht

Zwanghaftes Spielen dient dazu, sein Opfer in einem dauernden Zustand des Mangels und der Selbstverachtung zu halten. Dies ist eine Suchtkrankheit, nicht unähnlich der Sucht nach Alkohol, Drogen und unmäßigem Essen. Aber das ursprüngliche Problem bei all diesen Krankheitsbildern ist der Selbsthaß. Zwar scheint es manchmal, als wollte der Spieler wirklich gewinnen, dies ist aber tatsächlich niemals der Fall. Der zwanghafte Spieler kann ein Gefühl von persönlicher Würde oder von persönlichem Erfolg nicht aushalten. Geld, das dies beides repräsentiert, verursacht ihm große innere Spannungen. Er muß es loswerden, um das negative Selbstbild, das er von sich hat, zu befriedigen. Er spielt, um zu verlieren, um so in den Stand eines abhängigen, bittenden, hilflosen Wesens, für das er selbst keinen Respekt empfindet, versetzt zu werden. Er wird dadurch für eine gewisse Zeit frei von Spannungen, da seine Selbsthaßbedürfnisse befriedigt werden.

Entscheidungsaufschub

Ich werde im vierten Teil erörtern, daß viele Entscheidungen aufgeschoben werden könnten und sollten, aber die Methode, die beim Selbsthaß angewandt wird, besteht darin, Entscheidungen aufzuschieben, die zu keinem Zeitpunkt in der Zukunft anders aussehen würden. Dies ist ein sicherer Weg, um sich dauernd in einem Gefühl von Unausgeglichenheit und Unsicherheit zu halten.

Die meisten Probleme können durch das Fällen einer Entscheidung, die sich als eine unter vielen anbietet, gut gelöst werden. Der unentschlossene Selbsthasser lehnt es ab, einer der vielen Stimmen, die in ihm laut werden, Gehör zu schenken. Viele verschiedene Steuermänner machen sozusagen ein dauerndes Geschrei, und der erste Vorsitzende verlangt niemals eine Abstimmung. Wenn schließlich doch eine Entscheidung zustande kommt, dann wird sie niemals über einen sinnvollen Zeitraum hinweg aufrechterhalten. Unweigerlich beginnt irgendein Mitglied der Steuermannschaft damit, den Fall ohne wirkliche Berechtigung wieder aufzurollen, und das Geschrei hebt mit verstärkten Vorwürfen wieder an. Der Unentschlossene haßt sich, weil er nicht alle Alternativen zugleich zur Anwendung bringen kann – dadurch würde er nämlich einer Entscheidung enthoben. Er haßt sich auch, weil er unfähig ist, sich zu entscheiden. Und dies ist der wesentliche Zweck seiner Unentschlossenheit: Selbsthaß und den Selbsthaßprozß auf alle möglichen Weisen zu fördern.

Unentschlossenheit, ob man eine katastrophale Beziehung beenden soll, ist ein Selbsthaßmechanismus par excellence. Das Opfer wird sowohl durch die Selbstverachtung, die aus seiner eigenen Unentschlossenheit resultiert, gequält, als auch durch die vernichtenden Wirkungen seiner zerstörerischen Beziehung, die sich immer weiter in die Länge zieht. Ein Beispiel dafür ist eine sadomasochistische Beziehung, in der zwei Menschen eine „Wer-hat-Angst-vor-Virginia-Woolf" Ehe aufrechterhalten, in der sie aneinander herumzerren, das Rückgrat ihres Partners brechen, genau wissen, daß sie sich trennen sollten, aber trotzdem in ihren demoralisierenden, selbsthassenden Rollen um jeden Preis verharren.

Absage an das eigene Vergnügen

Menschen, die unglücklich sind, ziehen selten Vergnügen aus Aktivitäten, die ihnen Spaß machen sollten, aber zugleich sind sie sich nicht bewußt, wieviel Energie und Zeit sie für diesen Selbsthaßmechanismus aufwenden, der sie so unglücklich macht. Die Absage an das Vergnügen kann manchmal in ganz direkter und krasser Weise geschehen. Manche Leute werden sich unweigerlich darum betrügen, genau das zu bekommen, was sie sich am meisten wünschen – eine bestimmte Arbeit, Karriere, Besitztümer, eine Beziehung – gerade in dem Moment, wo sie drauf und dran sind, es zu bekommen.

Aber dieses einfache Symptom tritt niemals isoliert auf. Es ist immer Ausdruck eines aktiven, weitverbreiteten Selbsthaßmechanismus, und dabei ist sein Opfer sich anderer Aspekte dieses Vorgangs häufig überhaupt nicht bewußt.

Mir fällt da eine Patientin ein, die mich wegen eines „einzelnen isolierten Symptoms" aufsuchte. Während der ganzen Zeit ihrer

Ehe habe sie unter periodischen Depressionen gelitten. Was ihre sexuellen Beziehungen zu ihrem Mann anbetraf, so hatte sie relativ leicht einen Orgasmus. Ungefähr ein Jahr aber, bevor sie mich aufsuchte, hatte sich das geändert. Sie fühlte sich nicht länger deprimiert, aber sie hatte auch keinen Orgasmus mehr. Immer, wenn sie kurz vor einem sexuellen Höhepunkt stand, fielen ihr irgendwelche Sorgen ein und verdarben alles. In letzter Zeit war ihre Hauptsorge, ob sie einen Orgasmus erreichen würde oder nicht. Natürlich gelang es ihr nicht. Indem sie ihre Spontaneität dadurch zerstörte, daß sie fürchtete, keinen Orgasmus zu bekommen, war sie natürlich unfähig, einen zu haben.

Nach und nach wurde deutlich, daß Mary schon seit Jahren ein „Vergnügenkiller" gewesen war. Insgeheim hatte sie immer Angst davor gehabt, sich zu gut zu fühlen und hatte es geschafft, sich selber den Spaß in guten Zeiten zu verderben. Es war interessant, daß sexuelles Vergnügen und Orgasmus Bereiche waren, die für einen so langen Zeitraum vom Selbsthaß unberührt blieben. Aber was die Entwicklung dann vorantrieb, war ihre wachsende Unfähigkeit, ihre dauernden, immer wiederkehrenden Depressionen zu ertragen. Ihre Lösung bestand darin, einen unbewußten Pakt mit dem Selbsthaßfeind zu schließen. Sie würde ihre Orgasmen aufgeben und die größte Quelle von Freude zerstören, und zwar als Preis für eine Erleichterung von Depressionen und anderen selbsthassenden Angriffen. Das klappte bis zu dem Moment, wo sie sich entschied, tiefer in die Mechanismen, die in ihrem Unbewußten arbeiteten, Einblick zu nehmen.

Der Haß auf den eigenen Haß

Die wahrscheinlich bösartigste Form von direktem Selbsthaß ist, sich dafür selbst zu hassen, daß man sich haßt. Durch diesen Mechanismus wird das Fortbestehen des Selbsthasses garantiert. Jedes Mal, wenn das Opfer entdeckt, daß es sich selbst haßt, oder wenn es einen Selbsthaßmechanismus durchschaut, dann haßt es sich dafür. Es muß sehr viel Kraft aufwenden, um seinen Selbsthaß zu verstecken und um sich der Täuschung hingeben zu können, daß es sich nicht im mindesten selbst haßt. Dadurch schließt sich der Teufelskreis des Selbsthasses und/oder verhindert ein entlarvendes konstruktives Entdecken des Selbsthasses. Durch diesen Prozeß wird ein außerordentlich wirksames Schutzschild aufgebaut, und zwar ein Schild, um den eigenen Selbsthaß zu schützen. Die einzigen Mechanismen, durch die dieses Schutzschild durchbrochen werden kann, sind Mitgefühl und Liebe, auf die ich später eingehen werde.

Indirekte Formen des Selbsthasses

Indirekter Selbsthaß ist chronisch, er durchdringt und umfaßt alles, er ist bösartig, entwickelt Metastasen und bleibt fast immer unerkannt. Während der direkte Selbsthaß sich durch akute Ausbrüche auszeichnet, die gewöhnlich nur gelegentlich auftreten, ist der indirekte Selbsthaß chronisch, langfristig, lebenslänglich, wenn er nicht bewußt gestoppt wird. Er beeinträchtigt jeden Aspekt unserer Persönlichkeit. Er liefert den Nährstoff zur Entwicklung und Erhaltung einer Neurose.

Ohne Selbsthaß entwickelt sich der Mensch in einer freundlichen Atmosphäre, in der Glück ein wesentliches Lebensziel ist. Neurotische Zustände wie Märtyrertum, Masochismus, Selbstentwürdigung, symbiotische und übermäßige Abhängigkeit, Gefühle von Größenwahn, Aggression, Despotismus, Perfektionismus, Sadismus, Rachsucht, Rückzug, Resignation sind alle Ausdruck von Selbsthaß.

Karen Horney meinte, daß Selbsthaß den Antrieb liefert, der neurotische Menschen zu den unerreichbaren und häufig in sich widersprüchlichen Ziele treibt, die zu jedem der oben erwähnten neurotischen Zustände gehören. Ein Mensch, der sehr schwere Ängste hat in bezug auf sein wirkliches Selbst, wird dies kompensieren, indem er nach dem Ruhm des Märtyrertums und der perfekten Liebe strebt. Wann immer er sich durchsetzt und also *nicht* zum Märtyrer werden kann, wird er sein durchsetzungswilliges Selbst mit Selbsthaß bestrafen. So wird er durch Selbsthaß immer wieder zurückgestoßen werden auf das ruhmvolle, zugleich aber völlige unrealistische Lebensziel eines christusähnlichen Märtyrertums.

Dieser Meinung stimme ich zu, aber ich glaube nicht, daß es notwendig oder sinnvoll ist, Selbsthaß und neurotische Zustände voneinander zu trennen. Ich glaube, es ist einfacher, Selbsthaß zu verstehen und zu bekämpfen, indem man jede Aktivität, jede Illusion, jeden Glauben, jedes Ziel und Symptom und jeden neurotischen Zustand, der irgendwie und irgendwann vom eigentlichen Selbst ablenkt, als Selbsthaß ansieht.

Horney spricht von einem wirklichen Selbst, einem gegenwärtigen Selbst, einem verachteten und einem idealisierten Selbst. Das wirkliche Selbst ist unser *potentielles* Selbst ohne die neurotischen Züge. Das gegenwärtige Selbst ist das, was wir *momentan* sind, gesunde und neurotische Züge eingeschlossen. Das verachtete Selbst ist das Selbstbild, das wir von uns entwickeln, wenn wir uns selbst auslöschen und herabsetzen wollen. Das idealisierte Selbst oder das idealisierte Selbstbild spiegelt die glänzende Illusion von Erfüllung unmöglicher, ruhmreicher Ziele auf allen möglichen Ebenen wider. Dieses Bild wird entworfen, um sich gegen Gefühle von Zerbrechlichkeit und Verletzlichkeit abzuschirmen.

Die Unfähigkeit, tatsächlich diesem Bild entsprechend zu leben, führt dazu, daß wir uns wiederum selbst hassen und dadurch Gefühle von Verletzlichkeit und Schwäche entwickeln, die uns erneut nach ruhmreichen Zielen streben lassen, da wir im inneren Teufelskreis gefangen sind. Zu den verschiedenen neurotischen Vorstellungen über das Selbst gehören auch die Ideen darüber, was wir sein „sollten" und die harten inneren Gesetze, die wir in diesem Zusammenhang für uns selbst aufstellen.

Es ist ein Aspekt unseres neurotischen Selbst, daß wir unseren Stolz einsetzen, um verschiedene Illusionen über uns selbst zu nähren.

Auf diesem „System des Stolzes" basieren auch unsere Forderungen an andere Menschen und an die Welt im allgemeinen. Unerfüllte Ansprüche und verletzter Stolz zwingen uns, uns mit verachteten Anteilen unseres Selbst und mit Selbsthaß zu identifizieren, sie verursachen Wut sowohl gegen uns selbst wie auch gegen andere und einen weiteren Versuch, „Ruhm“ zu erwerben. Ich stimme hier wiederum mit Horney überein und glaube, daß ihre Beschreibung des „Stolzsystems“ einer der großen Beiträge zum Verständnis neurotischen menschlichen Verhaltens ist.

Aber mein wesentliches Interesse und meine Aufmerksamkeit gilt dem Haß und dem Mitgefühl für das eigentliche Selbst. Ich habe das Gefühl, daß Horneys Konzept des ‚wirklichen Selbst‘ große Gefahren von Idealisierung und von unmöglichen Zielen birgt, daß es Gefühle von Versagen hervorrufen und so zu einer weiteren Quelle des Selbsthasses werden kann. Nach meiner Definition bedeutet Selbsthaß jede destruktive Abweichung, bei der wir gegen unser eigentliches Selbst angehen oder vor ihm entfliehen.

Zu dem gegenwärtigen Selbst gehören alle Aspekte unseres Selbst zu jedem Augenblick, seien sie nun gesund oder krank. Wenn wir irgendeinen Aspekt unseres Selbst, sei er nun gesund oder krank, hassen, so ist das Selbsthaß. Jede Aktivität, die dazu führt, daß wir unserem Selbst Gutes tun und ein größeres inneres Wohlbefinden erlangen, ist das Gegenteil von Selbsthaß.

Aktivitäten, die vom Selbst wegführen, beispielsweise in Form eines zwanghaften Strebens nach Perfektion, nach gottähnlichen Tugenden wie Reinheit und Märtyrertum, sind Selbsthaß. Neurosen in jeder Form sind Selbsthaß. Alle Arten von Abweichungen von der Realität sind, da sie notwendigerweise vom eigentlichen Selbst ablenken, Selbsthaß. Dazu gehören Verzerrungen der Wahrheit über sich selbst, über andere Menschen, über die Welt und über alle Aspekte des Lebens und der Bedingungen, unter denen Menschen leben. Ich nenne diese Art von Selbsthaß *indirekt,* er ist gewöhnlich äußerst schwierig auszumachen, weil er untrennbar mit jedem Aspekt unseres Lebens verwoben ist, deshalb ist es außerordentlich schwer, ihn aufzuspüren.

Es kann zum Beispiel sein, daß ein Mensch innerlich langsam abstirbt, weil er sehr stark mit anderen rivalisiert. Für einen Menschen, der sein ganzes Leben lang mit anderen rivalisiert hat, ist es äußerst schwierig, Rivalität, den Wunsch, andere auszustechen, als einen Selbsthaßmechanismus zu erkennen, der seine innere Spontaneität tötet, der ihn physisch absterben läßt und der in ihm die Möglichkeit erstickt, Freude über fruchtbare Beziehungen zu empfinden. Statt dessen betrachtet er den Wettbewerb mit anderen als eine Lebensform, als eine motivierende Kraft, die ihn in Schwung hält, und diese Vorstellungen werden weiter untermauert durch zivilisatorische Einflüsse, in denen dauernd von den Vorteilen und von der Notwendigkeit des Wettbewerbs die Rede ist.

Die Tatsache, daß er in Wirklichkeit nicht weiß, in welche Richtung er geht, und daß er niemals hinterfragt, wohin er geht und ob er überhaupt dorthin gehen möchte, ist ihm niemals bewußt geworden. Getrieben von Rivalitätsgefühlen geht er nicht ernsthaft mit sich selbst zu Rate, und diese Gefühle sind als solche schon Selbsthaßmechanismen, da er ein Recht hat, sich solche Fragen über sich selbst zu stellen. Aber diese Art von Selbsthaß ist schwer auszumachen, zunächst einmal, weil er sich nicht in einer direkten Attacke äußert und zweitens, weil sein selbstzerstörerischer Charakter sich unter einer Lackschicht von Tugend und menschlichem Wert versteckt. Dieses Wettbewerbsbeispiel, das wir noch um Hunderte andere ergänzen können, kann uns einen Eindruck geben von dem allumfassenden, Metastasen treibenden oder wuchernden Charakter des indirekten Selbsthasses. Er ist allumfassend, weil er sich auf alles erstreckt. Er ist metastatisch, weil es keinen Lebensbereich gibt, in den hinein er sich nicht ausbreitet, in dem er sozusagen keine Kolonien ansiedelt. Glücklicherweise braucht man nicht jede einzelne dieser Kolonien auszurotten. Mitgefühl mit sich selbst und Selbstliebe, wenn sie einmal zur Anwendung kommen, sind ein genügend starkes Gegenmittel.

Ohne die beschwichtigende Wirkung der Selbstliebe hat der Selbsthaß eine so unbarmherzige Wirkung, daß er das Individuum auf das Niveau eines nichtmenschlichen Automaten zurückdrängt. Wenn wir von Selbsthaß getrieben werden, dann haben wir keine Möglichkeit, unsere Gefühle zu spüren, etwas einzuschätzen, eine Wahl oder eine Entscheidung zu treffen oder zu wachsen. Wir fallen in einen sklavenähnlichen Zustand zurück und müssen den Befehlen eines unbarmherzigen Tyrannen gehorchen.

Direkter und indirekter Selbsthaß treten immer zusammen auf.

Sie ergänzen und unterstützen einander, um ihr Opfer im Zustand der Unterwerfung zu halten. Indirekter Selbsthaß ist der diktatorische Oberaufseher, er hält uns in einer Lebensform ähnlich der eines Konzentrationslagers. Direkter Selbsthaß repräsentiert die Lageraufseher und Wachen, die Despoten, Wachhunde und Mörder. Während wir vielleicht mehr Geschick beim Einsatz des einen als des anderen Mechanismus entwickeln, so schließt der Einsatz des einen den Gebrauch des anderen selten vollständig aus. Fast immer wenden wir diese Mechanismen alle zugleich an. Wenn wir eine Person genau prüfen, dann werden wir gewöhnlich Spuren und Aspekte aller möglichen Selbsthaßmechanismen zusammen entdecken, die kombiniert eingesetzt werden, um gegen sich selbst Krieg zu führen.

Das meiste dessen, was wir als Selbsthaß wahrnehmen, ist uns vertraut, weil wir alle voneinander durch Imitation und Identifikation lernen. Trotz erfindungsreicher Abweichungen, die der menschliche Geist mit seiner großen Fähigkeit zur Anpassung ersinnt, zwingen uns seelische Krankheiten charakteristischerweise zu starren und unflexiblen Verhaltensweisen.

Wie bei allen Krankheiten sind die Symptome gewöhnlich charakteristisch und lassen nur wenige Abweichungen zu; sie zwingen das Individuum zu rigiden Verhaltensweisen. Der Tuberkulosepatient hustet, der Leprapatient hat bald den typischen Löwen-Gesichtsausdruck, der Krebspatient sieht zuletzt ausgezehrt aus, der sich selbst hassende Mensch ist deprimiert und voller Illusionen und funktioniert schließlich mit einer äußerst geringen Kapazität. Direkter und indirekter Selbsthaß wirken zusammen, um die individuelle Persönlichkeit zu zerstören und um ein Individuum hervorzubringen, das sich selbst haßt, wie es häufig für alle erkennbar ist.

Indirekter Selbsthaß ist sehr viel mehr als nur die Summe seiner einzelnen Teile. Er drückt sich aus durch allgemein ungesunde Verhaltensweisen, als eine schwere Wolke, unter der wir leben, und zwar eine sehr bedrückende, die unweigerlich die Möglichkeit eines längerfristigen Glücks zerstört.

Das Gegenteil ist also ein Gesundheitszustand, der sich durch

Individualität, Flexibilität und Spontaneität auszeichnet. Eine Person, die frei ist, das zu sein, was sie wirklich ist, und wirklich frei ist, um Entscheidungen zu treffen, die auf freien Gefühlen basieren, ist sehr viel schwieriger in Schubladen einzuordnen. Je mehr Gesundheit, desto mehr Individualismus und desto größer ist die Möglichkeit eines freien und kreativen Handelns. Gesundheit hat keine diagnostischen Merkmale, keine charakteristischen Symptome von fehlender Krankheit. Kranke Menschen sehen häufig sehr ähnlich aus, weil sie dieselbe Krankheit haben. Gesunde Menschen behalten ihre Individualität.

Illusionen

Die meisten Illusionen haben wahrscheinlich ihre frühen Anfänge in bescheidenen Kindheitsphantasien. Solche Illusionen werden auch im späteren Leben weiter genährt und sie wachsen, weil sie durch einen riesigen Fundus von Selbsthaßmöglichkeiten, der sich in unserem zivilisatorischen Umfeld anbietet, unterstützt werden. Während ich einige wichtige Aspekte unseres kulturellen Wertsystems in Teil 4 beschreibe, zeige ich in Teil 1 die Verbindungen auf, die zwischen unseren kulturellen Maßstäben, den Lebensbedingungen und den persönlichen Illusionen, die in diesem Kapitel beschrieben sind, bestehen.

Zu den Illusionen, die die Herzen von Millionen von Kindern erfreuen, gehört der Traum, eine Heldin zu sein, ein guter Prinz, der erste der Besten, der Pfadfinder-Retter, der alle Arten von Triumphen nach Hause trägt. Während wir aufwachsen, werden diese Illusionen schließlich genutzt, um viele Gefühle über uns selbst, über andere Menschen, über die Welt und die Bedingungen, unter denen Menschen leben, aufzubauen. Sie bilden eine Matrix, die sehr stark und in bösartiger Weise von der Realität wegführt. Selbstbetrug, ob er nun uns selbst, andere oder das Leben im allgemeinen betrifft, schwächt das eigentliche Selbst, macht uns weniger fähig, mit dem wirklichen Leben fertigzuwerden und führt schließlich immer zu direktem Selbsthaß, gewöhnlich in Form von Depression und manchmal sogar Selbstmord.

Eine große Illusion besteht, prüft man sie einmal genau, gewöhnlich aus unzähligen kleinen Selbstbetrügereien, von denen viele auf die unschuldigen Phantasien und süßen Vorstellungswelten unserer Kindheit zurückgeführt werden können. Es ist nicht leicht, uns in dieser Weise selbst zu prüfen. Wir sind uns fast niemals des Selbsthasses bewußt, der in der Entfernung vom eigentlichen Selbst liegt, und des Schadens, der der Illusion innewohnt. Ebenso entwickeln wir enorme Widerstände dagegen, Illusion mit Selbsthaß gleichzusetzen. Solche Gleichsetzung wäre der Anfang vom Ende der Illusionen, und unser Widerstand dagegen, Illusionen aufzugeben, ist enorm. Dies ist aus zwei Gründen der Fall:
1. Eine Illusion wurde zunächst ins Leben gerufen und am Leben erhalten, um uns für eine Realität, die als nicht akzeptabel angesehen wurde, oder für ein unerträgliches Leben zu entschädigen.
2. Wir meinen, daß ein Leben hohl, leer und unwert wäre ohne unsere Illusionen, da wir schon so lange mit ihnen gelebt haben. So kommt es zu einer Art Bestechung unserer selbst, die uns daran hindert, unsere Illusionen überhaupt bewußt wahrzunehmen, ganz zu schweigen davon, daß wir ihre schädigenden und selbsthassenden Wirkungen erkennen würden. Da bereits das Bewußtsein ihrer Existenz die Grundlagen unserer Illusionen erschüttern würde, drängen wir ihre Existenz weitgehend auf eine unbewußte Ebene zurück.

Eine der größten und häufigsten Illusionen ist, daß wir keine Illusionen haben. Es gibt viele Leute, die enorm stolz sind auf die Fähigkeit, sich mit der Realität auseinanderzusetzen und die keine Ahnung davon haben, daß ihre inneren und äußeren Wahrnehmungen weitgehend von Illusionen verzerrt sind. Eine Existenz im Unbewußten bedeutet nicht, daß diese Illusion nicht zur Wirkung käme. Ganz im Gegenteil! Die Kraft eines unbewußten Glaubens oder einer unbewußten Dynamik ist besonders stark, weil er von den Unterscheidungsmöglichkeiten, die das Bewußtsein anbietet, abgeschnitten ist.

Eine Illusion, derer wir uns nicht bewußt sind, hat ein Eigenleben, das nicht möglich wäre, wenn sie zum Hauptstrom des bewußten Fühlens und Denkens gehörte. Es ist ein recht verbreitetes

Phänomen, daß Illusionen, die im Unbewußten verborgen sind, schmerzhafte und manchmal zerstörerische Auswirkungen haben. Illusionen sind schwer auszumachen, weil in ihnen auch realistische Anteile enthalten sind. Ein guter Klavierspieler sieht sich vielleicht als großer Virtuose. Ein sehr guter Chirurg sieht sich vielleicht als Wunderheiler. Eine gute Mutter glaubt vielleicht, daß sie zu ihren Kindern eine überirdisch perfekte Beziehung hat.

Vor einiger Zeit sah ich einen sehr deprimierten Mann, der kurz vorher viel Geld verloren hatte. Er konnte nicht verstehen, warum er so deprimiert war, weil das Geld, das er verloren hatte, obwohl es eine große Summe war, nur einen kleinen Anteil seines gesamten Vermögens ausmachte und ihn auf praktischer Ebene sowieso in keiner Weise beeinträchtigte.

Bald nachdem ihm das enorme Ausmaß seines Selbsthasses bewußt wurde, wurde ihm auch die Illusion über sich selbst klar, die er unbewußt jahrelang gehegt hatte. Diese Illusion betraf seine Unfehlbarkeit. Auf bewußter Ebene sah er sich als einen relativ bescheidenen Mann an, für den ein beträchtliches Maß an Demut charakteristisch zu sein schien. Aber seine schweren Selbstanklagen – „Ich bin ein Dummkopf“, „Ich hätte es besser wissen sollen“, „Ich verdiene es, alles verloren zu haben“ – führten bald zu der Erkenntnis, daß er wirklich eine enorme Illusion seiner eigenen Unfehlbarkeit hatte, und diese Illusion beschränkte sich nicht auf den Finanzbereich. Der äußere Lack von Demut bei diesem Mann verhüllte die Illusion von ganz grandioser Allwissenheit. Es kam heraus, daß er tatsächlich zu der Überzeugung gelangt war, daß „mein Urteil über Menschen fast immer vollkommen richtig ist. Ich denke, daß es das war, was mich so gut im Geschäft werden ließ. Ich konnte, nur wenige Minuten nach dem ersten Ansehen, fast jeden durchschauen.“ Es kam heraus, daß dies eine reine Illusion war. Mehr als das, diese Illusion grenzte an Selbstbetrug. Seine Menschenkenntnis war sehr oberflächlich und begrenzt, vor allem deshalb, weil er fast gar keine persönlichen Beziehungen zu anderen hatte. Dies war vor allem auf sein Mißtrauen gegenüber Menschen zurückzuführen, auf seinen Rückzug von ihnen und auf eine fanatische Beschäftigung mit seinen Geschäftsangelegenheiten. Die freundschaftlichen Beziehungen, die er zu anderen zu haben meinte, existierten vor allem in seiner Vorstellung, und Leute, von denen er annahm, daß sie seine dicken Freunde seien, sahen ihn als wenig mehr als einen gelegentlichen Bekannten an, mit dem man sinnvollerweise aufgrund von Geschäftsbeziehungen Verkehr pflegen sollte.

Da er es nötig hatte, sich für allwissend und allmächtig zu halten, wurde er sich nicht der Tatsache seiner oberflächlichen und flachen Erfahrungen in Beziehungen und seiner schlechten Einschätzung anderer Menschen bewußt. Er erkannte dadurch auch nicht die menschliche Fehlbarkeit, der wir alle unterworfen sind, wie weise auch immer wir sein mögen. Er hegte die Illusion seiner eigenen Unfehlbarkeit, bis schließlich die Luftblase seiner illusionären Selbstidealisierung platzte. Es wurde deutlich, daß sein finanzielles Fiasko weitgehend auf seine falschen Urteile zurückging, falsche Urteile über die Fähigkeiten und Ehrlichkeit verschiedener Leute ebenso wie auf seine schlechte eigene Einschätzung von Geschäften. So erschütterte der Geldverlust einen übergreifenden Selbstbetrug in verschiedenen Bereichen und brachte Attacken von direktem Selbsthaß in Form von ernster Depression mit sich. Der wirkliche Zweck dieser Depression war nicht, ihn zu lehren, daß er fehlbar war und daß er sein Selbstbild und die Forderungen, die er an sich selbst stellte, ein wenig der Realität angleichen sollte. Sie war eine unbewußte Selbstbestrafung, die Art von Bestrafung, wie sie ein Elternteil einem ungezogenen Kind zukommen läßt, um ihm eine Lehre zu erteilen; in diesem Fall wird er wieder dorthin zurückgestoßen, die Illusion wird wieder repariert, und noch größere Sorgfalt wird darauf verwendet, sie in Zukunft aufrechtzuerhalten.

Als ich andeutete, daß er zu hart mit sich selbst umginge, da erschien ihm das wie eine Beleidigung. Ja, für einen gewöhnlichen Mann, der den menschlichen Beschränkungen unterlag, wäre dies tatsächlich eine sehr harte Behandlung, als prügelte man ein totes Pferd. Aber für einen allwissenden Mann waren dies unverzeihliche Fehler, und sie verdienten die strengste Bestrafung. So funktionierten dicht unter der Oberfläche des offensichtlichen Schmerzes und der Selbstanklagen die Illusion und die dazugehörige Eitelkeit immer noch und wurden schnell wieder aufgebaut.

Die frühen Lebensumstände des Mannes waren für mich keine besondere Überraschung. Er kam aus einem chaotischen Haushalt mit vielen elterlichen Auseinandersetzungen und wiederholten Krisen wegen der Geldknappheit. Die Familie zog sehr häufig um, damit der Vater eine Stelle fand, wo er den Lebensunterhalt verdiente. Aber jedes „große Versprechen vom großen Glück" schlug fehl, und sein Vater war und blieb ein „wirtschaftlicher Fehlschlag." Seine Mutter wiederum war eine angespannte, ängstliche, nervöse Frau, die im Laufe der Jahre immer bitterer zu werden schien.

Mein Patient hatte das Gefühl, daß das große Unglück seiner Eltern und seiner eigenen Kindheit gänzlich auf das Fehlen von Geld zurückzuführen war. Er erinnerte sich an sehr frühe Phantasien, in denen er ein großer, erfolgreicher Geschäftsmann war, der nach Hause kommt, um seinen Eltern das zu schenken, was sie sich schon immer gewünscht haben, damit sie glücklich sind, „vor allem miteinander".

So wie es bei sehr vielen Menschen unseres Kulturkreises der Fall ist, betrachtete er das Leben und die Beziehungen der Menschen untereinander in sehr vereinfachter Weise, im wesentlichen als eine Frage des wirtschaftlichen Funktionierens. Auf einer weniger unbewußten Ebene betrachtete er Geld als das Maß aller Dinge im Leben, einschließlich der Selbstachtung. Auf einer tieferen und weniger bewußt verfügbaren Ebene waren das Gefühl und der Glaube, daß *nur* Geld das Leben lebenswert mache. Er gab schließlich zu, daß er das Gefühl hatte, ein Mann verdiene es nur, überhaupt zu existieren, wenn das, was er finanziell erreichte, bestimmten Altersstufen entsprach. Aber als er mir dies eröffnete, gab er zu, daß dieses Gefühl nur für ihn selbst galt und nicht für andere Menschen. Er war, wie so viele von uns, wenigstens in bestimmten Bereichen zu sehr viel mehr Mitgefühl und Liebe für andere fähig als für sich selbst. Andere brauchten natürlich nicht seinem Konzept von Allwissenheit und Unfehlbarkeit entsprechend zu leben, und sie hatten auch nicht den Haß auszuhalten, den er speziell für sich selbst reservierte.

Es war nicht überraschend, daß dieser Mann auch unter einer

Geldillusion litt, die so viele von uns auf einer unbewußten Ebene aufrechterhalten. Bei dieser Illusion ist das ganze Leben betroffen. Es wird unbewußt geglaubt, daß Geld mit Leben und Langlebigkeit gleichzusetzen ist. Viele Menschen, einschließlich meines Patienten, hegen die stille Illusion, daß sehr viel Geld, das in einem bestimmten Alter erworben wurde, praktisch eine Garantie für Unsterblichkeit ist. Tatsächlich sind viele Leute schockiert, wenn ein reicher Mann stirbt, während der Tod eines armen Mannes als ein erwartetes natürliches Phänomen angesehen wird. Auf jeden Fall bedeutete der Geldverlust, den mein Patient erlitt und der für ihn auf praktischer Ebene nur geringe Auswirkungen hatte, ein beträchtliches symbolisches Trauma auf der gefühlsmäßigen Ebene und auf der Ebene der Illusionen.

1. Es bedeutete, daß er nicht unfehlbar war, weder was Geld noch was irgend etwas anderes anbetraf. Die Tatsache, daß diese Illusion erschüttert wurde, brachte ihn in sofortigen und traumatischen Kontakt mit den verletzlichen und leicht störbaren Aspekten der Existenz auf allen Ebenen einschließlich der Möglichkeit des Todes selbst – eine Möglichkeit, die, wie sich später herausstellte, von ihm als ein endgültiger Schlag gegen die menschliche Würde (eigentlich gegen seinen neurotischen Stolz) angesehen wurde.

2. Wenn er eine kleine Menge Geld verlieren konnte, dann konnte er sicher auch eine größere Menge verlieren. Das bedeutete für ihn die Möglichkeit, in den Zustand seiner Kindheit zurückzufallen, nämlich arm, verängstigt, verletzbar, hilflos zu sein und vielleicht als Versager von seiner Frau verachtet zu werden (dies war eine direkte Projektion seines Selbsthasses) wie sein Vater von seiner Mutter verachtet worden war. Während dieser Periode von intensivem Selbsthaß und innerem Terror war es unmöglich für ihn, auf tief gefühlsmäßiger Ebene zu erkennen und auch zu akzeptieren, daß er nicht länger ein hilfloses Kind war, sondern ein kultivierter, vielseitig erfahrener, fähiger Mann. Es hatte wenig oder gar keinen Sinn, ihm zu sagen, daß seine Ehe in keiner Weise der Ehe seiner Eltern ähnelte. Rationale Argumente können sich gegen machtvolle Gefühle der Verletzbarkeit, die aus unbewußten Quellen gespeist werden und die sich auf viele Bereiche erstrecken, nicht

durchsetzen. Solche unbewußten Deutungen, Gefühle, Einflüsse und Illusionen müssen voll ins Bewußtsein gehoben und zur vollen, deutlichen Empfindung gebracht werden, bevor ein Kampf gegen sie auf irgendeiner rationalen Ebene eine erkennbare Wirkung haben kann.

3. Da er so viel Geld verloren hatte, fühlte er sich innerlich schmerzlich erschüttert. Es dämmerte ihm, was sein Leben hätte sein können, wenn seine eigentlich motivierende Kraft nicht immer nur das Geldverdienen gewesen wäre. Dies empfand er als „Das Gefühl einer Welle von Leere", dessen Ursprung er nicht bestimmen konnte. Dieser Prozeß kann sich bei anderen Menschen allerdings auch in umgekehrter Weise entwickeln. Ich erinnere mich an einen anderen Patienten, dessen Lebensmotivation das Geldverdienen war und der sehr reich geworden war, und zwar so reich, daß weiteres Geldverdienen schon seit langem für ihn jede Bedeutung verloren hatte. Die Phantasie, die ihm den stärksten Stimulus und augenblickliche Glücksgefühle vermittelte, bestand darin, daß er (ohne eigene Schuld, so daß ihm die Gefühle von verletztem Stolz und Selbsthaß erspart wurden) all sein Geld verlieren würde und daß er dann noch einmal „ganz von Anfang an" neu beginnen könnte. Das bewirkte, daß er sich lebendig fühlte, und es befreite ihn von einem Gefühl der Nutzlosigkeit und des inneren Abgestorbenseins. Ich werde über diesen Mann später noch mehr zu sagen haben, wenn ich die Geldillusion noch eingehender erörtere.

4. Der zuerst erwähnte Patient glaubte tief in seinem Inneren, daß „die eigentliche Wahrheit ist, ich sei genau wie mein Vater". Geld, so empfand er, schütze ihn davor, daß diese „eigentliche Wahrheit" entdeckt wurde. Diese „eigentliche Wahrheit" würde, so fühlte er, ihm einen vollkommenen Verlust an Respekt und sogar Verachtung der Menschen um ihn herum einbringen.

Ich brauchte mich nicht besonders anzustrengen, um den Grund für die Verachtung bloßzulegen, vor dem er sich am meisten fürchtete. Er hatte ein enormes Potential an Selbstverachtung, und dies war ein sehr viel bedrohlicherer Aspekt als die gesamte Verachtung der Leute, die er kannte, einschließlich seiner Familie. Ein Beweis dafür war seine depressive Reaktion auf den Verlust einer unerheblichen Summe Geldes, und ein weiterer Beweis waren viele Erinnerungen, die er bis zu dem Augenblick bequemerweise vergessen hatte, an schlaflose Nächte voller Angst und an viele Morgen voller Depression.

Viele deprimierte Leute vergessen, welches die Ereignisse waren, die ihre Depression ausgelöst haben. Auch das ist zum Teil auf Selbsthaß zurückzuführen. Sie erwarten und akzeptieren grundloses Unglücklichsein und chronische, immer wiederkehrende „kleine Depressionen“ als eine der Bedingungen des Lebens. Schließlich kommt es soweit, daß diese dauernden kleinen Depressionen als Depression überhaupt dadurch nur *empfunden* werden, weil man gelegentlich auch einmal ein kleines Glücksgefühl hat.

Was bei meinem Patienten deutlich wurde, war, daß er entsetzliche Angst davor hatte, tatsächlich sehr *viel* Geld zu verlieren und dadurch alle künstliche Selbstachtung zu verlieren, denn da er so wenig Selbstliebe und Mitgefühl mit sich selbst hatte, hätte er dann keine Abwehrmöglichkeiten gegen die enormen Selbstanklagen, die mit Sicherheit darauf folgen würden. Seine augenblickliche Depression diente deshalb als Damm gegen eine noch schlimmere Reaktion, indem sie ihn vor zukünftigen Fehlern ebenso warnte wie vor einer tieferen und noch entlarvenderen Selbstidentifikation mit den „Fehlschlägen seines Vaters.“

5. Mein Patient brachte ungewöhnlich viel menschliche Substanz und Energie ein, um sich fast ausschließlich Selbsthaßprozessen und Selbsthaßzielen zu widmen. Sein eigentliches Selbst litt unter chronischen und andauernden Angriffen, unter denen sehr wenig Entwicklung und nur eine sehr geringe Aktivierung innerer Reserven und Quellen hatte stattfinden können.

Er empfand sich als eine Maschine zur Produktion von Geld und konnte sich kaum ein anderes Lebensziel vorstellen. Sofern es ihm überhaupt bewußt war, war er zu dem Zeitpunkt, als er zu mir in die Behandlung kam, eben diese Geldmaschine und weiter nichts. Deshalb bedeutete die Möglichkeit eines Fehlschlages in diesem Bereich, in den er seine Persönlichkeit vollkommen eingebracht hatte, einen totalen Zusammenbruch all dessen, womit sich dieser Mann identifizierte. Das bedeutete, daß er den Verlust seines

Selbst, seiner Identität befürchtete und daß er Angst hatte, nur als eine leere gefühllose Hülse weiter zu existieren – und dies war sicherlich eine schreckenerregende Vorstellung.

Unsere gemeinsame Arbeit führte ihn dazu, daß er sich dieser sehr beschränkten Sichtweise bewußt wurde und daß er schließlich seine vielen Selbsthaßmechanismen durchschaute. Aber er konnte diese Arbeit nur in einer mitfühlenden und liebevollen Atmosphäre in konstruktiver Weise leisten. Das Bloßlegen seines gesamten Selbsthasses, der sich zu dem Zeitpunkt noch unablässig steigerte und immer intensiver wurde, hätte in einer noch tieferen Depression und sogar im Selbstmord enden können.

Schließlich wurde ein äußerst wichtiger Prozeß der Umerziehung zu einem Bestandteil unserer Arbeit. Zum ersten Mal nach vielen Jahren wurden sehr tiefe und seit langem bestehende Sehnsüchte in diesem Mann wachgerufen. Als er endlich zum Leben erwachte, verlangte ein lange vernachlässigtes, ausgehungertes und gequältes Selbst nach aller möglichen Nahrung, einschließlich reicherer Beziehungen zu anderen Menschen; der Mann sehnte sich nach der Freude und dem Wohlbefinden, die ihm früher vernachlässigte Interessen und Aktivitäten bringen konnten, er entwickelte neue Talente und ganz allgemein ein Interesse daran, innere Reserven und Reichtümer anzuzapfen. Kurz gesagt gab es bei diesem Mann viel inneres Potential, das unbedingt wachsen und benutzt werden wollte. Die inneren Quellen waren ja vorhanden und warteten nur darauf, entdeckt zu werden, um schreckliche Gefühle von innerer Leere und innerem Totsein wegzuschwemmen. Die Alpträume vom Sterben, unter denen er jahrelang gelitten hatte, hörten bezeichnenderweise vollkommen auf, und sein Inneres begann, sich mit einer *wirklichen* Liebe zu sich selbst zu erfüllen.

Illusionen über sich selbst

Ein solcher Fall von Selbstillusion über Allwissenheit und Allmacht ist selbstverständlich nur einer von vielen möglichen Illusionsfällen. Alle Menschen, die unter dem Eindruck einer zentralen, alles beherrschenden Illusion leben, haben unweigerlich auch viele andere Illusionen. Jeder von uns ist ein Opfer vieler falscher Vorstellungen und Illusionen über sich selbst, von denen sich einige gänzlich widersprechen und sehr viele Konflikte, Angst und Verwirrung verursachen. Dasselbe gilt für Illusionen über andere Menschen und das Leben im allgemeinen.

Zum Beispiel werden einige Leute als allwissend angesehen, während man von anderen meint, daß sie überhaupt nichts wüßten. Wenn man in engen menschlichen Beziehungen feststellt, daß Freunde und Menschen, die einem nahestehen, sowohl Wissen als auch Unkenntnis und Ignoranz in sich vereinigen, dann ruft diese Erkenntnis häufig Schock und Verwirrung hervor.

Auf jeden Fall hat eine Illusion auf das wirkliche Leben, auf die Realität, einen schwächenden Einfluß; sie steigert ein Gefühl von Schwäche und Zerbrechlichkeit, und sie erhöht die Möglichkeit von Enttäuschung und direktem Selbsthaß. Illusionen ziehen Energie und Zeit von anderen Aktivitäten und menschlichen Möglichkeiten ab, sie beschneiden inneres Wachstum und lassen das eigentliche Selbst und die Möglichkeit zum Glücklichsein verarmen und spärlich werden.

Wir müssen uns darüber klar sein, daß es im Bereich des Unterbewußtseins nicht nötig ist, logische Zusammenhänge zu entwikkeln. Zusammenhang, Logik und Vernunft sind nur im bewußten Leben notwendig und besonders dann, wenn wir mit den Gegebenheiten des täglichen Lebens fertig werden müssen. Das Unterbewußtsein jedoch läßt sich durch diese Zwänge nicht unter Druck setzen. Anscheinend vollkommen unzusammenhängende und unlogische Mechanismen können in uns wirksam werden, ohne daß wir uns irgendwelcher anderer Gefühle als Ängsten, Depressionen und Phobien bewußt wären. So kann ich auf bewußter Ebene mich selbst als einen umgänglichen, „netten“, uneigennützigen Kerl ansehen. Es kann sein, daß ich auf der einen Seite das unbewußte Bedürfnis habe, daß jeder mich mögen soll – und dies wird mich dazu antreiben, „nett“ zu sein – während ich zugleich auf der anderen Seite das Bedürfnis habe, jeden Menschen und jede Situation, die mir begegnen, zu beherrschen. Durch mein bewußtes Verhalten wird unweigerlich eines dieser beiden Bedürfnisse mißachtet werden, und folglich werde ich einen großen Teil meiner Zeit ängstlich und wütend über mich selbst sein, ohne das Warum zu verstehen.

Grandiose Illusionen über Meisterschaft, Perfektion, Tapferkeit, Mut, Allwissenheit und Allmacht, große Tugendhaftigkeit und Unbesiegbarkeit sind weniger fein und versteckt, aber nicht weniger destruktiv als die, daß man ein Märtyrer sei, gütig, mißbraucht, selbstaufopfernd, rein, heiligengleich, verständnisvoll, von reiner Liebe und reiner Fürsorge erfüllt, daß man der ewige nette Junge sei, völlig frei von Eifersucht, Falschheit, Neid, Doppelzüngigkeit, Besitzgier und Unehrlichkeit. Die Illusion der Allmacht und die Illusion eines selbstaufopfernden Märtyrertums, die hinter dem ‚Sich-wie-Jesus-fühlen' stehen, sind gleichermaßen umfassend und bedeuten, daß man sich vom eigentlichen Selbst, von den Bedingungen des menschlichen Lebens und von der menschlichen Realität entfernt hat. Dasselbe gilt für Illusionen über das, was Horney ‚cool-sein' genannt hat. Es ist ein Zeichen grandioser Gefühle, wenn wir meinen, unbeteiligt über den Dingen zu stehen, vollkommen frei von Bindungen zu sein; wir gestehen uns nicht zu, berührt zu sein oder uns aus einer Angelegenheit oder einem Menschen etwas zu machen. Dasselbe gilt häufig von demonstrativer Verachtung, von Herablassung, Zynismus und Sadismus. Dies sind alles illusionäre Versuche, mehr Wohlgefühl zu erlangen, indem man dem Anblick des eigentlichen Selbst entflieht und an Stelle des verachteten eigenen Selbst Illusionen setzt. Anders gesagt: Wenn wir unserem eigentlichen Selbst und der Realität gegenüberstehen, dann kann dies für uns ein solcher Schock sein, daß wir nach der ‚Großen Illusion' rufen. Auf der anderen Seite rufen sicherlich Illusionen, in denen wir uns selbst herabsetzen, im gleichen Maß nach einer Flucht in die Grandiosität. Diese grandiosen Illusionen sind selbsthasserische Versuche, seine eigentliche Persönlichkeit zu zerstören.

Die ‚Große Illusion' wird zum Erzeuger von direktem Selbsthaß in dem Augenblick, wo der Fall von illusionären Höhen diese inneren Selbsthaßmechanismen auslöst. Natürlich hat ein Großteil des gegen das eigentliche Selbst und gegen die Realität gerichteten Hasses, der uns zum Streben nach Grandiosität antreibt, seine Ursprünge in Illusionen über die Bedingungen, unter denen Menschen leben, und über die Welt im Allgemeinen – und dies führt zu großer Enttäuschung, Bitterkeit und Zynismus.

Und wie steht es mit abwertenden Selbstillusionen, die uns so schlecht machen, daß wir gezwungen sind, uns in die Illusion der Grandiosität zu flüchten, um die inneren Spannungen nicht zu groß werden zu lassen? In einer psychoanalytischen Behandlung erkennen wir häufig, daß der Ursprung für diese das Selbst herabsetzenden Illusionen und Gefühle häufig in frühkindlichen Verletzungen liegt. Oft stehen sie in engem Zusammenhang mit einer Gleichgültigkeitshaltung der Eltern, mit allzu großer Nachgiebigkeit und einer ungesunden Überbehütung. Die erdrückenden Wirkungen einer überbehütenden Erziehung bereiten einen fruchtbaren Boden für zukünftige Illusionen von Hilflosigkeit, Inkompetenz und Abhängigkeit. Diese Gefühle wiederum rufen als Kompensation die ‚Große Illusion' hervor, und sie resultieren in Enttäuschung und direkten Selbsthaßattacken, wenn sich diese Illusion nicht erfüllt. All dies sind Wege, um sich vom eigentlichen Selbst zu entfernen; sie sind ein Ausdruck echten Selbsthasses.

Außerordentlich weit verbreitet ist die Illusion vom perfekten Sex. Häufig trifft man auf sie in Verbindung mit der Illusion von der perfekten Liebe und dem Mythos vom ‚Himmel auf Erden'. Dieser Mythos findet sich, wenigstens zum Teil, in fast allen anderen illusionären Phänomenen. Es ist nicht allzu schwierig zu verstehen, wie Illusionen über die heilsame und erlösende Wirkung einer perfekten sexuellen Vereinigung in einem kulturellen Umfeld erzeugt werden, in dem man auf der einen Seite die Unterdrückung der sexuellen Gefühle verlangt und auf der anderen Seite zur totalen Freiheit in diesem Bereich auffordert. Die Darstellungen von sagenhaft perfekter Liebe und von vollkommenem Sex in Filmen, Schauspielen, Schlagern und in vielen Romanen und Erzählungen produzieren alle Arten von illusionären Vorstellungen. In Schlagern hören wir, daß das, „was die Welt jetzt braucht, Liebe, süße Liebe" ist und daß „Liebende allein von der Liebe leben" können, daß „Liebe die Welt bewegt". Und wir glauben es! Diese Illusion zerstört häufig das Vergnügen, das wir am Sex haben können, weil sie bewirkt, daß ihr Opfer sich sehr befangen auf seine eigene Rolle im sexuellen Akt konzentriert und weil so Spontaneität und Kreativität zerstört werden.

Die Illusion einer vollkommenen Unabhängigkeit ist genauso weit verbreitet wie die Illusion der Abhängigkeit, und sie schließen einander nicht aus. Wir müssen uns darüber klar sein, daß das Unbewußte voller Unlogik und Ungereimtheiten ist. Deshalb wird der, der die vollkommene Verschmelzung mit einer anderen Person ersehnt, sich selbst hassen, weil er zu gleicher Zeit ebenfalls vollkommen frei und unabhängig sein möchte. Auf diese Weise wird er dauernd Selbsthaß empfinden – entweder aufgrund der einen oder aufgrund der anderen Illusion. Er kann einfach nicht *gewinnen.* Die Illusion der Unabhängigkeit basiert auf der falschen Annahme, daß man vollkommen allein leben kann. Der Mensch, der sich so sieht, empfindet häufig einen Schock und Gefühle von Selbsthaß, Angst und Depression, wenn er entdeckt, daß er zu jemandem eine tiefergehende Beziehung hat oder aufbaut. Ich kannte eine Reihe von Männern, die genau dieses Problem hatten und die deshalb, kurz bevor sie heirateten, wirkliche Anfälle von Panik hatten.

Illusionen über sich und andere

Illusionen über andere, uns besonders wichtige Menschen wie Eltern, Lehrer, Vorgesetzte, Liebhaber, unsere Kinder, können, wenn sie besonders aufgebläht sind, Gefühle bitterster Enttäuschung, Haß auf andere und Selbsthaß auslösen. Solche Illusionen sind fast immer Projektionen unserer Selbstidealisierung und sie zeigen, welche Art von Illusionen bezüglich unserer eigenen Person wir hegen. In der Therapie übertragen die Patienten fast unweigerlich viele dieser Illusionen und Hoffnungen auf ideale Beziehungen, auf ihre Therapeuten. Eine Prüfung dieser Ideen, Ansichten und Meinungen über den Therapeuten liefert sehr viele Informationen über den Patienten, seine Erwartungen an sich selbst und an die Menschen in seinem Leben. Diese Idealvorstellungen können auch erhebliche Schwierigkeiten in der Behandlung auslösen.

Ich erinnere mich an eine Frau, die nichts über mich wußte, die aber in dem Moment, als sie mich erstmals sah, darauf bestand, daß ich allwissend sei, daß jedes einzelne Wort und jede meiner Gesten voller Weisheit und tiefer Bedeutung wären, daß meine Kleidung die allerbeste wäre, obgleich sie zu gleicher Zeit glaubte, daß es mich nicht im geringsten interessierte, wie ich angezogen war, da ich „kein bißchen eitel" wäre. Ich wußte alles, was es nur zu wissen gab; meine Frau war einfach großartig; meine Kinder waren brillant, talentiert und hervorragend angepaßt; meine Frau und ich waren die großzügigsten und uneigennützigsten Menschen auf der ganzen Welt und hatten offensichtlich großen Charme, große Talente, charismatische Züge und einen großen Kreis hervorragender Freunde, „Menschen, so wie Sie sie verdienen." Ja, sie glaubte auch, daß wir all das verdienten, weil wir zweifellos ganz spezielle Menschen waren, die von den gewöhnlichen Problemen und dem gewöhnlichen Auf-und-Ab des Lebens nicht betroffen waren.

Diese Illusionen waren nicht auf mich beschränkt. Sie hatte auch Illusionen über eine ganze Reihe „spezieller" Leute, die sie niemals persönlich getroffen hatte. Sie hatte auch in geringerem Maße Illusionen über ihre Freunde. Auch in diesem Bereich war sie jedoch extrem unrealistisch, und sie wurde wiederholt enttäuscht und litt in zunehmendem Maße unter Bitterkeit, unter Selbsthaßattacken und unter Hoffnungslosigkeit. Sie wußte nicht, daß sie diese Illusionen hätte aufgeben müssen, damit solche Gefühle nicht aufkämen. Statt dessen hatte sie das Gefühl, daß sie Beziehungen „zu den falschen Leuten" hätte und daß sie, wenn sie sich selbst verbesserte, vielleicht „in die richtige Gruppe" käme, wo „die Leute wirklich nett und interessant und anständig" wären. Aber es gelang ihr nicht, an die „richtige Gruppe" Anschluß zu finden, und sie gab sich weiterhin Selbsttäuschungen und entsprechenden Enttäuschungen hin in ihrem Bestreben, einen gesellschaftlichen Status zu erreichen, von dem sie dann Zugang zu den Reihen der Erfolgreichen und Schönen hätte. Während der Behandlung wurde ihr allmählich bewußt, was „Selbstverbesserung" für sie bedeutet *hätte* und was ich darunter verstand. Für sie *hätte* es noch mehr Selbstidealisierung bedeutet, und es hätte bedeutet, daß sie immer mehr

Ansehen und Ruhm erlangt hätte. Für mich bedeutet Selbstverbesserung eine größere Selbstannahme. Zwar sind einige von uns in ihrer Hingabe an Illusionen weniger tief verstrickt als andere, aber wir leiden doch alle unter einem ziemlichen Maß an Selbsthaß, der in deutlicher Relation steht zu dem Ausmaß an Illusionen, denen wir uns hingeben. Meine Patientin machte in der Behandlung eine positive Entwicklung durch, aber nicht ohne große Kämpfe und ohne erhebliche Schmerzen.

Das Aufgeben von Illusionen kann sehr erschreckend und äußerst schmerzhaft sein. Anfängliche Versuche, wirklich sich selbst zu sein, verursachen gewöhnlich schreckliche Selbsthaßattacken, und zwar als Reaktion darauf, daß der selbsthassende illusionserfüllte Anteil in uns sich ernsthaft bedroht fühlt. Aber das bis dahin mißbrauchte eigentliche Selbst entwickelt sich weiter und gewinnt in einer zunehmend liebevollen und einfühlsamen Atmosphäre an Stärke. Allein die Erleichterung ist, wie ein Besuch beim Zahnarzt, die Schmerzen wert. Eugene O'Neill zeichnete das Entsetzen und den Schrecken, die entstehen, wenn Illusionen zerstört werden, in „Der Eismann kommt." Aber er glaubte zu wenig an das wirkliche Selbst und an die Fähigkeit und den Wunsch nach Wachstum und Gesundheit. Meine Patientin wurde sich der Illusionen und der unerfüllbaren Maßstäbe und Ziele für die eigene Person bewußt, und sie kämpfte darum, diese Illusionen aufzugeben. Indem sie das tat, gab sie auch viele der Illusionen auf, die sie auf andere projiziert hatte. Wenn sie ihr Streben nach einem gottähnlichen Status aufgab, wurde sie selbst in ihren eigenen Augen immer menschlicher.

Auch wenn sich Hilfesuchende dessen häufig nicht bewußt sind, so sind Therapeuten auch nur Menschen mit begrenzten menschlichen Fähigkeiten. Einer Frau, die meint, eine Göttin zu sein, kann er nicht helfen, nur jemandem, der seine menschlichen Unzulänglichkeiten sieht. Wie der Patient den Therapeuten sieht, ist weitgehend auch ein Ausdruck dessen, wie er sich selbst sieht. Eine frühe Konfrontation mit einem Therapeuten, dem als Mensch auch Grenzen gesetzt sind, kann für jemanden, der sich mit übermenschlichen Illusionen identifiziert, sehr erschreckend sein. Eine spätere Konfrontation kann dagegen den therapeutischen Prozeß sehr unterstützen, besonders, weil sie das Verständnis und das Vertrauen fördert, weil man gemeinsame Probleme und auch eine gemeinsame Basis hat. Immer wieder hat sich die Wahrheit dieser Tatsache dann bewiesen, wenn ich meinen Patienten von Depressionen und Ängsten erzählte, unter denen ich zu verschiedenen Zeitpunkten meines Lebens gelitten hatte.

Natürlich können Illusionen über Kinder sehr enttäuschend und sogar zerstörerisch sein. Eltern benutzen Kinder zuweilen als eine Projektionsleinwand für ihre eigenen Idealisierungen. In einigen Fällen werden Kindern sagenhafte gottähnliche Eigenschaften zugeschrieben, und sie werden dann von den Eltern voller Ehrfurcht angestaunt. Manchmal suchen Erwachsene den Rat von vollkommen unerfahrenen jungen Leuten, denen sie eine illusionäre Weisheit zuschreiben, die von den Eltern dieser Kinder verursacht wurde. Durch eine Idealisierung gelingt es weder, die Kinder an sich zu binden, noch entwickeln sie dadurch wirkliche Selbstachtung. Es entstehen dadurch illusionäre Vorstellungen über ideale Familienverhältnisse, und der Graben zwischen den Generationen wird immer tiefer, während häufig zugleich jede Kommunikation abstirbt.

Illusionen über sich und die Gegebenheiten des Lebens

Eine Illusion, die wir hier besonders um ihrer zerstörerischen Qualität willen erwähnen wollen, ist der Glaube, daß wir die Vergangenheit ausradieren oder uns dafür entschädigen können. Viele von uns weigern sich, ein beschränktes ‚Hier und Jetzt', wie gut auch immer dies sein mag, anzunehmen, einfach deshalb, weil es niemals gut genug sein kann, um die Vergangenheit auszugleichen. Dies kann ein alles andere überrollender und sehr bösartiger Vorgang sein.

Ich hatte eine Patientin, Angela, die sich selber den Genuß augenblicklich verfügbarer Freuden völlig verdarb. Sie glaubte, daß zur Wiedergutmachung für vergangene Leiden ihr die Gegenwart nichts weniger als den Himmel auf Erden schuldig war. Eine Aussage, die sie immer wiederholte und die ihre innere Einstellung widerspiegelte, war: „Ich müßte noch einmal von vorne anfangen können. Diesmal wäre es perfekt." Wir können nicht noch einmal von vorne anfangen, und es würde auch nicht „perfekt" sein, wenn wir es könnten. Wir können nur weitermachen. Angela brachte einen großen Teil ihrer Zeit damit zu, sich all die schmerzhaften Erlebnisse ihrer Vergangenheit wieder ins Gedächtnis zu rufen.

Zunächst einmal unterstützte ich ihre Haltung in dem Gefühl, daß sie dadurch alte, verdrängte Gefühle durchlebte und sich davon befreite. Aber dann wurde mir klar, daß wenigstens 60 Prozent ihrer Zeit und Energie schon seit Jahren in dieser Art von Aktivität verbraucht wurde, die Unrecht auflistete. Diese Aktivität zerstörte ihr Hier-und-Jetzt-Selbst und viele Möglichkeiten zum Glücklichsein in der Gegenwart, diese Auflistung funktionierte als ein nur allzu aktiver Selbsthaßmechanismus. Bald wurde mir klar, warum Angela sich so verhielt. Sie war der unbewußten, illusionären, irrigen Ansicht, daß irgendwo, irgendwie, irgendjemand eine Karteikarte über negative und positive Erlebnisse führte und daß den Leiden der Vergangenheit, wenn sie nur intensiv genug waren, eine Wiedergeburt folgen müßte. Ihr Argument war, daß sie nur deshalb keine Kompensation für eine leidensreiche Vergangenheit erlangen konnte, weil sie nicht genügend litt. Sie mußte nur weitere Beweise für vergangene Ungerechtigkeiten und Verletzungen erbringen und, wenn notwendig, die Vergangenheit wieder und wieder durchleben, um dadurch eben als Kompensation eine positive Entwicklung zu erzwingen.

Es ist eine sehr weit verbreitete Illusion, daß irgendwo und irgendwie eine vollkommene Gerechtigkeit herrscht. Dies ist der Fall trotz der Tatsache, daß Gerechtigkeit keine natürliche Gegebenheit ist, sondern eine ausschließlich von Menschen gemachte Erfindung. Jede Diskrepanz zwischen dem, was man gerechterweise verdient und dem, was man dann tatsächlich bekommt, führt zu Enttäuschungen und zu einem unmittelbaren Angriff auf sich selbst. Auf die Dauer führt dies zu einem ewigen Auflisten von Ungerechtigkeiten, denn es soll dazu dienen, den geheimen, schicksalslenkenden Mächten zu beweisen, daß man nun genug gelitten hat und einem doch bisher keine Gerechtigkeit widerfahren ist, so daß man jetzt und in Zukunft wirklich vollkommene Gerechtigkeit verdient.

Illusionen über das Glück sind sehr weit verbreitet, und ebenso weit verbreitet sind die unvermeidbaren Enttäuschungen, die zu häufigen Selbsthaßattacken und zu Selbstsabotage führen. Für mich bedeutet Glück, daß man sich wohlfühlt und nichts mehr. Ich weiß, daß es keine geringzuschätzende Angelegenheit ist, sich gut, das heißt, ziemlich wohl und relativ spannungsfrei zu fühlen, und daß dies vom Vorhandensein vieler, vieler Faktoren abhängt – von denen die meisten gar nicht erkennbar, geschweige denn kontrollierbar sind. Deshalb kann das, was ich als Glück anzusehen gelernt habe, nur während sehr begrenzter Zeiträume, sporadisch und nur relativ gesehen, fortbestehen. Ja, sogar das einfache Wohlfühlen ist relativ und kann nicht perfekt sein, weder was seine Qualität noch was seine Dauer anbetrifft. Aber Illusionen über Glück zerstören unweigerlich alles das, was an realistischen Möglichkeiten für Wohlbefinden und Zufriedenheit erreichbar ist.

Die wesentliche Illusion ist, daß Glück ein orgiastisches Erlebnis wäre, eine Aneinanderreihung von Höhepunkten. Das ist nicht Glück! Solche Zustände sind fast immer die Kehrseite von Depressionen, und fast immer folgen darauf Depressionen. Und sogar ein relatives Wohlbefinden ist kein Zustand, der ewig andauert. Die feine und komplizierte Seele des Menschen ist sehr starken Veränderungen und Schwankungen ausgesetzt, weil das Leben selbst hart und kompliziert ist. Es gibt viele Illusionen über die Möglichkeit eines andauernden, perfekten Glücks, und häufig werden solche Illusionen von ihrem Opfer auf eine unbewußte Ebene verdrängt. Einige der häufigsten Illusionen werden aufgebaut in Zusammenhang mit Geld, Leistung, Liebe, Besitz, Macht, Prestige, Ehe, Sex, Kinder, Familie und Erfolg.

Pubertäre sexuelle Phantasien kommen häufig aus der notgedrungenen sexuellen Abstinenz, die in unserem komplexen Gesellschaftssystem oft erzwungen wird. Anstelle einer wirklichen sexuellen Befriedigung werden phantastische Vorstellungen gesetzt. Aber sexuelle Tagträume stehen häufig weit hinter den Möglichkeiten wirklicher zukünftiger Befriedigung zurück, die dann im Vergleich enttäuschend sind. Obwohl die ursprüngliche sexuelle Phantasievorstellung vielleicht in Vergessenheit geraten und im Unbewußten begraben worden ist, ist es möglich, daß die Sehnsucht, die durch die Phantasie hervorgerufen wurde, immer noch fortbesteht. Dadurch kann eine nie endende Suche nach unmöglicher Befriedigung ausgelöst werden.

Solche Phantasien werden manchmal mit allem, was sonst als ein Mangel an Glücksmöglichkeiten angesehen wird, in Zusammenhang gebracht, und sie stehen schließlich als die symbolische Befriedigungsmöglichkeit für all das, was man sich wünscht und braucht. Diese Phantasien und Gefühle über die unglaublich hochgespielte Rolle der Sexualität gehen Hand in Hand mit Illusionen über perfekte Sexualität und Harmonie, durch die sich auch Glück in allen anderen Lebensbereichen einstellt. Eine so starke Erwartungshaltung bezüglich der Rolle der Sexualität kann sehr viel Angst über die sexuelle Funktionsfähigkeit hervorrufen. Wenn sexuelle Aktivität alle Lebensprobleme zu lösen hat, dann kann man sich nur mit sehr viel Angst auf diese Aktivität einlassen; diese Angst ist zumindest ebenso groß wie die, die durch alle anderen unrealistischen Forderungen nach Perfektion ausgelöst wird. Eine solche Einstellung und der Selbsthaß verursachen gewöhnlich alle Arten von sexuellen Problemen, einschließlich des Problems von Impotenz und Frigidität. Wenn für den Sex immer eine äußerste menschliche Nähe und Harmonie unabdingbar ist, wenn dazu Liebe und die höchsten Glücksgefühle gehören und wenn dadurch unbedingt äußerste und dauerhafte Gefühle von Seligkeit hervorgerufen werden müssen, dann ist es gut möglich, daß diese Erwartungshaltung ein sexuelles Funktionieren ganz und gar unmöglich macht.

Das Gefühl von Unerfülltsein und Mangel, das durch vorzeitige Ejakulation oder durch mangelnde sexuelle Erregbarkeit ausgelöst wird, beraubt sein Opfer sofort und direkt jeden Genusses und hat eine selbsthassende Komponente. Aber es dient in perverser Weise auch dazu, eine noch schwerere Enttäuschung, die einer extremen Erwartungshaltung auf jeden Fall folgen muß, zu vermeiden. Extreme Erwartungshaltungen und Gefühle von Enttäuschung werden oft entschieden besänftigt, wenn ein auch nur ganz minimales sexuelles Funktionieren fragwürdig oder sogar unmöglich ist. Aber der Preis, der für diesen vorbeugenden Schutz vor Enttäuschung gezahlt wird, ist ein andauernder Mangel.

Sex kann übrigens auch wie in dem Fall des Mädchens, das niemals nein sagen konnte, als ein direktes Mittel zur Selbsterniedrigung eingesetzt werden. Für Menschen, die sich in ein sehr strenges moralisches Korsett zwängen, können gelegentliche oder häufige sexuelle Aktivitäten immer wieder Anlaß zum Selbsthaß sein. Einen Anlaß zum Selbsthaß suchen möglicherweise auch Menschen, die sogenannten perversen sexuellen Aktivitäten wie Masochismus und Sex mit Tieren nachgehen.

Ich habe die Gefahr erwähnt, wenn man sich Illusionen über die Rolle des Geldes macht: die Illusion, daß Geld Glück verschafft und daß es alle Probleme für immer lösen würde. In einem kulturellen Umkreis, in dem dieser Geldmythos immer wieder genährt und verstärkt wird, ist eine solche Illusion nur sehr schwer zu erschüttern. Zu einem bestimmten Zeitpunkt hatte ich fünf Millionäre, von denen alle ihr Geld selbst verdient hatten, in Behandlung. Alle litten unter Depressionen. Die meisten ihrer Probleme hatten durch Geld nicht gelöst werden können. Geld hatte sie nicht glücklicher gemacht. Ein Mann sagte zu mir: „Ich war gut. Ich habe meinen Beitrag geleistet. Ich hab's geschafft. Ich bin ein Erfolg. Was ist also verkehrt?“ Was sich als verkehrt herausstellte, war, daß alle Arten von Illusionen in Zusammenhang mit Geld sich nicht hatten realisieren lassen und daß man sie in der Tat nie würde realisieren können. Da der Mann nun Geld hatte, konnte er seine Illusionen nicht länger aufrechterhalten. Seine Illusion, daß er an dem Tag andauernd glücklich sein würde, wenn er im Besitz von Millionen wäre, war nun zerstört worden, weil er die Millionen wirklich hatte und weil er zugleich fühlte, daß „es scheint, als sei da gar nichts mehr, worüber man sich freuen kann.“

Ich hatte einmal eine Therapiegruppe, in der einige sehr reiche Leute und auch einige relativ arme waren. Einige der armen Leute gaben sich der Illusion hin, daß ihre Probleme vollständig gelöst würden und sie andauernd glücklich sein würden, wenn sie nur Geld hätten – obwohl sie sahen, daß ihre reichen Mitpatienten offensichtlich unglücklich waren. Es war sehr bezeichnend, als eines Abends einer der ärmeren Teilnehmer einen der reichen Männer, der schon eine längere Zeit unter Depressionen litt, fragte, wie er sich wohl fühlen würde, wenn er all sein Geld verlöre. Zum ersten Mal seit Monaten leuchtete Peters Gesicht auf, und er sah ausgesprochen vergnügt aus. Seine sofortige Antwort, die ihm offensichtlich großes Vergnügen bereitete, war: „Ich würde noch einmal von vorne anfangen." Es war offensichtlich für jeden in der Gruppe, daß Peter dadurch wieder einen Lebenssinn fände.

Aufgrund seiner Geldillusion hatte er alle anderen Interessen aufgegeben. Wenn Gelderwerb Unsterblichkeit und das Paradies sichert, wie kann man dann Zeit für andere Aktivitäten abzweigen? Genau dies war Peters Ansicht. Sein ganzes Leben hatte er nur dem Gelderwerb gewidmet und er hatte alle anderen Bereiche und möglichen Quellen des Vergnügens vernachlässigt. Er war bitter enttäuscht, weil sein endlich errungener Reichtum in keiner Weise bewirkt hatte, daß bestimmte Hoffnungen sich erfüllten. Obwohl er Millionen von Dollars angehäuft hatte, wurde er immer älter, waren seine Mutter und sein Vater gestorben, hatten seine Frau und seine Kinder Probleme. Obwohl Peter ein lebendes Beispiel dafür war, daß Geld vielleicht nützlich sein kann, daß es aber kein Glück produziert, ließen die meisten der weniger bemittelten Patienten in der Gruppe sich nicht davon abhalten, diese Illusion weiter zu hegen.

Illusionen über die Rolle des Erreichten, über Macht und Prestige, sind den Geldillusionen sehr ähnlich, sowohl was die Einschätzung und Rolle dieser Dinge anbetrifft, als auch hinsichtlich der Erwartungen, die daran geknüpft werden. Unseligerweise sind sie alle sehr häufig eng verbunden mit Sehnsüchten und Phantasien von Sieg und Rache. Dies wird häufig auf andere und auf die umgebende Welt im allgemeinen projiziert.

Ich erinnere mich an einen Mann, einen früheren Schweizer, der sein ganzes Leben damit verbrachte, „eine wichtige Rolle zu spielen, so daß ich es ihnen endlich einmal zeigen kann." Er erreichte sein Ziel tatsächlich und gewann nach und nach eine beträchtliche Menge Geldes und viel Macht im geschäftlichen Bereich. Sein Kindheitstraum erfüllte sich, als er zum ersten Mal nach vielen Jahren seinen kleinen Schweizer Geburtsort wieder besuchte. Dies war keine leichtzunehmende Angelegenheit – er war ja auch kein lockerer, leichtherziger Mann. Er hatte alles schon lange vorher geplant und hatte dafür gesorgt, daß frühere Nachbarn und Freunde über seine vielen Leistungen und Erfolge informiert wurden. Schon bevor er ankam, wußten sie, daß er ein großer Industrieller geworden war, ein Finanzmagnat, ein wohlbekannter Kunstsammler und ein Mann mit vielen, vielen Besitztümern, darunter auch Grundbesitz überall in der Welt.

Dieser Mann, der einst ein so armer Junge gewesen war, kam tatsächlich in einer speziell für ihn gebauten Limousine mit Chauffeur in sein Heimatdorf zurück. Der schreckliche Erfolg dieses ganzen Unternehmens war, daß es tatsächlich die Wirkung hatte, die er sich gewünscht hatte. Er wurde von allen als berühmte Persönlichkeit begrüßt. Jeder betrachtete ihn mit Ehrfurcht. Alle Würdenträger der Stadt zollten ihm uneingeschränktes Lob. Viele von denen, die ihm früher zugesetzt hatten, viele seiner Freunde und seiner Feinde, fühlten sich offensichtlich unwohl, waren neidisch und eifersüchtig. Man organisierte Abendessen und Lobreden für ihn. Aber all das zusammen war noch nicht genug. Als es vorbei war, empfand er eine enorme Enttäuschung. Er fühlte sich „innerlich tot und leer, als sei er betrogen, betäubt worden, ein unglaublicher Dummkopf." Auf diese Reaktion folgten starke Depressionen, Schuldgefühle und Selbstanklagen. Er fühlte sich, „als gäbe es nichts mehr, auf das er sich freuen könne."

Tatsache war, daß mein Patient in der Lage war, seine Leistungen zu vollbringen *trotz* seines Bedürfnisses nach Rache und Triumph, und nicht *weil* er diese Gefühle hatte. Unglücklicherweise hatte er niemals das Gefühl gehabt, daß er irgendetwas von dem, was er leistete oder besaß, wirklich verdiente. Da er fühlte, daß alles, was er tat, im Dienste des Selbsthasses und im Dienste des Hasses stand, den er auf andere projizierte, um dann Rache- und Triumphgefühle ihnen gegenüber zu empfinden, schlug die Befriedigung, die er daraus zog, nicht auf seiten der Selbstliebe oder der Selbstachtung zu Buche. Es war alles Bestandteil einer riesigen Illusion, der er sich hingegeben hatte, nämlich daß er schließlich einen Zustand von andauerndem und ewigem Wohlbehagen und von Glück erreichen könnte, wenn es ihm gelänge, einen lebenslangen Triumph zusammen mit Macht, Prestige, eigener Leistung und Besitztümern zu genießen.

Statt dessen empfand er nur eine schwere Enttäuschung. Nicht nur war er immer noch sterblich, sondern er empfand auch die enorm schädigenden Wirkungen von jahrelanger Selbstmißachtung. Wenn wir unsere Zeit und Energie für Selbsthaß verschwenden, dann hat das eine zerstörerische Wirkung, weil wir dadurch unser eigentliches Selbst, das ausgehungert und sehnsüchtig bleibt, vernachlässigen. Hinzu kam, daß dieser Mann sich nun nicht mehr an seiner Phantasie von Triumph und Rache erfreuen konnte. Die eigentliche Rache hatte ihn enttäuscht zurückgelassen, und das trotz der Tatsache, daß „sie alle so reagierten, wie ich es mir erträumt hatte und – jetzt ist alles vorbei. Ich glaube, daß die Rache schließlich doch nicht sehr süß war. Ich fühle mich stärker betrogen als jemals zuvor – ein Dummkopf – ein alter Dummkopf."

Tatsächlich war er überhaupt nicht „alt." Zu dem Zeitpunkt war er 46. Er fühlte sich aus zwei Gründen „alt": Seine Phantasie über seinen racheerfüllten Triumph war in der Tat alt, denn er hatte sie schon seit Kindheit gehabt; darüber hinaus bewirkte die Energie, die dort hineinfloß, daß er sich alt fühlte. Seine Enttäuschung und seine Depression bewirkten, daß er sich alt fühlte, besonders da es sich herausstellte, daß er erwartete, ewig jung zu bleiben. Ganz tief im Unterbewußtsein glaubte er, daß ein großer weltlicher Erfolg ihm ewige Jugend sichern würde. Er hatte ganz einfach diese Illusion, obwohl sie den Ansichten, die unter seinen Kollegen und Freunden herrschte, ganz offen widersprach: „Wie kann ein Mann, der so viel besitzt, so alt werden, daß er es nicht einmal genießen kann?"

Die Illusion, daß durch Besitz alle Probleme gelöst werden können, ist bei wirtschaftlich und emotional weniger privilegierten Kindern nicht ungewöhnlich: Sie meinen, daß andere, besser gestellte Kinder in einer anderen Welt leben würden, nämlich in einer

Welt der Geborgenheit, in der ewige Glückseligkeit herrscht. Natürlich meinen sie, daß durch einen Zugang zu dieser Welt alle illusionären Erwartungen erfüllt würden, vor allem Erwartungen im Zusammenhang mit Reichtum. Hinzu kommen Rachephantasien gegen privilegiertere Kinder, gegen die eigenen Eltern, die, so wird es empfunden, ungerechten Beschränkungen unterworfen sind, und Rachephantasien gegen eine angeblich gefühllose und ungerechte Welt. Natürlich wäre die größte „Rache" ein wirkliches Glücksgefühl und Zufriedenheit im Leben, nämlich *Einstellungen, die nur auf dem Boden der Selbstliebe wachsen können, auf dem gegen Selbsthaßtendenzen in allen Formen angekämpft wird.* Hätte mein Schweizer Patient zu dieser Einstellung gefunden, so hätte er die Früchte seiner Leistungen wirklich genießen können, während sie ihm in der Vergangenheit immer dazu gedient hatten, seinen Haß, die Angriffe gegen sich selbst und die Gefühle bitterer Enttäuschung noch weiter zu steigern.

Eine andere Patientin, Sabina, eine vierzig Jahre alte Frau, hatte nahezu alle Vorzüge, mit denen die Natur jemals einen Menschen gesegnet hat. Sie war schön, begabt, enorm energisch, ungewöhnlich intelligent, feinfühlig, weltgewandt, voller Wissen und Bildung. Sie war voller Humor, voller sexueller Anziehungskraft und wurde von Leuten, die sie gut kannten, geliebt und bewundert – und ebenso von Leuten, die sie nur in ihrer Rolle als eine weltberühmte Frau kannten. Sie hatte, fast vollkommen aus eigener Kraft, sehr viel erreicht.

Aber auf einer tief gefühlsmäßigen Ebene war Sabina nicht der Meinung, daß all dies wirklich zu ihr gehörte. Sie war deshalb auf einer endlosen Suche nach immer mehr Bewunderung, nach immer mehr Nahrung für ihre narzistische Bedürftigkeit. Tatsächlich ließ ihr die Suche nach immer mehr narzistischen Befriedigungen keine Zeit für wirkliches Vergnügen. Sie nahm sich niemals die Zeit, ein Gespräch, ein gutes Mahl, eine gute Theatervorstellung oder etwas dergleichen zu genießen. Alle ihre Energien richteten sich auf ein ewiges „immer mehr", auf immer größere Leistungen, um mehr Lob und Berühmtheit zu erlangen und um Gefühle von unerträglichem Selbsthaß abzuwehren.

Diese Frau kam in meine Sprechstunde, weil sie trotz ihrer Energie und aller ihrer Talente zusammenzubrechen drohte. Sie wurde von Depressionen und Selbstmordgedanken überwältigt, trotz des äußeren Scheins von Ausgeglichenheit und Glück. Im Laufe der Behandlung wurde deutlich, daß ihr Streben nach dem Unerreichbaren im wesentlichen eine Reaktion war auf eine gut versteckte, fast vergessene und verdrängte Kindheit, in der sehr viel Grausamkeit und eine schreckliche Unterdrückung ihres Selbst geherrscht hatten. Für diese Frau waren Leistung und Selbstannahme gleichbedeutend, durch Leistung wollte sie das ungewünschte, verängstigte und gequälte Kind in sich zum Schweigen bringen, und sie wollte dadurch ewige Jugend, ein ewiges Leben und den ‚Himmel auf Erden' erlangen, um sich für jene „schrecklich böse Zeiten" zu entschädigen. Jeden Augenblick, den sie nicht der ‚Großen Suche' – so hatten wir beide ihre Bestrebungen schließlich genannt – widmete, sah sie als sinnlos verschwendet an, und diese ‚Verschwendung' zog dann schreckliche Attacken von direktem Selbsthaß in Form von Schuld, Depression und Selbst-Herabsetzung wegen angeblich von ihr begangener ‚Vergehen' nach sich. Wie hätte sie schließlich auch eine Person – nämlich sich selbst – ertragen können, die es wagte, von der Suche nach Unsterblichkeit, die scheinbar ganz nahe in ihre Reichweite gekommen war, Zeit abzuzweigen.

Meinen anfänglichen Versuchen, in ihr Selbstliebe und ein Gefühl für ihr wirkliches Selbst zu wecken, begegnete sie mit Mißtrauen gegen meine Motive und mit beträchtlicher Wut, weil sie mich auch als jemanden ansah, der sie betrügen wollte und der sie nur davon abhalten wollte, den Himmel zu erreichen. Eines ihrer schlimmsten Symptome, das sich während einer Zeit größter beruflicher Erfolge entwickelte, war ihre Schlaflosigkeit. Natürlich brachte eine Phase von Erfolg und von ungewöhnlichem Beifall für große Leistungen zugleich die Gefahr mit sich, daß sie diese Gipfelerfahrungen vielleicht nicht beibehalten könnte, daß sie danach vielleicht enttäuscht wäre, und es kam in ihr die Furcht vor noch größeren Selbsthaßattacken auf, weil sie unfähig war, ein unerreichbares „Hoch" auf Dauer aufrechtzuerhalten.

Der sogenannte Erfolg brachte sie sogar ihrer Vorstellung der Möglichkeit eines andauernden ‚Nirwana' immer näher. Wenn es ihr nicht gelang, nur ein klein wenig mehr Energie für das Erreichen dieser Möglichkeit einzusetzen – obwohl sie ja in Wirklichkeit alle ihre Kräfte dafür einsetzte und obwohl trotz dieses Energieaufwandes der Himmel immer noch nicht erreichbar war – so war dies „dumm" und sogar „kriminell". Für sie gab es keine Freizeit, und sie setzte Schlaf mit Freizeit gleich. Wie hätte sie auch schlafen können, wenn nur ein bißchen mehr Anstrengung, das Erledigen von nur ein paar Dingen, die noch nicht erledigt worden waren, ihr vollkommene Gerechtigkeit und vollkommene Entschädigung für alle vergangenen Verletzungen, perfekte Jugend und ein ewiges Leben bringen würden?

Als sie die Wurzeln ihres Problems erkannte, wurden ihre Depression und ihre Angst ein wenig gemildert, aber dies befreite sie nicht von ihrer Schlaflosigkeit. Es half auch nur wenig, daß sie sich erinnerte und daß sie vergangene Erinnerungen an den unersättlichen Ehrgeiz, den ihre Mutter für sie gehegt hatte, durcharbeitete. Sabinas Schlaflosigkeit widerstand sogar starken Beruhigungsmitteln und begann nun, einen schrecklichen Lohn zu fordern. Ein dauernder Mangel an Schlaf kann Gefühle von Unwirklichkeit, von Angst und Depression und sogar Halluzinationen hervorrufen. Und, was noch schlimmer war, ein schlimmer Teufelskreis hatte sich nun geschlossen. Sabinas Selbsthaß hinderte sie am Schlaf und ihre Schlaflosigkeit bewirkte immer mehr Selbsthaß. „Ich nähere mich meinem Bett nur noch mit Schrecken. Ich fühle mich, als nähme ich an einer schrecklichen Schlacht teil – meinem Kampf mit dem Schlaf. Ich grübele die ganze Nacht über meine Unvollkommenheit nach und gehe in Gedanken Listen von Unerledigtem durch."

Nachdem sie eine geraume Zeit in Behandlung gewesen war, wurde es Sabina allmählich klar, daß die Listen nicht das Resultat ihrer Schlaflosigkeit waren. Umgekehrt brachten die Listen auch nicht die Schlaflosigkeit hervor. Es war ihr Selbsthaß, der sowohl die Listen als auch die Schlaflosigkeit erzeugte. Die ganze Mühle von Schlaflosigkeit und Kampf um den Schlaf (was allein schon genügte, um sie wach zu halten) war Ausdruck von selbsthassenden Ausflügen weg von ihrem wirklichen Selbst und Ausdruck ihrer Suche und Sehnsucht nach unerreichbaren und unmenschlichen Zielen. Hinzu kam, daß die Schlaflosigkeit schon zu einer autonomen und schwer zu durchbrechenden Gewohnheit geworden war.

Aber Sabina war eine mutige Frau und wollte auf der realistischen Bewußtseinsebene wirklich leben. Sie erkannte, daß ihre Phantasien und ihre Sehnsucht sie schließlich umbringen würden, und sie begann ernsthaft gegen selbsthassende Illusionen anzukämpfen. Dies rief zuerst, wie es immer der Fall ist, schreckliche Angstgefühle hervor. Aber sie ertrug diese Gefühle und akzeptierte mehr und mehr die Tatsache, daß sie menschlich und insofern auch Beschränkungen unterworfen war. Dann ging sie das ‚Symbol' ihres Selbsthasses tapfer an.

Sie schlief nachts, und zusätzlich versuchte sie, auch am Nachmittag ein Schläfchen zu halten, ein „Luxus", der in der Vergangenheit in ihr ein unerträgliches Entsetzen hervorgerufen hätte. Ich schlug vor, daß sie Musik hören sollte und daß sie alle Gedanken, alles Auflisten, alle Selbstanklagen und Selbstbeobachtungen bezüglich Schlaf und Schlaflosigkeit einfach ignorieren sollte – „einfach einmal der Musik zuhören". Jahrelang war es ihr nicht bewußt geworden, daß ihre in sie eindringenden Gedanken in der Tat ignoriert werden konnten. Es ist eines der wesentlichen Charakteristika des Selbsthasses, daß sein Opfer vollkommen zu kämpfen aufgehört hat und sich der Möglichkeit eines Kampfes überhaupt nicht mehr bewußt ist, geschweige denn der Möglichkeit, daß man in diesem Kampf auch gewinnen kann.

... Aber sie nahm diesen Kampf auf! Sie ignorierte die Attacken des Selbsthasses, wie immer sie auch ausgesehen haben mochten und woher sie auch immer kommen mochten, und hörte Musik. Als sie das immerhin schaffte, wurde ihr bewußt, daß sie ihren Selbsthaß blockieren konnte. Dieser erste aktive, direkte Schritt der Selbstliebe ebnete den Weg für viele andere. Sie kämpfte nicht mehr gegen den Schlaf an, und die ganze Schlafangelegenheit hörte auf, ein Maßstab für Erfolg oder Fehlschlag zu werden. Sie hörte

Musik und schlief sanft ein. Während der Zeit, in der sie wach war, wurde sie ebenfalls immer entspannter, denn sie schraubte die Ansprüche, die sie an sich selbst gestellt hatte, herunter. Sobald sie nicht mehr versuchte, sich vor sich selbst zu beweisen, ließ auch ihr Streben nach Unsterblichkeit nach. Ihre Selbstachtung wurde immer mehr Ausdruck einer allgemeinen Selbstannahme und nicht mehr das Maß dessen, wie sehr sie von anderen anerkannt wurde. Zugleich wurde ihr narzistisches Bedürfnis nach Bewunderung schwächer.

„Wenn ich nur reich wäre." „Wenn ich nur schön wäre." „Wenn ich nur verheiratet wäre." „Wenn nur irgendjemand mich wirklich liebte." Es ist eine weitverbreitete Illusion, daß die Welt und die Bedingungen, unter denen die Menschen im allgemeinen leben, sich radikal ändern würden, daß sie eine Art Metamorphose durchmachen würden in sogenannter materieller Sicherheit, in Liebe und Ehe. In unserem Umfeld blühen Illusionen bezüglich Liebe, Ehe und Schönheit. Schlager, Filme und das Fernsehen bombardieren uns andauernd damit, wie wichtig die Macht der Liebe und Schönheit ist und welch außergewöhnliche Möglichkeiten die Ehe mit sich bringt. Viele Frauen glauben – nicht einmal nur insgeheim – daß Schönheit Liebe hervorruft und daß Liebe eine großartige Ehe nach sich zieht, nämlich eine Ehe, die ein Verschmelzen bedeutet und die eine Einheit produziert, aus der dann eine neue Identität, neue Gefühle und andauerndes und fortwährendes Glück erwachsen. Die Enttäuschung, die aus der Kluft zwischen illusionären Erwartungen und der Realität erwächst, zerstört häufig Ehen, die im Rahmen der realistischen menschlichen Möglichkeiten eine Erfüllung bringen könnten.

Liebe kann einen Kommunikationsprozeß und eine enge Bindung in die Wege leiten, Liebe kann zur Selbstachtung und zum Annehmen des Ich beitragen. Liebe kann bewirken, daß wir uns besser und zeitweilig wirklich sehr gut fühlen. Aber illusionäre Erwartungen können uns zu Gefühlen von Zynismus und Bitterkeit führen – und dadurch werden begrenzte, aber wertvolle Möglichkeiten, die wir tatsächlich haben, zerstört. Die Ehe kann eine sehr bereichernde Lebensform sein. Aber durch sie wird keine Metamorphose ausgelöst. Nach der Heirat sind Menschen immer noch dieselben Menschen. Sie sind immer noch Individuen mit ihren individuellen Bedürfnissen, Bestrebungen, Werturteilen, Gefühlen und Problemen. Die Ehe bringt die ihr eigenen Freuden, aber auch die ihr eigenen Probleme mit sich. Junge Menschen, die diese Tatsachen nicht verstehen, hassen es, mit Anpassungsproblemen und mit anderen Problemen konfrontiert zu werden, und sie streben gewöhnlich sofort, nachdem sie entdeckt haben, daß ihre Illusionen sich nicht erfüllen, eine Trennung an.

Man kann nicht einmal behaupten, daß Schönheit an sich eine gute Sache wäre. Einmal kam eine wegen ihrer großen Schönheit weltberühmte Schauspielerin in meine Sprechstunde, die sich dauernd häßlich fühlte. Stundenlang blickte sie in den Spiegel und versuchte, sich selbst zu überzeugen, daß sie doch nicht häßlich wäre. Die Tatsache, daß andere Menschen sie als eine große Schönheit ansahen, war nicht im mindesten überzeugend. Das Selbstbild eines „ungeschickten, tolpatschigen kleinen Mädchens mit vorstehenden Zähnen“ lebte weiter in ihr fort – und ebenso ihre frühen Kindheitsphantasien, in denen sie sich vorgestellt hatte, außerordentlich schön zu sein, um sich dann „selbst zu mögen und sich gut zu fühlen.“

Sich selbst anzunehmen erwies sich als sehr viel komplizierter als nur die Frage des Aussehens. Es hing zusammen mit praktisch allen Aspekten ihrer selbst und es bedurfte sehr vieler Arbeit und eines sehr intensiven Kampfes, um ein sehr verletztes Selbstwertgefühl aufzuwerten. Erst dann konnte sie sich *schön fühlen* und auch glauben, daß sie schön aussah. Sobald die Selbstachtung wächst, wird uns deutlich, daß große Schönheit, große Liebe, eine großartige Ehe, tolle Kinder und all die großartigen Superlativ-Bedingungen unseres Lebens es nicht garantieren und es auch nicht garantieren können, daß wir uns „immer gut fühlen“. Wir Menschen sind viel zu komplex, viel zu feinfühlig und zu verletzlich, um uns gut oder in irgendeiner Weise *immer* und dauerhaft gleichbleibend zu fühlen.

Ich erinnere mich in diesem Zusammenhang auch an einen vierzigjährigen Mann, der, wie sich herausstellte, entsetzliche Angst vor dem Alter hatte. Seine Zauberformel bestand darin, zwanghaft nach Affairen mit jungen, schönen Mädchen zu suchen. Sie mußten unter vierundzwanzig sein, denn das war für ihn irgendwie die magische Zahl. Er hatte sich selbst davon überzeugt, daß Beziehungen und vor allem Sex mit jungen Mädchen ihn jung erhalten würden. *Aber* die Realität ist immer stärker als die Illusionen. Er wurde immer älter, begann sich mehr und mehr zu hassen und selbst darüber entsetzt zu sein. Da er die Beziehung zu einem Mädchen, wenn sie einmal 24 geworden war, nicht weiter fortsetzen konnte, war er sehr häufig allein und sehr einsam. Einer der wesentlichen Punkte, über die er sich beklagte, war, daß er sich in letzter Zeit *während* dieser Beziehungen sehr einsam fühlte. Schönheit war keine Garantie für Intelligenz oder Weltgewandtheit, und auch durch diese Tatsache fühlte er sich verletzt. Seine eigene wachsende Weisheit, die bei zunehmendem Alter natürlich durch Erfahrung immer größer wurde, war ein weiterer Grund dafür, daß er mit seinen jüngeren Freundinnen kaum etwas Gemeinsames hatte, besonders auch deshalb, weil er jede dieser Beziehungen wieder abbrach, bevor noch die betreffende junge Frau die Chance gehabt hatte, ähnliche Erfahrungen und ähnliches Wissen wie er anzusammeln.

Das Bewußtsein, daß das Verlangen nach ewiger Jugend tatsächlich unerfüllbar war, ebenso wie eine stärkere Selbstannahme bewirkten, daß das Alter für ihn nicht mehr eine so schreckliche Perspektive war. Auch Erkenntnisse über sein Bedürfnis nach Beziehungen mit sehr jungen Mädchen halfen ihm weiter. Schließlich ging er eine Beziehung mit einer zehn Jahre jüngeren Frau ein – und das bedeutete für ihn schon eine radikale Umkehr. Als ich ihn zuletzt traf, lebte er immer noch mit dieser Frau, und sie schien nicht „zu alt" für ihn zu sein. Er sagte mir, daß sie sehr vieles gemeinsam hätten und daß er sogar an Heirat dächte. Diese Art von persönlichem Engagement war sicherlich Ausdruck einer inneren Wandlung. Als ich ihn daraufhin ansprach, deutete er an, daß er sich nicht mehr mit Ängsten vor dem Älterwerden herumplage, obwohl er immer noch gelegentlich daran dächte.

Beliebtheit ist ein anderes Feld für große menschliche Illusionen. Welche Wunder nicht durch Beliebtheit erreicht werden sollen!

Gekannt, gemocht und sogar geliebt zu werden, das würde tatsächlich das Paradies bedeuten. Das Streben nach Beliebtheit steht gewöhnlich mit anderen „Wenn, dann . . ." in engem Zusammenhang. „Wenn ich doch schön wäre", „Wenn ich ein großer Sportler wäre", „Wenn ich doch wirklich witzig und geistreich wäre" . . . „dann wäre ich beliebt." Die Tatsache, daß einige der anscheinend beliebtesten Menschen der Welt ein sehr unglückliches Leben geführt und sogar Selbstmord begangen haben, tut der Illusion, daß Beliebtheit außerordentlich wichtig sei, keinen Abbruch. Daß Individualität und einzigartig konstruktive Talente und Neigungen häufig um der Beliebtheit willen mißachtet werden, wird nur selten in Betracht gezogen.

Illusionen rufen häufig eine Art Besessenheit im täglichen Leben hervor, durch die die Realität ebenso wie viele wichtige Aspekte unseres Ichs zerstört werden können. Einer der destruktivsten Aspekte der Beliebtheitsillusion ist die Sehnsucht und das Bedürfnis, sich mit anderen gleichzusetzen. Dies gilt vor allem für Heranwachsende, die wichtige Anteile ihres Selbst ganz einfach zerstören, um in ihrer „Clique" dazuzugehören, beliebt zu sein. Sie gebrauchen Drogen, bedienen sich einer gestelzten, verarmten Sprache und nehmen ganz allgemein an Aktivitäten teil, die für ihr Wohlbefinden und für ihre Entwicklung destruktiv sind, nur um beliebt zu sein. Eltern unterstützen unbewußt diese Illusion, indem sie ihren Kindern andauernd einhämmern, daß es notwendig sei, daß jeder sie mögen müsse. Tatsächlich ist das „Von-jedem-gemocht-Werden" ein Hinweis darauf, daß man sich selbst ausgelöscht hat, um dafür ein Spiegel für alle anderen zu werden. Ich habe Teenager gekannt, die ihre ausgezeichnete Sprachgewandtheit, ihre Fähigkeiten und intellektuellen Interessen versteckt haben, nur um beliebt zu sein und um einer bestimmten amerikanischen Illusion von Erfolg nachzustreben.

Illusionen um „Erfolg" haben nur wenig mit menschlicher Zufriedenheit und mit realistischen Bestrebungen zu tun. Sie haben absolut nichts mit Einfühlsamkeit und Liebe für seine eigenen menschlichen Möglichkeiten zu tun. Sie sind genau das Gegenteil zu der allerwichtigsten Form von Erfolg überhaupt: *einer erfolg-*

reichen Selbstannahme. Erfolgsillusionen beziehen sich möglicherweise auf bestimmte Unternehmungen, wie einen großen Geschäfts- oder Berufserfolg, oder auf den Erfolg als ideale Mutter und Ehefrau. Ich hatte eine Patientin, die unbedingt eine „perfekte Mutter" sein wollte und die überzeugt war, daß sie bei Erfüllung dieser Bedingung glücklich und sogar unsterblich wäre.

Glück wird häufig zu einer allgemeinen, vagen Vorstellung darüber, daß man zu einem bestimmten Kreis von Menschen einen Zugang bekommt. Wie Betty, ein neunzehn Jahre altes Mädchen, mir sagte: „Ich möchte zu den schönen Menschen gehören, zu den erfolgreichen. Weißt Du, zu den wichtigen, die jeder anschaut und die jeder sein möchte. Eben zu jenen, die nichts zu tun haben mit den langweiligen, kleinen Angelegenheiten, mit denen gewöhnliche Leute sich beschäftigen müssen. Man nennt es ‚Jet Set', so glaube ich. Solche Leute haben immer Spaß. Für sie scheint immer die Sonne. Sie werden niemals krank. Es sind einfach besondere Leute." Diese Illusion steht häufig in Zusammenhang mit dem Wunsch und dem Bestreben nach Macht über andere Menschen, die die Gefühle von innerem Unglück und innerer Schwäche kompensieren sollen. Ich sagte Betty, daß ich eine ganze Reihe von Leuten kannte, die ihre Phantasievorstellung tatsächlich in die Realität umgesetzt hatten. Sie waren „die Erfolgreichen" die „Schönen", und dennoch hatten sie alle menschliche Probleme und Begrenzungen, die zum Menschlichsein gehören.

Kein wirtschaftlich-sozialer Status und keine Art von Einfluß auf andere kann die Beschaffenheit unserer Chromosomen ändern. Wir sind immer noch alle menschlich, und wir bleiben biologische Wesen. Was auch immer unser Status ist – und ich beziehe die jüngsten und die ältesten ein, die gesündesten und die kränksten, die erfolgreichsten und die aus den Armenvierteln stammen – wir haben unendlich mehr Gemeinsames als Trennendes. Tatsächlich sind einige der erfolgreichsten Leute, die ich kenne, zu mir in die Sprechstunde gekommen, weil sie genau darüber deprimiert waren, daß sich ihre Illusionen über die Früchte des Erfolgs nicht bewahrheitet hatten. Die Tatsache, daß sie berühmt geworden waren, hatte sie nicht davor bewahrt, daß sie Eheprobleme und Probleme mit ihren Kindern hatten und daß sie körperlich krank und älter wurden – daß auch sie allen menschlichen Bedingungen und Beschränkungen unterworfen waren. Tatsächlich habe ich im Laufe der Jahre eine erstaunlich hohe Anzahl von wirklich schweren Problemen beobachtet, nämlich in Zusammenhang mit Selbstmordversuchen, Alkoholismus und Abhängigkeit von Beruhigungsmitteln bei denen, die in unserem kulturellen Umfeld als die „Erfolgreichen« bezeichnet werden. Eng verbunden mit dem Macht-Erfolg-Syndrom finden wir oft einen starken inneren Zwang zum Wettbewerb, durch den die Feinfühligkeit, die Sensibilität für sich selbst und für andere zerstört wird. Daraus resultiert dann, daß man mit sich selbst nicht liebevoll und sorgfältig weder im körperlichen noch im seelischen Bereich umgeht und daß man nur sehr dürftige Beziehungen zu anderen entwickeln kann.

Die Illusion darüber, in der sogenannten Welt des Erfolgs zu leben, bewirkt häufig so viel Zwanghaftigkeit und Verbissenheit, daß es unmöglich wird, überhaupt noch Zeit und Energie in ein Vergnügen zu investieren. Wenn der Erfolgreiche schließlich das Ende der Leiter erreicht hat, dann hat er keine Kraft mehr übrig oder auch keine Fähigkeit entwickelt, das zu genießen, wonach er von Anfang an gestrebt hatte. Um die Gefühle der Leere abzuwehren, hastet er weiter voran. Wenn er aus irgendeinem Grunde die Leiter nicht mehr höher klettern kann, dann fühlt er sich von der Leere seiner Traumwelt schrecklich enttäuscht, und er verwendet den Rest seiner Energie darauf, sich gnadenlos und grausam selbst anzugreifen.

Die Große Illusion

Die *Große Illusion* ist die Gesamtsumme aller unserer Illusionen. Unsere Große Illusion kann sich in verschiedenen Bildern ausdrücken. Ich hatte einen Patienten, der sich selbst als Edelmann auf einem Pferd sah und böse Drachen erschlug. Ein anderer stellte sich vor, daß er auf einer Bergspitze lebte und offizielle Erklärungen herausgab, die die wesentlichen Probleme einer verwirrten Menschheit lösten, ein anderer sah sich selbst als „universellen Samenspender", als einen Mann, der alle Frauen glücklich machen würde. Einige der Erfolgssymbole sind bei weitem nicht so exotisch und so weit hergeholt, aber sie stellen doch trotzdem einen großen Bereich von illusionären Bestrebungen und die Erwartung des ‚Himmels auf Erden' dar.

Eine Patientin, Karla, sprach häufig mit mir über das „gut sein". Ich erfuhr schließlich, daß für sie *gut sein* bedeutete, alle Konflikte lösen und perfektionistische Maßstäbe erfüllen zu können, einschließlich derer, die in sich selbst widersprüchlich waren, wie „jedem, in dem Bestreben, sich wirklich einmal durchzusetzen, die Meinung zu sagen" und zu gleicher Zeit „von allen geliebt" zu werden. Dieses hätte Karla „vollkommenen Frieden, Wohlbefinden und Glück" bereitet, und sie hätte bis in alle Ewigkeit glücklich gelebt und wäre so für die Hölle, die sie vorher durchlebt hatte, entschädigt worden in „ewiger Gerechtigkeit und in ewigem Frieden". Obwohl sie dies nur scherzhaft, als reine Phantasievorstellung, erwähnt hatte, war es in Wirklichkeit doch die Beschreibung ihrer Großen Illusion. Zwar ist es möglich, die Große Illusion bis zu einem gewissen Grade direkt anzugehen und abzubauen, ernsthaft auflösen oder überhaupt vollkommen unschädlich machen kann man sie jedoch nur, wenn man viele damit zusammenhängende Illusionen auch zerstört. Die wesentlichen Illusionen in mir selbst und in meinen Patienten sind mir zwar bekannt, aber es gibt natürlich für den menschlichen Erfindungsreichtum fast keine Grenzen, denn es gibt sehr viele verschiedene Formen von Großen Illusionen, die jeweils den individuellen Phantasievorstellungen entsprechen.

Unerfüllbare Maßstäbe, unrealistische Ziele, übertriebene Erwartungen

Unerfüllbare Maßstäbe, unrealistische Ziele und übertriebene Erwartungen sind dicht miteinander verknüpft, und sie hängen so eng mit Illusionen zusammen, daß man sie häufig nicht trennen und unterscheiden kann. Sie verstärken und vermehren sich darüber hinaus wechselseitig, schaffen beträchtliche neurotische Verwirrung in unserem Unterbewußtsein, breiten sich auch auf den bewußten Bereich aus, so daß sie unsere Funktionsfähigkeit in allen Bereichen stören, vor allem darin, wie wir zu uns selbst und zu anderen in Beziehung treten.

Illusionen, die uns selbst betreffen, bewirken, daß wir an *uns selbst* unerfüllbare Forderungen stellen, nämlich die Entwicklungen von unrealistischen und grausamen Maßstäben und Zielvorstellungen. Illusionen über andere, über die Bedingungen, unter denen Menschen leben, und über die Welt als Ganzes bringen übertriebene Erwartungen an andere mit sich. Die Übergänge zwischen den verschiedenen Phänomenen – von Illusionen zu Maßstäben, Zielen und Erwartungen und wieder zurück zu den Illusionen – sind subtil und nicht wahrnehmbar. Aber das Netz von Selbsthaß, das sie um eine bestimmte Person herum weben, ist alles andere als dünn und fein. Seine Haltbarkeit und das Ausmaß seines Einflusses sind überwältigend.

Illusionen sind mit Gefühlsenergie befrachtet, deren Wellen die gesamte Persönlichkeit und Charakterstruktur des einzelnen und seiner Beziehungen zu anderen durchströmen. Wenn eine Frau die Illusion einer perfekten Welt durch eine perfekte Liebesbeziehung hat, dann wird sie an eine Liebesbeziehung perfektionistische Anforderungen stellen. Ihre Erwartungshaltung wird sie auch dazu antreiben, ihr Ziel dadurch zu erreichen, indem sie versucht, selbst vollkommen liebevoll zu sein und eine liebenswerte Person mit den Eigenschaften einer Heiligen zu sein. Sie wird von ihrem Partner erwarten, daß er vollkommen und liebevoll ist, perfekt, aufopfernd und rein in seiner Liebe.

Die Illusion von vollkommener Gerechtigkeit führt uns dazu, auch vollkommene Fairness zu erwarten. Illusionen über unsere Rolle als Eltern drehen sich um die Ziele, die wir uns selbst gesetzt haben, und um unsere Erwartungen an unsere Kinder. Diese Kombination von Maßstäben, Zielen und Erwartungen bewirkt, daß unsere Sicht der Realität sehr stark verzerrt ist. Dadurch wird ebenfalls unsere Funktionsfähigkeit beeinträchtigt. Der Mann mit der Geldillusion erblickt und erfühlt die Welt weitgehend unter dem Aspekt des Wirtschaftslebens und verbaut sich insofern die Möglichkeit, sozial, kulturell, emotional und intellektuell ebenfalls ein erfülltes Leben zu führen. Er beschneidet seine eigenen Entwicklungsmöglichkeiten und funktioniert nur mit bestimmten Teilen seiner Persönlichkeit. Dasselbe gilt für jeden von uns, der vom Selbsthaß der illusionären Vorstellungen überflutet wird. Das Opfer der Liebesillusion ist gleichermaßen eingezwängt und hat notwendigerweise eine verzerrte Ansicht vom Leben und schlechte Entwicklungschancen. Nicht nur bleiben viele Bereiche des Selbst unterentwickelt und betäubt, sondern die Welt erscheint einem solchen Opfer von Illusionen auch grob vereinfacht, weil weite Bereiche einfach nicht gesehen und ausgeblendet werden.

Letztlich sind die Konsequenzen eines solchen Ausblendens und solch einer Kombination von Selbsthaßmechanismen, daß ein allgemeines Lebensgefühl von Unterprivilegiertheit und Ärmlichkeit entsteht. Das Opfer hat andauernd das Gefühl, zu kurz zu kommen. Gleichgültig, welche Art von Erfolg oder realistischer Befriedigung der Mensch mit Illusionen erreicht, er hat doch andauernd das Gefühl einer düsteren Vorahnung und das Gefühl, „innerlich wirklich arm zu sein, wie auch immer die Umstände sein mögen". Allmählich sieht er die Welt nur dann als hell und heiter an, wenn es Augenblicksblitze von illusionärer Erfüllung gibt. Den Rest der Zeit, und dies beinhaltet fast alle Momente seines Lebens, gibt es nur Augenblicke von grauem, schäbigem Zu-kurz-gekommen-Sein. Während er nach dauerhaften Glanzmomenten und Höhepunkten strebt, erscheint ihm die Welt langweilig und grausam. Im Verhältnis zu solchen irrealen Maßstäben und Zielen erscheinen ganz gewöhnliche, angenehme und vergnügliche Möglichkeiten des Lebens als dunkle und qualvolle Kränkungen.

In manchen Ausprägungen des Selbsthasses werden fortwährend schwankende und wechselnde Zielvorstellungen als Folterinstrument benutzt. Ich hatte einen Patienten, der bis zu der Woche seines letzten Examens Arzt werden wollte, als er plötzlich „feststellt, daß er eigentlich Journalist" hätte werden wollen. Einer Tatsache, die er schon in unserem ersten Gespräch erwähnt hatte, war er sich in diesem Zusammenhang allerdings *nicht* bewußt: „Woher kommt es, daß alles, was ich jemals erreiche, mir schließlich als völliger ‚Mist' erscheint? Es erscheint großartig, bis ich es habe, und dann erscheint es mir vollkommen nutzlos." Er erkannte nicht, daß der dauernde Wechsel seiner Lebensziele schon seit Jahren die treibende Kraft seines Verhaltens gewesen war. Dies war für ihn die wesentliche Methode, sich selbst anzutreiben und von sich selbst zu entfernen, nämlich fort von der Möglichkeit menschlicher Befriedigungen. Dies war die Art, wie er seinen Selbsthaß auslebte. Er setzte sich Ziele, die erreichbar waren, und entschied dann, daß dies schließlich doch die „falschen" Ziele waren.

Da dieser Mann in fast allen Bereichen von Selbsthaß durchdrungen war, hatte er fast überhaupt keine Selbstachtung. Deshalb mußte er jede seiner Leistungen und das Erreichen jedes seiner Ziele als wertlos ansehen. Wie konnte ein wertloser Mensch ein wertvolles Ziel erreichen? Es war interessant, daß er sich nur zu Frauen hingezogen fühlte, die ihn zurückwiesen, denn auch hier nahm er an, daß jede Frau, die sich etwas aus ihm machte und ihn respektierte, wirklich blöd sein müßte, da sie seine Wertlosigkeit nicht erkannte.

In seiner perversen und destruktiven Art respektierte er am meisten die Menschen, die ihn verachteten. Die wußten dann wirklich, „was mit ihm los" war. Die Tatsache, daß ich realistischerweise sehr viel Verdientsvolles in ihm sah – und ich bin kein Sadist –, erwies sich zunächst als ein großes Problem. Ich konnte dies Problem umgehen, indem ich die Person, die er wirklich war, respektierte und seine Selbsthaßmechanismen verachtete. Meine Verachtung hielt ihn solange aufrecht, bis er bereit war, meinen Respekt zu akzeptieren.

Übertriebene Erwartungen sind in verschiedener Hinsicht destruktiv. Erwartungen der selbsthassenden Art, die aus Illusionen geboren sind, bewirken gewöhnlich, daß der Mensch in Zukunftsphantasien und nicht in der Gegenwart lebt. Das ‚Hier und Jetzt' wird um einer Zukunftsillusion willen aufgegeben. Der Mensch sieht sein augenblickliches Leben als billig und armselig an; es ist gleichsam nichts anderes als eine Brücke, ein Bindeglied für Zukunftsphantasien, die sich allerdings niemals erfüllen werden. Er wartet andauernd auf den „Großen Neuanfang", einen Begriff, den einer meiner Patienten benutzte und der niemals Realität wird. Jedes *Jetzt* wird um eines zukünftigen *Jetzt* willen beiseite geschoben, und die Zukunft wird ebenfalls nicht gelebt, weil man sich andauernd auf zukünftige wunderbare Ereignisse, die allerdings niemals eintreten, vorbereitet. Wie könnte das auch der Fall sein?

Die Erwartungen beziehen sich nämlich auf Menschen und auf Bedingungen, unter denen Menschen leben, und daß sie sich erfüllen, ist ganz einfach auf diesem Planeten unerreichbar.

Das Leben ist weiterhin hart. Die Menschen versuchen zunächst einmal, ihre eigenen Bedürfnisse zu befriedigen. Die Kinder wachsen auf und haben mehr mit Freunden gemeinsam als mit ihren Eltern, und sie machen sich mehr aus ihren Partnern und ihren Kindern als aus ihren Eltern. Freunde sind eben Freunde – und das bedeutet, daß sie nicht hundertprozentig loyal sind. Partner sind nicht vollkommen auf der gleichen Wellenlänge, sie sind nicht vollkommen verständnisvoll und selbstaufopfernd. Menschen werden krank, alt und sie sterben.

Aufgeblähte Erwartungen beziehen sich auf eine vollkommen andere Welt, in der eitel Sonnenschein herrscht und in der jeder bis in alle Ewigkeit glücklich lebt. Wenn wir die wirkliche Welt und die bescheidenen Glücksmöglichkeiten, die sie uns bietet, aufopfern für ein zukünftiges Reich, das niemals Realität wird, dann hat dies eine ausreichend destruktive Wirkung in der wirklich uns umgebenden Welt; es kann schreckliche Selbsthaßattacken, häufig in Form von ernster Depression, hervorrufen. Diese Entwicklung wird immer weiter vorangetrieben, denn durch die unrealistische Erwartungshaltung treten jeden Tag Enttäuschungen ein, und zwar über im Grunde konstruktive Beziehungen und Lebenssituationen, die relative Glücksmöglichkeiten in sich bergen.

Wenn die Erwartungen eine wirklich bösartig aufgeblähte Form annehmen, dann erscheint das Leben, so wie wir es hier und jetzt leben, im besten Falle als eine Quelle dauernder Enttäuschungen und Verletzungen, es erscheint als vollkommen ungerecht und als ein unverdienter Angriff auf die eigene Person. Das führt dazu, daß der Mensch sich als mißbraucht empfindet von einer gefühllosen und gleichgültigen Welt; es ruft das Gefühl hervor, daß andere ein sehr viel besseres Leben führen, und es verführt zu dem Glauben, daß der eigentliche Fehler tief in uns selbst liegt und daß er mit einer Art mysteriösen sündigen persönlichen Eigenschaft zu tun hat.

Ich hatte Patienten, die glaubten, daß oberflächliche „Fehler" der Vergangenheit und winzige Vergehen ohne irgendwelche Folgen sie auf irgendeine mysteriöse Weise davor bewahrten, ihre Erwartungen zu realisieren. Sie waren nicht bereit, diese Form von Selbsthaß aufzugeben, und sie zogen es vor zu glauben, daß eine Art von „innerer Korrektur" sie schließlich dem Paradies nahebringen würde. Da solche Vorstellungen illusionär und verzerrt sind, bleibt das Gefühl von Enttäuschung und Frustration ungehindert weiter bestehen. Zusammen mit der wirklichen inneren Verarmung, die auf das mangelnde Verbundensein mit der wirklichen Welt zurückzuführen ist, und zusammen mit der Frustration, die sich einstellt, weil die wirklichen Glücksmöglichkeiten in der Welt nicht genutzt werden, ergibt dies einen tiefen emotionalen Hunger und schmerzhafte Gefühle von Leere, innerer Abgestorbenheit und Wut. Diese Wut, die im wesentlichen ein Ausdruck von Frustration und Neid anderen gegenüber ist, denen es möglich zu sein scheint, ein bißchen alltägliches Glück zu genießen, wendet sich gegen andere Menschen und gegen die Welt insgesamt. Sie richtet sich ganz allgemein gegen die Bedingungen, unter denen Menschen leben – und diese Bedingungen sind wie ein Leben mit einem hinterhältigen, verschlagenen Dieb.

Der Mensch, der sich Illusionen hingibt, hat keine Schwierigkeiten, logische Argumente zu finden, um seine Phantasievorstellungen zu unterstützen und seine Wut zu rechtfertigen. Er glaubt hartnäckig, daß das Nichterreichen seiner Ziele im wesentlichen auf ihn selbst zurückzuführen ist. „Ich bin einfach nicht gut genug", „Ich muß mich noch mehr anstrengen", „Wenn ich nur anders gelebt hätte" und so fort. Solche Vorwüfe produzieren dann Wut gegen sich selbst und sie rufen ein Bombardement von direktem Selbsthaß hervor, der wiederum sein Opfer in einen Zustand tiefer Verzweiflung versetzt.

Langeweile

Ich erwähne an dieser Stelle Langeweile, weil sie eine Übergangsform ist zwischen direktem und indirektem Selbsthaß. Die Feststellung ist sehr wichtig, daß Langeweile auf jeden Fall Selbsthaß ist, obwohl sie nur selten von ihren Opfern so verstanden wird. Die meisten von uns empfinden Langeweile als einen Seelenzustand, der uns durch äußere Bedingungen aufgezwungen wurde. Eine solche Ansicht ist in Wirklichkeit nichts als eine Projektion.

Langeweile wird uns niemals durch Menschen oder Bedingungen außerhalb unserer selbst aufgezwungen. Der Glaube, daß uns Langeweile durch äußere Umstände aufgezwungen wird, kommt in folgendem Satz zum Ausdruck: „Es ist klar, daß ich Langeweile habe, ich habe kein Geld, um auszugehen und etwas zu tun, was mir Spaß bringen würde. Wenn ich Geld hätte, dann würde ich mich keine Minute langweilen." Die Patientin, die dies sagte, kam schließlich zu Geld – und für sie bedeutete Geld eine große Menge Geld –, und sie langweilte sich mehr als jemals zuvor. Geld hatte einfach gar nichts damit zu tun. Sie langweilte sich, weil sie sich selbst in einen Zustand der Langeweile verstetzt hatte und insofern ist dieser Seelenzustand ein direkter Ausdruck von Selbsthaß. Aber die Tatsache, daß Langeweile ein schwer faßbares *Gefühl* ist, macht sie zu einem indirekten Selbsthaßfaktor.

Auf jeden Fall gehört zur Langeweile eine absichtliche und dabei zugleich meist unbewußte Vernachlässigung und Zurückweisung von unterentwickelten und sehnsüchtigen Teilen unseres Selbst. Das Unmögliche zu wollen und sich dabei zugleich selbst auszuhungern, indem man das, was möglich ist, zurückweist, das ist der Kern der Langeweile. Wie hatte es diese Frau geschafft, in diesen Zustand zu kommen? Sie hatte es geschafft, indem sie ihre brachliegenden Interessen und Talente nicht gepflegt hatte. Langeweile kann gar nicht entstehen, wenn wir aktiv an einem Prozeß fortdauernden Wachstums teilnehmen, indem wir die wirklichen Talente und Möglichkeiten in uns selbst erkennen und entwickeln. Aber für einen solchen Prozeß ist es notwendig, daß wir uns zunächst einmal selbst respektieren, und das heißt, alle Aspekte unseres

Selbst. Langeweile bedeutet Zurückweisung der eigenen Neigungen und Möglichkeiten. Sie resultiert daraus, daß man seine eigenen Möglichkeiten und Talente vernachlässigt.

Vor kurzem kam ein wolhabender Rentner in meine Sprechstunde, der sich im wesentlichen über Langeweile beklagte. Er beschrieb sein gegenwärtiges Leben als ein Herumsitzen und Nichtstun. Während wir uns unterhielten, erinnerte er sich daran, daß er sich als Junge für Vogelkunde interessiert hatte. Darüber hinaus hatte er sich früher noch für verschiedene andere Bereiche der Wissenschaft interessiert. Im Laufe seines Lebens war er allerdings keiner dieser Interessen nachgegangen. Der Geschäftsbereich und das Geldverdienen waren zum Zentrum seiner Existenz geworden. Er entdeckte und erkannte – sowohl mir gegenüber als auch gegnüber sich selbst – die Tatsache, daß es ihm „als Junge peinlich gewesen war, sich für solchen wenig handfesten Unsinn zu interessieren." Diese Gefühle von Verlegenheit wuchsen schließlich bis zur Verachtung, und sie bewirkten vollkommene Zurückweisung und Haß auf diese Aspekte in ihm selbst, die er als „esoterisch" empfand und von denen er meinte, daß sie es nicht wert seien, daß man ihnen nachginge.

Eine volle und langwierige Analyse war in seinem Fall nicht notwendig. Die Sitzungen, die wir zusammen verbrachten, verwandten wir darauf, Aspekte seines Selbst zu erforschen und einzuschätzen und frühen Interessen nachzugehen, die er im Dienste des Hasses gegen sein eigentliches Selbst verachtet, vernachlässigt und negiert hatte. Es war für ihn nicht schwierig zu erkennen, daß es nichts Peinliches hatte, seinen wissenschaftlichen Interessen nachzugehen. Zunächst einmal mußte ich ihm dabei helfen, seine frühen Gefühle von Verlegenheit nicht zu verachten und Sensibilität und Liebe für den jungen Mann, der er einst gewesen war, zu entwikkeln. Das war einfach. Schwieriger war es, ihn davon zu überzeugen, daß jene frühen Interessen immer noch in ihm lebendig waren und daß er das Potential in sich hatte, sie sogar mit Leidenschaft weiterzuverfolgen. Während wir miteinander sprachen, wurde mir immer klarer, daß dieser Mann sich schon jahrelang danach gesehnt hatte, dieses Potential in sich selbst zu verwirklichen. Tatsächlich hatte er viel Anstrengung, Zeit, Energie und viele Ablenkungsmanöver aufgebracht, um diese Interessen fast vollständig aus seinem Bewußtsein wegzudrängen. Er war wirklich krank, müde und gelangweilt durch die strenge geistige Hungerdiät, die er sich selbst auferlegt hatte. Schließlich gelangte er jedoch zu der Überzeugung, daß ein Mann seines Alters ebenso das Recht hatte, wissenschaftlichen Interessen nachzugehen wie ein junger Mann.

Das dritte und schwierigste Problem, das es zu bekämpfen galt, war die Vorstellung, daß er nun Aktivitäten nachgehen sollte, die wenig oder nichts mit Geld zu tun hatten. Aufgrund der Erziehung und Bildung, die dieser Mann genossen hatte, erschien es ihm zwar akzeptabel, gar nichts zu tun und Gefühlen von Apathie nachzuhängen, denn dies bedeutete die zweifelhafte Belohnung dafür, daß er finanziellen Erfolg gehabt hatte. Aber wenn er ernsthaft ohne Bezahlung arbeiten sollte, dann kam er sich selbst wie ein „alter Dummkopf" vor. Wir beschäftigten uns mehrere Wochen lang mit seinem Widerstand gegen eine Veränderung, und wir fanden heraus, daß sein Gefühl, ein Dummkopf zu sein, eine Art von Schuldgefühl ausdrückte, weil er seinem wirklichen Selbst Nahrung gab, und weil er es wagte, etwas rein zu seinem Vergnügen zu machen, ohne daß er den Zwang verspürte, damit Geld verdienen zu müssen. In diesem ebenso wie in allen anderen Fällen ist das Erzeugen von Schuldgefühlen natürlich eine sehr direkte und destruktive Form von Selbsthaß. Es gelang uns, diesen Punkt zu klären und seinem Selbsthaßmechanismus zu begegnen.

In den letzten Wochen einer relativ kurzen Behandlung hatte er gelernt, sich selbst zu geben, was er sich schon seit Jahren gewünscht hatte. Er studierte Vogelkunde und betrieb seine Studien mit so viel Faszination und Energie, daß jede Möglichkeit von Langeweile ausgeschlossen war. Wenn wir in der seelischen Entwicklung stehen und wenn wir unsere menschlichen Fähigkeiten und Talente entfalten, dann kann ein Selbsthaßprozeß, in dessen Verlauf wir uns nicht genügend emotionale Nahrung geben und der sich in Stimmungstiefs auswirkt, einfach nicht fortbestehen.

Welt der Gegensätze und Superlative

Schon vor langer Zeit hat Karen Horney erkannt, daß die schwarzweiße Lebenssicht und Wahrnehmung der Realität ein neurotisches Phänomen sind. Ich möchte hier betonen, daß der Gebrauch von Superlativen und die Ansicht, daß die verschiedenen Aspekte des Lebens sich an sehr gegensätzlichen Polen abspielen, noch mehr ist als eine bloß fehlerhaft gesehene Realität. Ein solcher Standpunkt wächst nur auf einem Gefühl von Selbsthaß.

Der Größte, der Beste, der Schlechteste, absolut richtig, absolut falsch – solche Begriffe sind Ausdruck unrealistischer Vorstellungen über die Welt und über sich selbst, die dem Wohlbefinden des wirklichen Selbst in einer wirklich existierenden Welt vollkommen entgegenstehen. Aber darüber hinaus tragen solche Superlativ-Vorstellungen auch dazu bei, daß unerfüllbare Maßstäbe gesetzt werden; sie schaffen eine Wettbewerbssituation, in der gnadenlose Zielvorstellungen herrschen, und sie sind ein wesentliches Instrument beim Aufbau einer inneren Welt, in der die Realität als schäbig und wertlos erscheint.

Wenn wir der Größte sein müssen, dann sind wir andauernd in einem Zustand des skrupellosen Strebens nach dem Unerreichbaren. Wenn wir absolut Recht haben müssen, dann empfinden wir, daß wir die meiste Zeit absolut Unrecht haben. Das Polarisieren von Menschen und von sachlichen Fakten in Kategorien von ‚absolut gut' und ‚absolut schlecht' bewirkt, daß wir übertrieben vereinfachte Ansichten von Menschen und von Sachthemen gewinnen – und wir werden ebenso unter Verwirrung, Enttäuschung und direkten Selbsthaßattacken leiden. Wenn wir nicht die Vielfältigkeit der Bedingungen, unter denen Menschen leben, akzeptieren wollen und wenn wir nicht ihre vielen Schattierungen und die unausweichlichen Widersprüche annehmen, dann können wir auch uns selbst und die Realität nicht hinnehmen. Die Menschen sind nicht gut oder schlecht, klug oder dumm, am wunderbarsten oder am abstoßendsten, extrem langweilig oder extrem faszinierend, extrem feige oder extrem tapfer. Wir erfüllen nicht die Kategorien von „am meisten", „am besten", „am richtigsten", „am falschesten". Wir sind verschiedenartige Mischungen aus allen möglichen Eigenschaften. Jeder von uns reflektiert in seiner Persönlichkeit die Tatsache, daß Menschen unter bestimmten Bedingungen leben und daß diese Bedingungen sehr kompliziert und vielfältig sind – und diese Vielfalt finden wir in allem, was die Menschen überhaupt an Unternehmungen und Institutionen erdacht haben.

Die Bedingungen, unter denen Menschen leben, und die Beziehungen zwischen Menschen sind durch Unlogik und Ungereimtheiten gekennzeichnet. Ein hochintelligenter Mann mag in manchen Bereichen so unwissend sein, wie es sich mancher weniger intelligente Mensch nicht träumen ließe. Ein sadistischer Mensch kann möglicherweise außerordentlich liebevolle Handlungen begehen. Eine häßliche Frau kann manchmal schön sein . . . und so weiter und so fort. Wenn wir uns zu irgendeiner Superlativ-Tugend antreiben oder zu einer ganzen Reihe solcher Tugenden oder zu einer Welt, in der überhaupt *irgendwelche* Superlative herrschen, oder zu übersteigerten Beziehungen, dann ist das an sich schon Selbsthaß und zugleich eine Garantie für noch mehr Selbsthaß. Es bedeutet, daß wir uns gegen eine der wesentlichen Bedingungen unseres Menschseins wehren.

Ich hatte einen Patienten, der unter – ich will es einmal so nennen – Anfällen von sofortiger Liebe und von plötzlichem Haß litt. Solche Anfälle kamen bei Menschen, Ideen, Unternehmungen und bei allen Arten von Aussagen. Natürlich hatte er andauernd mit sich selbst und mit anderen Schwierigkeiten. Seine Frau nannte ihn übergeschnappt. Er schnappte andauernd für irgendetwas oder für irgendjemanden über. Wenn ich einen Patienten oder eine Patientin sagen höre „Ich habe den tollsten Mann getroffen“, oder „Ich habe gerade den allertollsten Job bekommen“ oder „Die ganze Nachbarschaft ist perfekt, absolut perfekt“ oder „Ich kann ihn nicht ausstehen, er ist absolut widerwärtig“, dann weiß ich, daß Selbstanklage und Depressionen nicht weit entfernt sind. Ich weiß dann, daß Verzerrungen in der eigenen Sehweise, übertriebene Erwartungen an andere, ein übertriebener Drang zum Wettbewerb und das Antreiben zu unrealistischen Zielen in der Persönlichkeit dieses Menschen eine wesentliche Rolle spielen. Natürlich kommt eine solche Sichtweise nicht von allein zustande, und sie wird auch nicht von allein aufrechterhalten.

Bei meinem oben erwähnten Patienten wurde in der Analyse deutlich, daß das Fällen sofortiger Urteile (und die darauf folgenden Enttäuschungen und Selbstvorwürfe) Ausdruck seiner intensiven Sehnsucht nach einer Idealwelt mit Idealmenschen war, in der auch er eine spezielle und besonders beschützte Position einnehmen würde. Aber dieses Konzept hatte ihn in einen Zustand inneren Aufruhrs versetzt, der schon ausreichte, um das, was unsere wirkliche Welt sowohl an Möglichkeiten von beschränkter Sicherheit als auch an begrenzten, aber sehr realen Vergnügungen anbietet, zu zerstören.

Selbsthaß als Lebensform

Selbsthaß ohne den tapferen Kampf um Selbstliebe und Sensibilität für das wahre Selbst *ist* eine Lebensform. Dies ist so, obwohl zumindest ein wenig Gefühl für das Selbst in allen von uns aktiv ist. Wenn wir gar kein Gefühl und gar keine Sympathie für unser wahres Selbst haben, dann ist das Leben vollkommen unerträglich. Wir könnten ganz einfach nicht weitermachen. Alle neurotischen Erscheinungen sind im Grunde Verkörperungen von Selbsthaß. Dazu gehören alle, die ich schon beschrieben habe und zahllose andere Symptome und selbstzerstörerische Mechanismen:

- Die Einordnung in bestimmte Fächer, d.h. wir trennen einzelne Teile unserer Persönlichkeit voneinander, grenzen sie gegeneinander ab und wir halten verschiedene Bereiche unseres Lebens voneinander getrennt, als ob wir verschiedene, voneinander getrennte Menschen wären. Wir lassen nur ganz bestimmte Bereiche von uns selbst in andere Bereiche hinein.
- Zersplitterung, bei der wir als separate, einzelne, für sich stehende Teile funktionieren.
- Unangemessene und exzessive Verdrängung, bei der wir aus unserem Bewußtsein unsere ureigensten Gefühle, Ideen und Gedanken verdrängen.
- Abtöten, bei dem wir uns selbst innerlich betäuben.

– Resignation bei der wir uns dem Leben und seinen verschiedenen Aspekten entziehen.

Diese und viele andere, einschließlich hysterischer und neurotischer Phänomene, bei denen die Realität verleugnet oder so sehr wie möglich verzerrt wird, sind Ausdruck von Selbsthaß. Während diese Mechanismen in ihrem frühesten Stadium möglicherweise Versuche waren, mit Angst fertigzuwerden, werden sie schließlich wie Frankensteins Monster selbst die Quelle von enorm übertriebener Angst und von Elend.

Das ganze Gewebe des Selbsthasses ist eine Lebensform, die sich jedem Eingriff und jeder Erleichterung zunächst widersetzt. Der Selbsthaß ist despotisch und diktatorisch. Der Selbsthaßanteil in einer Persönlichkeit versucht, eine vollkommene Autonomie und Kontrolle über alle Aspekte des individuellen Lebens zu erlangen, einschließlich der Kontrolle über die Selbsteinschätzung dieses Menschen und seiner Beziehung zu sich selbst und zu anderen. Daraus erwachsen dann sehr viele falsche Vorstellungen und unrealistische, vereinfachende Konzepte, die reich an Wunschphantasien sind, die nichts oder nur sehr wenig mit der wirklichen Welt zu tun haben. Umgekehrt werden dadurch Stück für Stück die eigenen Möglichkeiten beschnitten, so daß sich eine emotionale Lähmung ausbreitet und so weitere Chancen zum Ausnutzen der wirklich vorhandenen Glücksmöglichkeiten vertan werden.

Dieser automatische, autonome, bösartige Prozeß beraubt uns der Möglichkeit, eine Psychophilosophie für uns selbst zu entwikkeln, durch die wir innerlich gestärkt werden, so daß wir besser fähig sind, das Leben hier und jetzt zu genießen und zugleich den unausweichlichen Schwierigkeiten, mit denen wir fertig werden müssen, ins Gesicht zu sehen. Zeifellos ist der autonome Selbsthaßprozeß ein totalitärer Sklavenantreiber.

Wir können unseren Gefühlen und Gedanken nicht durch Umziehen, durch neue Beziehungen oder durch andere Aktivitäten ausweichen. Eine Wandlung kann nur durch einen inneren Kampf stattfinden. Ohne diesen Wandel bleiben wir kleine, hungrige Kinder, die nach unerreichbarer Gourmet-Kost schreien und sich zugleich die wirklich verfügbare Nahrung vorenthalten. Natürlich haben wir enorme Widerstände gegen Veränderungen. Wenn wir uns mit unserem Selbsthaß identifizieren, dann haben wir das Empfinden, daß es in uns nur wenig anderes gibt. Ohne diesen Selbsthaß, so befürchten wir, könnten wir in einen Zustand der Lähmung versinken. „Wird nicht das Pferd aufhören zu laufen, wenn ich ihm nicht die Gerte gebe?" „Werde ich nicht, ohne mein strenges Gewissen, ‚durchgehen'?" Wir sind keine Pferde, und wir werden nicht durchgehen, und wir können sowohl unserer Spontaneität und unserem guten menschlichen Urteilsvermögen vertrauen. Tatsächlich sind schreckliche menschliche Handlungen niemals das Resultat von Liebe und Sensibilität für sich selbst, sondern sie sind immer die Auswüchse eines selbsthassenden, überwältigenden, selbstquälerischen Gewissens. Aber der Kampf um eine Änderung zum Besseren hin ist sehr schwierig.

Das Aufgeben einer bestimmten festgefahrenen Lebensweise ist wie das Aufgeben der eigenen Identität, und es ruft verheerende und sehr schmerzhafte Wirkungen hervor. Dies ist besonders deshalb der Fall, weil Selbsthaß als eine Lebensform so hinfällig ist wie ein Kartenhaus. So sehr er sich auch eingespielt haben mag, so sehr er auch alles durchdringt, er ist im besten Falle eine künstlich erzeugte Konstruktion, ein Kunstgriff, und in seinem eigentlichen Kern ist er so zerbrechlich wie alles Künstliche. Deshalb wird jeder Angriff auf seine eigentliche Substanz zunächst einmal mit Entsetzen registriert, und wie bei angegriffenen Tyrannen folgt darauf eine große Schau mit allen möglichen terroristischen Manövern. Wenn jedoch ein Mensch einmal ernsthaft den Kampf gegen den Selbsthaß aufgenommen hat, dann wird er fast immer von dem Resultat sehr überrascht sein. An Stelle unserer anfänglichen Tendenz, sich fest an den Selbsthaß als Lebensform zu klammern, trotz allen anfänglichen Schmerzes und Schreckens, geht die Entwicklung, wenn sie erst einmal eingesetzt hat, doch relativ rasch voran. *Dies ist der Fall, weil die direkte Intervention von konkreten Schritten der Selbstliebe und die Anwendung einer Philosophie der Selbstliebe auf das innerpsychische Leben des einzelnen der gesun-*

den und natürlichen Entwicklung des Menschen entspricht. Es ist eine Tatsache, daß wir gerne sein möchten, was wir *wirklich* sind. Wir hungern nach der Realität, *und nur ein Leben der Sensibilität für das Selbst und der Selbstliebe kann uns diese Realität geben.*

Teil 3

Selbstliebe, Sensibilität für das Selbst

Selbstliebe in Aktion

Selbstliebe und Sensibilität für das Selbst – dies sind die einzigen Mittel gegen Selbsthaß, sie sind ein menschliches Privileg und ein Gegenmittel gegen neurotische Verzweiflung. Sensibilität für das Selbst und Selbstliebe umfassen alle Gedanken, Gefühle, Stimmungen, Einsichten und Handlungen, die den Interessen und Bedürfnissen des eigentlichen Selbst dienen. Dazu gehört alles, wodurch das eigentliche Selbst beschützt, erhalten und gefördert wird und alles, was den Selbsthaß in irgendeiner Weise vermindert oder zunichte macht. Eine Schwächung des Selbsthasses wird sich durch gesteigerte Selbstannahme und dadurch größere Selbstachtung äußern. Selbstannahme bezieht sich hier auf alle Aspekte des Selbst: Gefühle, Gedanken, Ideen, Stimmungen, Einsichten, Impulse, Entscheidungen und Handlungen, und das ohne Zensur, ohne Werturteil oder moralische Hintergedanken.

Selbstliebe wird immer dann gesteigert, wenn ein bewußtes Empfinden und Denken die Verdrängung ersetzt und wenn das Bewußtsein und Realitätsempfinden an die Stelle des Unwirklichen, Unrealen rücken.

So wie alles Menschliche kann Selbstliebe nur auf einer relativen Basis bestehen, aber der Kampf um Selbstliebe, um die Sensibilität für das Selbst, ist das Unterfangen, mit dem wir unserem eigenen Leben und unserer eigenen Lebendigkeit am meisten nützen.

Selbstliebe ist schließlich ein Gemütszustand, in dem ein Gefühl des Wohlwollens vorherrscht und in dem wir zu uns selbst eine liebevolle, annehmende Beziehung aufgebaut haben. Eine solche wohlwollende Beziehung zu uns selbst ist unvereinbar mit der Idee des Selbsthasses. Dabei steht die uneingeschränkte Loyalität zu uns selbst in der menschlichen Wertehierarchie an oberster Stelle. Verantwortung für uns selbst zu übernehmen und uns gut und sorgfältig zu behandeln, ohne Gefühle von Schuld oder andere Anzeichen von Selbsthaß zu entwickeln, ist vorrangig in allen unseren Aktivitäten.

Ich habe festgestellt, daß menschliche Anstrengungen, Kämpfe und Einsichten (und ich beziehe psychoanalytische Einsichten ein) ohne die Selbstliebe bestenfalls intellektuell, oberflächlich und von äußerst geringem Wert sind. Im schlimmsten Falle werden diese Einsichten pervertiert und in den Dienst von Selbsthaß und Unglück gestellt. In der Absicht, sich selbst zu schützen und mit sich wohlwollend umzugehen, tragen Einsichten und Bemühungen schließlich gute Früchte. Das Verstehen bedeutet dann auch ein gefühlsmäßiges Verstehen, und es aktiviert das gesunde Wachstum des eigentlichen Selbst.

Seelenfrieden kann nur auf der Gefühlsebene in einem Klima der Selbstliebe bestehen. Der Mensch braucht gefühlsmäßige Nahrung für seine Gefühle, und diese Nahrung erwächst aus dem Kampf um die Selbstliebe und um die Sensibilität für das wirkliche Selbst, gegen alle inneren und äußeren Zwänge, die uns in eine andere Richtung zu drängen versuchen.

Die Ursprünge der Selbstliebe

Ich glaube, daß es der natürliche Impuls, das natürliche Verhaltensmuster des Menschen ist, sich selbst und andere liebevoll zu behandeln. Wenn wir anders handeln, dann nur, weil wir Zwängen unterworfen wurden, die unseren natürlichen Tendenzen zuwiderliefen. Kinder werden mit einer großen Fähigkeit zur Liebe und mit der Fähigkeit, mit sich selbst einigermaßen gut zurechtzukommen, geboren. Es bedarf erheblicher Anstrengung, um Kinder von ihrer natürlichen Neigung zu einem mit Selbstliebe erfüllten Leben abzubringen. Wir kommen nicht mit Vorurteilen auf die Welt. „Zu hassen muß man erst lernen" heißt es in einem Lied; das gilt für den Haß gegen sich selbst ebenso wie für den Haß auf andere.

Was ein sich entwickelndes, sich entfaltendes Kind lernt, ist von entscheidender Bedeutung. Als Kinder haben wir kaum die Fähigkeit und wenig Erfahrung darin, die Eindrücke, denen wir ausgesetzt sind, zu relativieren oder abzuwehren. Deshalb sind wir außerordentlich empfindsam, verletzlich und leicht zu beeindrucken. Was in der Kindheit, dem am stärksten formbaren Lebensabschnitt, in dem wir die größten Entwicklungsschritte machen, gelernt wird, wird Bestandteil unseres innersten Kerns und wird niemals vergessen. Unsere Erinnerungen an bestimmte *Vorfälle* während unserer Kindheit sind bei weitem nicht so wichtig wie unsere *Gefühle,* die wir angesichts dieser Vorfälle hatten oder wie die Einstellungen und Stimmungen, die aus diesen Gefühlen erwachsen.

Die Lektion der Selbstliebe wird am besten in einem liebevollen Elternhaus gelernt. Dort entwickelt jeder einzelne ein relativ gutes Gefühl für sein Selbst, das ihn unweigerlich auch zu Liebe und Mitgefühl der Familienmitglieder untereinander führt. Ein Kind in einer liebevollen Familie wird unter dem Eindruck aufwachsen, daß seine Mutter gut für sich selbst sorgt, daß sie mit Freude etwas für sich macht und nicht Schuldgefühle entwickelt, die sich dann auf die ganze Familie auswirken. Es wird unter dem Eindruck stehen, daß sein Vater und seine Geschwister fähig sind, etwas zu genießen, sich zu „amüsieren", ohne Selbstanklagen und ohne Vorwürfe gegen andere Familienmitglieder. Es empfindet und sieht, daß in seinem Elternhaus die Bedingungen für ein funktionierendes Zusammenleben akzeptiert und sogar geliebt werden; auch werden Gefühle akzeptiert, die nicht gerade Selbstlosigkeit ausdrücken (Eifersucht, Neid, Wut), aber auch angenehme. Es beobachtet, daß die Realität mit ihren Problemen und ihren Beschränkungen, denen Menschen unterworfen sind, akzeptiert und sogar für wertvoll gehalten wird; man schreckt nicht davor zurück, verfälscht oder verleugnet sie nicht, indem man sich in eine Phantasiewelt von Illusionen flüchtet. In einem solchen Hause nimmt ein Kind wahr, daß Menschen, während sie für sich selbst und füreinander sorgen, Entscheidungen treffen und vernünftige Schritte wagen, die auch ein Risiko enthalten, ohne daß sie Selbsthaß und gegenseitige Anklagen fürchten, wenn etwas fehlschlägt.

Wenn wir für ein Kind sorgen und es lieben, indem wir die Würde seiner Persönlichkeit respektieren, ohne es durch Überbehütung zu ersticken, dann dringt diese Liebe in den Wesenskern, in die Persönlichkeit dieses Kindes ein. Ein Kind, das um seiner ganz individuellen Persönlichkeit und um seiner individuellen Bedürfnisse und Neigungen willen respektiert und geliebt wird, verspürt diese Liebe deutlich und wird diese Einflüsse zum Aufbau von

Selbstliebe und Einfühlungsvermögen in sein eigenes Selbst verwenden. Das Kind, das ein gutes Gefühl für sich selbst entwickelt hat, ist ermutigt worden, seine Umgebung zu erkunden. Es lernt durch Ermutigung, Erklärungen und seelische Unterstützung und nicht durch Strafe und Belohnung. Es erkennt, daß das Leben des Menschen nicht einfach ist, sondern voll von Unwägbarkeiten, daß es nicht immer kontrollierbar ist. Es lernt, daß Wert und Vergnügen in den alltäglichen kleinen Genüssen zu finden sind und daß es auch den Schmerz gibt, und es wird immer beidem ausgesetzt sein. In seiner Familie wird das Glück des alltäglichen Lebens nicht für Phantasien über ein zukünftiges Paradies geopfert. Wenn man sich in dieser Familie wohlfühlt, sich einfach gut fühlt, dann wird dies sehr viel höher eingeschätzt als die seltenen Gipfelerlebnisse und Rauschmomente.

Es gibt keine vollkommene Selbstliebe und kein absolutes Sich-Selbstaktzeptieren. Wer aus einem Elternhaus kommt, in dem unsere natürliche Selbstliebe nicht weitgehend zerstört und pervertiert wurde, hat viel Glück gehabt. *Aber da es zum eigentlichen Wesen des Menschen gehört, sich selbst anzunehmen und zu lieben, kann die Liebe zu sich selbst, das Gefühl für sich selbst, in Menschen erweckt und entwickelt werden, wie alt sie auch immer sein mögen und wie schrecklich die Erlebnisse ihrer Vergangenheit auch gewesen sein mögen.*

Selbstliebe und Einfühlungsvermögen entwickeln

Selbstliebe kann zum Leben erweckt und am Leben erhalten werden, wenn die Motivation ausreicht, auch wenn sie noch so tief unter vielen anderen Gefühlen verborgen ist. Die Motivation hängt vom Wissen über den destruktiven Einfluß des Selbsthasses ab, von der Erkenntnis, daß das Leiden und das Elend keine Belohnungen bewirken; sie hängt auch von dem Bewußtsein ab, daß augenblicklich eine widerwärtige Resignation und eine Kapitulation vor dem Selbsthaß die Oberhand gewonnen haben, aber daß sie nicht auch in Zukunft ein Bestandteil des Lebens bleiben müssen. Die Motivation hängt mit dem Wissen über den konstruktiven Wert der Selbstliebe zusammen und von der Selbstliebe als ein Gefühl für das Selbst, das in der Weise entwickelt werden kann, um uns zu einer psychologischen Lebensphilosophie zu führen.

Die meisten Menschen haben sich unbewußt dem Selbsthaß übergeben und sich ihm unterworfen. Die Unterwerfung hat gewöhnlich schon so lange fortbestanden, und sie ist so gründlich gewesen, daß die verschiedenen Selbsthaßmechanismen Ausdruck einer bestimmten Lebensweise geworden sind, so daß sie an sich überhaupt nicht als Selbsthaß erkannt werden. Ein offensichtlicher Akt des Selbsthasses wird häufig als solcher nicht einmal durchschaut. Das Bewußtsein, den Selbsthaß bekämpfen und besiegen zu können, geht den meisten von uns vollständig ab.

Ich erinnere mich an einen meiner Patienten Tim, der während vieler Stunden zwanghaft saß und grübelte. Dadurch konnte er häufig keinen nützlichen oder angenehmen Aktivitäten nachgehen. Er erzählte mir, daß er in all den Jahren, in denen er selbst unter diesen Grübeleien gelitten hatte, nie auf die Idee gekommen wäre, daß er diesen Prozeß auch durch eigene Entscheidung anhalten könnte.

Jedes Mal kapitulierte Tim, und er konnte sich nicht erinnern, es jemals anders gemacht zu haben. Zunächst lösen Versuche, mehr Sympathie für sich selbst zu entwickeln oder Gedanken an solche Möglichkeiten sehr viel Hoffnung aus, aber sie bringen zugleich sehr viel Angst und sogar Gefühle von Schrecken und Panik mit sich. Dieser fest eingspielte Selbsthaßmechanismus dreht sich nicht einfach zur Seite und stirbt. Er ist eng mit dem Leben verknüpft und antwortet auf jede Bedrohung damit, daß immer schmerzhaftere Strategien entwickelt werden. Mein Patient hatte solche Angst vor noch schlimmeren Gegenattacken seines Selbsthasses, daß er sich kaum jemals hätte träumen lassen, aus dem Teufelskreis des Selbsthasses wieder herauszukommen.

Er kam zu mir, um sich wieder besser fühlen zu können, um besser „funktionieren" zu können, aber nicht, um sich von seinem selbstquälerischen Grübeln zu befreien. Interessanterweise erzählte er mir erst davon, nachdem wir uns mehrere Monate lang nicht gesehen hatten. Sogar dann hätte Tim nichts von diesen Grübeleien erwähnt, aber während mehrerer unserer Sitzungen wurde mir deutlich, daß er schrecklich in Gedanken versunken war und daß er auf das, worüber wir sprachen, fast gar nicht reagierte, so daß ich darauf bestand, die Ursache zu erfahren. Glücklicherweise dauerte es nicht lange, bis er selbst erkannte, daß der Inhalt seiner Grübeleien nicht wichtig oder relevant war.

Es waren die Grübeleien selbst, und zwar als ein Mittel zum Selbsthaß und zur Selbstkasteiung, die wichtig waren. Der bloße Gedanke, daß man diesen Prozeß bekämpfen könnte, bedeutete für ihn eine ganz großartige Eröffnung und erfüllte ihn zu gleicher Zeit mit Hoffnung und mit Furcht. Fast sofort kamen ihm Träume mit Symbolen sowohl einer warmen, glücklichen Freiheit als auch schrecklicher, dunkler, qualvoller Prozesse. Er fürchtete sich davor, sich „zu gut" zu fühlen, aber er verstand nicht, warum er sich fürchtete. Zunächst war es für ihn so ungewohnt, sich „gut zu fühlen", ohne die dauernden Peitschenhiebe seiner schmerzhaften Grübeleien zu spüren, daß es ihm das Empfinden gab, „als sei er jemand anders". Während dieses Empfinden letztendlich Trost und Wohlgefühl bedeutet, bedroht es doch zunächst eimal das Gefühl für die eigene Identität, und es kann große Angst erzeugen. Diese Angst rief zusammen mit wiederholten Attacken aus dem Bereich eines nun wackelig gewordenen Selbsthaßsystems panikähnliche Zustände hervor.

Mein Patient terrorisierte sich selbst mit schrecklichen Wachträumen und -gedanken und mit furchtbaren Alpträumen. Aber er kämpfte tapfer weiter, und diese selbstterrorisierenden Attacken gingen relativ schnell zurück. Schließlich war er selbst erstaunt darüber, daß er tatsächlich diesen Selbsthaßattacken die Stirn bieten oder sie sogar gänzlich zum Schweigen bringen konnte.

Wenn wir diesen Prozeß einmal eingeleitet haben, dann schleift er sich sehr schnell ein. Dies ist der Fall, weil, wie ich bereits ausgeführt habe, der Selbsthaß für uns zunächst etwas Fremdes, eine künstliche Stütze war. Das Kind hat ihn zunächst in einem angsterzeugenden kulturellen Umfeld und einer angsterzeugenden Familie hervorgebracht, um mit einer solchen bedrohlichen Umgebung fertig zu werden, um darin leben zu können. Diese unnatürliche anfängliche Entwicklung erfordert einen enormen Zeitaufwand, sie erfordert Energie und Hingabe, um sie am Leben zu erhalten. Jede Energie, die wir von diesem Entwicklungsprozeß abziehen, läßt diese Entwicklung sofort schwächer werden, weil die natürliche Neigung des Menschen in Richtung Sympathie für sich selbst und Einfühlung in das wahre Selbst geht. Wenn das, was uns natürlich ist, in irgendeiner Weise unterstützt wird, dann wirkt sich das sofort und deutlich aus. Leider müssen wir bei einer Neurose oder bei neurotischen Tendenzen sehr häufig feststellen, daß nur eine minimale oder fast überhaupt keine Energie für eine gesunde Entwicklung aufgebracht wird.

Es war charakteristisch, daß mein Patient das Gefühl hatte, er könne ohne den inneren Antrieb des Selbsthasses überhaupt nicht mehr funktionieren. „Brauche ich nicht Disziplin?" „Brauche ich nicht ein starkes Gewissen?" „Würde ich ohne dieses strenge Gewissen nicht überhaupt aufhören, irgendetwas zu machen?" „Halten Sie mich nicht zum Egoismus an?"

Das Gewissen des Menschen ist fast immer viel zu streng. Was wir brauchen, ist Freiheit und immer wieder die Fähigkeit zu spontanem Handeln. Das wesentlich Gute im Menschen und im Kern des Menschen ist eine sehr viel bessere Garantie für ein befriedigendes Verhalten sowohl im Hinblick auf das ‚Selbst' als auch in Hinblick auf die Gesellschaft als die unerfüllten Sehnsüchte und Frustrationen, die der Selbsthaß hervorruft. Die Freiheit, einfach „sich selbst zu sein", bringt unweigerlich ein sehr viel konstruktiveres Verhalten hervor als jede Art von Tyrannei, komme sie nun von der Person selbst oder von außen.

Mein Patient lernte durch verschiedene Beispiele, durch mich selbst, durch neue Beziehungen zu anderen und durch bestimmte Einsichten, die er gewann, daß er sich selbst vertrauen konnte, ohne die Überwachung durch seine „persönlichen Nazi-Wächter", wie er sie selbst nannte. Die Zeit für Freude und Vergnügen, die nicht gerade dem Grübeln und dem Versuch, tugendhaft zu sein, diente, war nicht verschwendet. Er lernte, daß er sich nicht immer unbedingt selbst hart bestrafen mußte, daß die simplen Mechanismen von Belohnung und Strafe, Schmerz und Vergnügen, bei weitem nicht so effektiv und konstruktiv waren wie das Lernen in einer Atmosphäre wirklicher Selbstannahme, die durch Einsicht, Verständnis und gefühlsmäßige Unterstützung geschaffen wird. Er erkannte, daß sich notwendig auch bessere, weniger egoistische Beziehungen zu anderen entwickeln, wenn wir uns um unser eigenes Selbst liebevoll kümmern und seine Entwicklung unterstützen.

Bei vielen von uns ist es sehr aufschlußreich, sich einmal anzusehen, auf welche Weise sich die Beziehungen zu anderen Menschen gestalten. Wir werden fast unweigerlich erkennen müssen, daß wir für andere sehr viel mehr Mitgefühl und Liebe aufbringen als für uns selbst und daß andere oft sehr viel liebevoller zu uns als zu sich selbst sind.

Gewöhnlich fallen uns eine Reihe von Beispielen dafür ein, daß Menschen einander verziehen haben, während wir uns selbst sehr hart bestrafen und lange „Listen unserer persönlichen Verbrechen“ aufstellen. Das Problem ist häufig nicht „Behandele andere nur so, wie Du selbst behandelt werden möchtest, sondern vielmehr: *Behandle Dich selbst wenigstens ebenso gut, wie Du andere Menschen behandelst!*“

Ich wußte, daß der oben erwähnte Mann, es fast geschafft hatte, als er mir eines Tages erzählte, daß er „von blühenden Bäumen und von einem Mann, der aus einem dunklen Käfig heraus ins helle Tageslicht trat“, geträumt hätte. Er erzählte, daß er im Halbschlaf das Gefühl gehabt hatte, daß er „irgendetwas, irgend jemanden suchte“, daß er ihn festhalten wollte, „fast schon“, so sagte er, „hatte ich ihn, aber nicht ganz – aber ich wußte, ich würde ihn schließlich finden.“ Es stellte sich heraus, daß „irgend etwas“ und „irgend jemand“ er selbst war, sein eigentliches Selbst, und in den folgenden Monaten wurde er sich selbst gegenüber immer loyaler, und er entwickelte im Kampf gegen Selbsthaß immer mehr Selbstliebe und ein Gefühl für sein wirkliches Selbst.

Formen der Selbstliebe: der direkte Weg

Direkte Selbstliebe, ein wirkliches Gefühl für das Selbst, besteht in Aktivitäten gegen direkten Selbsthaß und für unser eigentliches, wirkliches Selbst. Wenn wir die Soldaten und die Wachen unseres Selbsthasses einmal besiegt haben, dann wird die gesamte Hierarchie des Selbsthasses angegriffen und seine ganze Struktur geschwächt.

Es gibt drei wesentliche Schritte, um Selbstliebe und ein Gefühl für das Selbst aufzubauen: Erkennen, Blockieren und das Aufgeben der Idee, daß wir eine besondere Ausnahmerolle unter den Menschen spielen.

1. Der Selbsthaßmechanismus muß vollständig erkannt werden. Je schneller ein Gedanke, ein Gefühl oder eine bestimmte Unternehmung als Selbsthaß erkannt wird, desto besser ist es. Der Selbsthaßprozeß bringt gewöhnlich in jedem von uns charakteristische Manöver hervor. Je mehr Erfahrung man hat, desto leichter erkennt man solche Angriffe auf sich selbst als Selbsthaß. Aber da Menschen in ihren Anstrengungen, einen neurotischen Status Quo aufrechtzuerhalten, außerordentlich geschickt und erfindungsreich sind, versuchen sie zunächst einmal, wenn ihr Selbsthaß angegriffen wird, zu ungewöhnlichen und immer hinterhältigeren und subtileren Selbsthaßmechanismen zu greifen. So wird jemand, der sich dauernd mit Selbstklagen und Katastrophenerwartungen das Leben schwer macht und der dies auch als Selbsthaßmechanismus durchschaut, möglicherweise psychosomatische Krankheiten entwickeln und seine eigenen Gefühle auf andere Menschen und die Umwelt projizieren. Menschen, die seit langer Zeit unter bestimmten psychosomatischen Symptomen gelitten haben, bekommen nun vielleicht andere körperliche Krankheiten oder eine Phobie. Auf jeden Fall ist es *zunächst einmal wichtig, den Selbsthaß zu diagnostizieren,* da dieser Schritt für das weitere Vorgehen die Voraussetzung ist.

Ich hatte eine Patientin, Conny, deren wesentlicher Selbsthaßmechanismus darin bestand, zu anderen schädliche Beziehungen zu entwickeln, in denen sie zwanghaft und ungefragt Informationen über sich lieferte, die die anderen dann unweigerlich gegen sie benutzten. Nachdem Conny diese Selbsthaßaktivität als solche erkannt, sie blockiert und praktisch unschädlich gemacht hatte, entwickelte sie enorme Eßanfälle, schwere Gallenkoliken und beträchtliches Übergewicht waren die Folgen. Nachdem sie dann diese letzteren Selbsthaßmechanismen in den Griff bekommen hatte, bekam sie schließlich asthmaähnliche Hyperventilationsanfälle, und sie fragte: „Dies ist doch sicherlich nicht auch Ausdruck von Selbsthaß?“ Aber es war in der Tat Selbsthaß, ebenso wie viele andere Symptome, die sie im Laufe der Jahre entwickelte. „Ich fühlte mich wirklich gut, wirklich in guter Stimmung. Ich weiß nicht warum, aber plötzlich hatte ich das Gefühl, ich müßte einmal meine Tante Clara, mit der ich schon seit Monaten nicht gesprochen hatte, anrufen. Wissen Sie, sie ist diejenige, die mich unweigerlich an alle erdenklichen Familientragödien, die wir jemals gehabt haben, erinnert. Natürlich fühlte ich mich in dem Moment, in dem ich den Hörer einhängte, vollkommen ausgebrannt. Ich konnte kaum noch atmen. Meine Stimmung hatte sich vollkommen geändert. Ich fühlte mich tief deprimiert.“

Offensichtlich erkannte Conny den Drang, ihre Tante Clara anzurufen, nicht als den Vorboten einer Selbsthaßaktion. Sie war gewiß nicht der Ansicht, daß das eigene Wohlbefinden eine Stimmung war, die sie verdiente und die sie hätte pflegen und bewahren sollen. Sie erkannte nicht, daß das „Wohlbefinden“ für sie selbst sozusagen zugleich eine rote Flagge war, die das mögliche Herannahen einer Selbsthaßattacke ankündigte. Denn hätte sie diese Diagnose rechtzeitig gestellt und das beizeiten vorausgesehen, was dann auch wirklich eintrat, dann hätte sie ihren Selbsthaß durch ein Gefühl für ihr wahres Selbst, durch Sympathie für sich selbst, blokkieren können, sie hätte ihre gute Stimmung bewahren und besser für sich selbst sorgen können, indem sie Tante Clara *nicht* anrief.

Ich hatte Glück, daß Conny nicht jede dieser Entdeckungen und ihr Erkennen von „neuen Selbsthaßtricks“ zum Anlaß nahm, um sich selber dafür noch mehr zu hassen.

Ich habe das in einem früheren Kapitel schon ausgeführt: Wenn wir uns selbst dafür hassen, daß wir uns selbst hassen, dann wird sich unser Selbsthaß mit Sicherheit auf Dauer immer wieder neu erzeugen.

Denn dieser Teufelskreis ist eines der wesentlichen Hindernisse dafür, Selbsthaß als solchen überhaupt zu identifizieren, da das Opfer zu Recht fürchtet, daß jede dieser Diagnosen neue, qualvolle Selbstanklagen nach sich zieht. Wir bekommen Angst davor, daß wir Angst bekommen, sind deprimiert darüber, daß wir deprimiert sind – und lösen dadurch ganze Lawinen von Gefühlen aus. Zunächst einmal sind Gefühle von Angst und Depression ohne diesen Lawineneffekt fast immer zu ertragen, so schmerzlich sie auch sein mögen. Wenn diese Angst vor der Angst im Unterbewußtsein bleibt, dann ist es möglich, daß der erste entscheidende Schritt, das Erkennen des Selbsthasses, vielleicht niemals stattfindet. Das Opfer meint dann, daß es sich zunächst einmal gründlich ändern müsse, bevor es daran gehen könne, den eigenen Selbsthaß zu erkennen und zu identifizieren.

Dies gilt besonders bei Menschen, deren Neurose im wesentlichen darin besteht, durch Märtyrertum und Leiden nach Ruhm zu streben. Der Psychoanalytiker, der sich der wichtigen Rolle der Selbstliebe und der Sensibilität für sich selbst bewußt ist, muß diesen Mechanismus aufdecken und muß seinem Patienten helfen, in seinen Einsichten eine tiefere als nur die intellektuelle Ebene zu erreichen. Der Patient wiederum muß sich selbst ganz aufrichtig versprechen, sich vor seinen eigenen Selbsthaßanteilen zu schützen – und dies bezieht sich vor allem auf den Haß auf den eigenen Selbsthaß und ebenso auf die Versuchung, durch Märtyrertum das Glück zu erlangen.

Conny und ich fanden schließlich heraus, daß in ihrem bisherigen Leben zwei bestimmte Symptome jeder Depression vorangegangen waren. Diese Symptome hatten die Tendenz, einige Wochen vor der einsetzenden Depression immer stärker und mit immer größerer Regelmäßigkeit aufzutreten. Sie ähnelten den warnenden Symptomen, die das Auftreten einer körperlichen Krankheit anzeigen, wie das Niesen vor einer Erkältung. Kurz vor einer neuen Depression verlor und verlegte Conny gewöhnlich bestimmte Dinge, und zwar auch alle möglichen Wertsachen. Sie bekleckerte sich auch „ganz zufällig“ mit Essen, vor allem auf den Kleidungsstücken, die sie am liebsten trug und mochte. Und schließlich erinnerte sie sich an ein drittes warnendes Symptom oder „die Vorboten einer heranziehenden Depression", wie sie es nannte. Obwohl sie normalerweise ein sehr pünktlicher Mensch war, kam sie plötzlich zu wichtigen Verabredungen zu spät und frustrierte dadurch ihre Bekannten und verpatzte sich sogar verschiedene geschäftliche Abschlüsse. Wenn sie diese Symptome bei ihrem Auftreten als Selbsthaß durchschaut hätte, dann hätte sie eine gute Handhabe gehabt, um ihre Depression abzublocken. Auf jeden Fall gelang es schließlich Conny, dieses und noch andere Selbsthaßsymptome als das zu erkennen, was sie eigentlich waren. Sie erkannte auch auf einer tief gefühlsmäßigen Ebene, daß diese Symptome sie nicht einfach ‚anflogen'. Sie selbst erzeugte sie, und nur sie konnte sie blockieren und zum Schweigen bringen.

Arroganz, Aggression, Sadismus, Rachsucht und Prahlerei sind immer ein Zeichen von Selbsthaß. Wenn wir dies wissen, dann besitzen wir ein wertvolles diagnostisches Instrument. Wenn wir beispielsweise gerade einen Anfall rachsüchtiger Wut auf jemanden hatten, dann ist dies ganz klar ein Beispiel dafür, daß der Selbsthaß in uns aufgerührt worden war.

Wenn wir angeben, dann versuchen wir unser eigentliches Selbst zu verstecken, weil wir diesem eigentlichen Selbst mißtrauen und darüber verlegen sind. Wenn wir eine bestimmte Rolle spielen und vorgeben, jemand anders zu sein als wir wirklich sind, dann geschieht das deshalb, weil wir die Person, die wir eigentlich sind, hassen und weil wir das bestimmte Gefühl haben, daß andere Menschen uns auch hassen werden.

Arroganz ist ein sicheres Anzeichen für eine darunterliegende Unsicherheit, die in Verbindung mit Gefühlen der Wertlosigkeit und der Furcht auftritt, daß man dies herausfinden könnte. Aggression, Sadismus und Rachsucht sind Ausdruck von Gefühlen innerer Schwäche, von einem inneren Leer- und Totsein. Es sind Kompensationsmechanismen, die dazu dienen sollen, für den Moment Gefühle einer künstlichen Macht zu erzeugen, um sich dadurch von Gefühlen der Hilflosigkeit zu befreien.

Jeder von uns, der sich für die Möglichkeit seiner Selbstentdekkung öffnet und der ein Leben der Sensibilität und Sympathie für das Selbst führen möchte, hat gewöhnlich kaum Schwierigkeiten,

Selbsthaß in seinen verschiedenen Manifestationen zu erkennen und zu diagnostizieren.

Dieser ursprüngliche Schritt des Erkennens ist der allerwichtigste beim Kampf gegen direkten Selbsthaß. Dies ist aus zwei Gründen der Fall. Zum einen ist es so, daß durch das Erkennen des Selbsthasses eine wirkliche Möglichkeit geschaffen wird, seine Wurzeln zu beschneiden und zu zerstören. Aber der zweite Grund ist noch wichtiger. Selbsthaß ist wie ein Fremdkörper im Auge oder im Blut, auf den der Körper natürlicherweise dadurch antwortet, daß er ihn ausstößt. Aber ein seelischer Anteil in uns, durch den wir uns selbst verletzen, kann nicht wie ein wirklicher Fremdkörper ausgestoßen werden, wenn er nicht als das, was er wirklich ist, erkannt und empfunden wird.

Häufig fragen Patienten, warum in einer analytischen Behandlung ein einfaches Aufdecken, das einfache Herausfinden eines Problems, so wirkungsvoll ist. Natürlich müssen nach der Aufdekkung weitere Anstrengungen gemacht werden, aber die Aufdekkung allein ist schon ein außerordentlich starkes therapeutisches Instrument. So ist es übrigens auch in vielen Bereichen der Körpermedizin.

Derjenige, der unter starken allergischen Reaktionen leidet, bleibt solange vollkommen dagegen hilflos, bis er weiß, wogegen er nun eigentlich allergisch ist. Das Wissen um das Allergen darf nicht unterschätzt werden; es ist ein Teil der Lösung des Problems. Das Wissen, daß seine Symptome auf eine Allergie zurückzuführen sind und das Herausfinden, welches das Allergen nun eigentlich ist, ist dann der andere Teil der Bemühungen. Das Allergen daraufhin zu vermeiden ist nun eine relativ einfach zu bewerkstelligende Sache. Dieses Rezept kann man weitgehend auch auf gefühlsmäßige Schmerzen anwenden.

Das Wissen, daß die Schmerzen dem Selbsthaß entspringen, das Wissen, daß man sich tatsächlich selbst verachtet und Haß und Schmerz über sich selbst in destruktiver Weise ausschüttet, ist sehr wertvoll. Wenn wir den Mechanismus, nämlich *wie* wir uns selbst quälen, erkennen und diagnostizieren und uns zugleich wünschen, die damit verbundene Verzweiflung loszuwerden, dann setzt sofort eine entscheidende therapeutische Entwicklung ein. Dies ist, was sich in der Psychoanalyse ereignet. Das ist der große Wert und der große Einfluß des psychoanalytischen Prozesses, in dem unbewußte destruktive Verhaltensmuster und Kräfte dem Analysierten in ihren verschiedenen Schattierungen aufgedeckt werden. Dieses Aufdecken ist die stärkste Kraft; sie kann die lähmende Tatenlosigkeit, die charakteristisch ist für einen lähmenden, selbsthassenden, künstlichen Lebensstil, durchbrechen.

Nach der Diagnose und dem Erkennen ist der nächste, Schritt das *Blockieren.* Wenn wir den Selbsthaß, nachdem wir ihn einmal erkannt haben, ignorieren und wenn wir es zulassen, daß nichts dagegen getan wird, dann wäre das nicht anders, als würden wir einen Fall von sicher diagnostiziertem Krebs ignorieren. Schon das Unterbrechen und Abschneiden des Selbsthaßprozesses hat eine sofortige erleichternde Wirkung, die unabhängig von der Methode ist. Wenn „schlechte Erinnerungen“ für uns zur Selbsthaßnahrung werden, dann kann die Weigerung, uns schmerzhafte Ereignisse in Erinnerung zu rufen, ein wirkungsvoller Weg sein, um den Selbsthaß „auszuhungern.“ Wenn die Erinnerung an angenehme und vergnügliche Ereignisse uns mit Gefühlen für unseren eigenen Wert überflutet, dann kann auch dies eine Methode sein, um die Bühne, auf der der Selbsthaß sich auslebt, zu verkleinern.

Wenn wir beim Auslöschen des Selbsthasses selbsthasserische Wege wählen, dann fallen wir unserer eigenen *Scheinblockade* zum Opfer. Ich hatte eine Patientin, die jedes Mal, wenn sie deprimiert wurde, damit drohte, sich umzubringen. Ein anderer Patient schlug sich jedes Mal selbst die Fäuste blutig, wenn er mit seinen selbstanklagenden und zwanghaften Grübeleien begann. Dies sind Beispiele für Selbsterpressung und Selbstbestrafung und kein *wirkliches Blockieren aus einem Gefühl der Sympathie für sich selbst heraus.*

Meine deprimierte Patientin fand schließlich heraus, daß ihre Depressionen immer mit persönlicher Unzufriedenheit mit sich selbst, mit ihren „Fehlschlägen“ in Zusammenhang standen. Ihr wurde klar, daß sie zur erfolgreichen Blockade ihrer Depression sich zunächst einmal bewußt machen mußte, daß sie wütende Gedanken und Gefühle sich selbst und anderen gegenüber unterdrückte. Das wirkliche Blockieren ihrer Depression bedeutete hier, daß sie sich selbst erlaubte, diese Gefühle an die Oberfläche kommen zu lassen, so daß sie mit ihnen auf einer offenen natürlichen Ebene, auf der sie mehr Einfluß ausüben konnte, fertigwerden konnte. Schließlich fand sie auch heraus, daß ihr Selbsthaß mit unerfüllbaren Maßstäben in Zusammenhang stand, die auf eine realistische menschliche Ebene und auf realistische Möglichkeiten zurückgeschraubt werden mußten.

Mein Patient, der sich mit Grübeleien und Selbstanklagen quälte, fand heraus, daß er den Fluß dieser Grübeleien blockieren konnte, indem er entweder hart und ohne viele Gedanken körperlich arbeitete oder Sport betrieb oder indem er sich geistigen Tätigkeiten, die völlig entfernt waren vom Gegenstand seiner Grübeleien, hingab. Dieser Schritt ist eng mit dem dritten Schritt verbunden: Wenn man einmal das falsche, an übermenschlichen Maßstäben orientierte Bild von sich selbst aufgibt, dann führt dies unweigerlich zu einer permanenten Blockierung von direkten Selbsthaßattacken.

Jeder Angriff auf den Selbsthaß ist unweigerlich effektiver, wenn das Erkennen, die Diagnose und die Intervention früh einsetzen. Selbsthaß, vor allem der Selbsthaß, der sich durch Selbstanklagen ausdrückt, hat, ähnlich einem Reflex, eine Art Eigendynamik, die eine sich steigernde Aktivität entwickelt und lawinenartig alles andere überrollt. Am wirksamsten ist das sofortige Entdecken und absolute Blockieren von jedem Selbsthaßmechanismus. Wenn man lernen kann, dem Selbsthaß entgegenzutreten, dann ist es auch möglich zu lernen, ihn in dem Moment, wo er Einfluß zu nehmen droht, von vornherein zu blockieren. Wer zum Beispiel aus seinen Erfahrungen weiß, daß es ihn in eine schlechte und selbstanklagende Stimmung versetzen wird, bestimmte Leute zu treffen, wenn er sich gerade besonders verletzlich fühlt, dann kann er diese Entwicklung ganz einfach blockieren, indem er diese Leute nicht trifft.

Ich hatte eine Patientin, die gerade eine entsetzliche Beziehung hinter sich gebracht hatte und die geraume Zeit sorgfältig Filme, Schauspiele und Bücher, in denen idealisierte Liebesbeziehungen vorkamen, vermied, denn sie wußte, daß solche Darstellungen in ihr wiederum nur Selbstanklagen auslösten, die sie dann nicht mehr kontrollieren konnte. Dies bedeutet nicht, die Realität zu meiden oder ein Problem zu verleugnen. Dadurch wird ganz einfach, was aber sehr wichtig ist, eine bestimmte schmerzfreie Phase geschaffen, während man Zeit für konstruktive Zwecke gewinnen kann.

Ich selbst fühlte mich einmal längere Zeit ganz außerordentlich verletzlich. Ich vermied Nachrichtenprogramme, in denen gewöhnlich viele Schreckensmeldungen vorkommen, weil sie mich einfach nur noch mehr demoralisierten. Dies bedeutet nicht, um es noch einmal zu sagen, daß man seinen Kopf in den Sand steckt. Es bedeutet vielmehr, daß man gegen den Selbsthaß einen Damm errichtet. Er ist der positiven Einstellung gegenüber sich selbst förderlich und ist als konstruktiv zu bewerten: man sorgt für sein eigenes Wohlbefinden.

Wir bauen auch einen Damm gegen den Selbsthaß, wenn wir einen Freund, der uns helfen könnte, aus einem sich ausbreitenden Stimmungstief herauszukommen, anrufen oder wenn wir uns um konstruktive Zerstreuung und Hilfe bemühen – wenn wir alles in unserer Macht stehende tun, um die Dynamik des Selbsthasses aufzuhalten, sobald er sich auch nur in Andeutungen ankündigt.

Kürzlich erzählte mir eine Patientin, daß sie mit ihrem Arbeitgeber und seiner Frau nach Paris gefahren sei. Alle drei sind in der Bekleidungsindustrie tätig, und sie fahren regelmäßig nach Paris, um sich die Mode und die Schnitte der Kleidungsstücke anzusehen. Am zweiten Abend nach ihrer Ankunft sollten die drei auf einen eleganten Empfang von einem der berühmtesten Modeschöpfer Frankreichs gehen. Während sie sich für die Party anzog, ertappte meine Patientin sich plötzlich dabei, daß sie über die Tatsache nachdachte, daß sie für diesen Abend keinen eigenen Begleiter dabei haben würde. Sie intervenierte sofort, bevor der Selbsthaßprozeß überhaupt einsetzen konnte. Aus vergangenen Erfahrungen mit sich selbst wußte sie, daß sie mit diesem Gedanken darauf aus war, sich selbst den Abend zu verderben und daß der Gedanke ihr womöglich den ganzen Aufenthalt in Paris kaputtmachen könnte. In der Vergangenheit hatte sie mit ihrem eigenen Selbsthaß beträchtliche Erfahrungen gemacht, aber glücklicherweise hatte sie auch Erfahrung mit der liebevollen, sich selbst fördernden Art zu leben.

In der Vergangenheit hätte sie dieser Gedanke zu anderen Gedanken weitergeführt, die zu schwerer Selbstkritik an ihrem Aussehen und an ihrer Kleidung geführt hätten (trotz der Tatsache, daß andere sie hinreißend fanden). Auch wäre sie auf „Fehler“ gestoßen, die sie in vergangenen Beziehungen gemacht hatte und sie hätte sich schließlich gefragt, ob es überhaupt richtig war, diese Reise anzutreten. Statt dessen sah sie in den Spiegel und sagte laut zu sich: „Linda, kämpf' dagegen an! Kämpf jetzt und sofort dagegen an! Du wirst Dich heute abend amüsieren und nichts wird Dich davon abhalten!“ Sie hat sich dann tatsächlich amüsiert und ihr Aufenthalt in Paris war sowohl geschäftlich als auch persönlich erfolgreich.

Ein anderer meiner Patienten hatte enorme selbsthasserische Eßanfälle. Als ich ihn erstmals sah, wog er zweieinhalb Zentner. Er war ein Meter fünfundsechzig groß. Jedem seiner Eßanfälle folgten schwere Selbstanklagen, die unweigerlich zu einer Depression und zu einem erneuten Eßanfall führten. Schließlich erkannte er, daß es sowohl in der Wertehierarchie einer selbstliebenden Einstellung als auch beim Ankämpfen gegen den Selbsthaß ein Akt der Sorge um sich selbst wäre, wenn er begänne, weniger zu essen, um abzunehmen, wenn er kurz nach einem Eßanfall diesen unterbrechen würde und wenn er wenigstens das Essen, das er nun einmal verzehrte, genießen würde. Wenn er dem Eßanfall voll und ganz nachgab, das Essen dabei genoß und jede Selbstbeschimpfung blockierte, dann waren darin auch Elemente der Sorge und Liebe für sich selbst enthalten, und diese Einstellung konnte ihm immerhin dabei helfen, sich in Zukunft besser zu kontrollieren, da seine Moral nicht durch Selbstanklagen und Selbsthaß geschwächt war. Das Essen selbst und die Tatsache, daß er sich selbst dafür haßte, zeigt, daß es ihm an Selbstliebe fehlte. Dies war die Garantie dafür, daß sich der destruktive Prozeß immer weiter fortsetzen würde.

Allmählich aber begann Peter, mehr Selbstliebe und Einfühlungsvermögen für sich selbst zu entwickeln. Es begann damit, daß er sich selbst erlaubte, sein Essen zu genießen, sogar während eines

Eßanfalls. Der nächste Schritt bestand dann darin, daß er aufhörte, sich nach einem Eßanfall selbst zu beschimpfen, und daß er schließlich fähig war, einen Anfall, kurz nachdem er begonnen hatte, wieder zu unterbrechen. Peter lernte es noch rechtzeitig, sein Essen mit Ereignissen in Verbindung zu bringen, die bei ihm Selbsthaß auslösten, und er schaffte es, sich schließlich zu kontrollieren. Um sein Leben zu retten, war er schließlich fähig, eine Diät einzuhalten, denn immerhin schien ihm sein Leben soviel wert zu sein, um sich dafür einzusetzen.

Schritt drei der direkten Selbstliebe besteht in der *Aufgabe eines falschen Selbstbildes, in dem man sich einen speziellen Status oder eine privilegierte Position zugeschrieben hat.* Voraussetzung dafür ist, daß der vorhergehende Schritt, *das Blockieren,* erfolgreich abgeschlossen ist, um dann zu dieser lebenswichtigen Endphase direkter Sorge und Liebe für sich selbst zu gelangen. Diese Endphase beflügelt wiederum die ersten beiden Schritte. Um gegen den Selbsthaßprozeß anzugehen, ist es wichtig, sich immer wieder daran zu erinnern, daß scheinbar unangemessene Angstreaktionen und Reaktionen von Wut in der Regel dann erfolgen, wenn eine solche privilegierte Stellung vor kurzem angegriffen wurde.

Ziel dieses dritten Schrittes sollte sein, eine gewisse Demutshaltung zu gewinnen. Eine Haltung der Demut wird immer dann verstärkt, wenn eine privilegierte Position entdeckt und abgebaut wird oder wenn man sie gänzlich aufgibt. Demut darf auf keinen Fall mit Demütigung verwechselt werden. Im Gegenteil: In einem Zustand der Demut sorgen unsere Selbstachtung und die Gefühle unseres eigenen Wertes dafür, daß wir für uns selbst sorgen. Eine demütige Haltung ist ein fruchtbarer Boden für Mitgefühl und für Liebe zu sich selbst, und sie ist ein Mittel, um den Selbsthaß zu zerstören. Wenn wir auf der anderen Seite meinen, wir würden eine privilegierte Stellung einnehmen, wir müßten im Leben eine ganz besondere, herausragende Rolle spielen, dann wird dadurch unweigerlich ein sehr wackeliger emotionaler Schwerpunkt geschaffen, denn wir werden außerordentlich verletzlich, und es kann leicht geschehen, daß wir aus unmenschlichen und illusionären Höhen in schreckliche Selbsthaßattacken stürzen. Zum dritten Schritt gehört auch, daß wir unsere verborgenen Gedanken und Gefühle gegenüber bestimmten Privilegien, die wir insgeheim zu haben meinen, herausfinden, und daß wir uns möglicherweise davon trennen. Sie herausfinden kann ebenso schwierig sein, wie sie aufzugeben. Wenn sie einmal offengelegt sind, dann machen logisches und realistisches Denken eine gewisse Aufweichung möglich. Wenn wir es verstehen, solche geheimen Gedanken und Gefühle immer wieder aufzuspüren, dann werden wir uns schließlich davon befreien können. Das Herausfinden wird leichter, wenn wir wissen, daß der Glaube an unsere privilegierte Rolle gewöhnlich mit unserem Selbsthaß in unmittelbarem Zusammenhang steht und daß dieses Herausfinden Teil eines Prozesses ist, den wir viele Male wiederholt haben. Eine konstruktive und letztendlich liebevolle Selbstentfaltung kann nicht stattfinden, wenn wir nicht erkennen, daß wir nach einer unrealistischen privilegierten Position streben und daß diese Position tatsächlich der Feind des eigentlichen, wahren Selbst und zugleich Teil des selbsthaßerfüllten Kerns ist und daß schließlich das Aufdecken Bedingung für die Sorge um sich selbst und für das Wachstum des Selbst ist.

Für den Drei-Schritte-Prozeß der Selbstfindung und Selbstliebe möchte ich Beispiele anführen. Dieser Prozeß gibt uns nicht nur die Kraft, in uns selbst sofort Gefühle des Schmerzes zu besänftigen, besser zu funktionieren, sondern er bereitet auch die Basis für indirekt wirksame Selbstliebe und die Fähigkeit, sich selbst anzunehmen, vor. Diesen Weg zu gehen ist nicht ganz einfach, doch als Psychophilosophie und als Lebensstil besitzt er wachstumsfördernde Kraft und ist von entscheidender Bedeutung.

Erstes Beispiel – erster Schritt: Ich merke, daß meine Stimmung sinkt und daß ich immer ängstlicher werde. Dann fange ich an, über Fehler nachzudenken, die ich in der Vergangenheit gemacht habe und beginne das bekannte ‚Spiel der Vermutungen', wie ich diese Fehler hätte vermeiden können. Ich erkenne zugleich, daß dieser Prozeß eine direkte Selbsthaßattacke darstellt.

Zweiter Schritt: Sofort leite ich alle möglichen Schritte ein, um diesen Vorgang zu blockieren, um zu verhindern, daß er noch weiter geht; ich weigere mich einfach, mich den Erinnerungen an sogenannte Fehler, den vielen Möglichkeiten der Selbstanklage, hinzugeben. Ich rufe einen Freund an und verabrede mit ihm, ins Kino zu gehen. Zwischenzeitlich mache ich eine längere, sportliche Fahrradtour. Während ich auf dem Rad sitze, kommen mir Gedanken an meine „vergangenen Fehler". Jedoch bin ich „der Kapitän", und ich selbst kann entscheiden, wie ich meine Zeit, meine Energien und meine Gedanken verwende – und so weigere ich mich, mich selber weiter zu quälen. Statt dessen denke ich an angenehme Erlebnisse, die ich in der Vergangenheit hatte, an Möglichkeiten der Befriedigung, an augenblicklich vorhandene Möglichkeiten, die mich zufrieden machen – wie die Bewegungen meiner Muskeln, während ich auf die Pedale trete, die Bäume, an denen ich vorbeifahre, die Gesichter, die ich sehe. Ich freue mich auf den Film, den ich sehen werde und über den ich mich später mit meinem Freund unterhalten werde. Ich weigere mich, dem Selbsthaß nachzugeben. Ich weigere mich, ihm auch nur das kleinste Bröckchen Nahrung zu geben.

Dritter Schritt: Später, vielleicht am darauffolgenden Morgen, versuche ich, mich daran zu erinnern, was meiner Selbsthaßattacke und deren frühesten Symptomen voranging, wie das Absinken meiner Stimmung, die Angstgefühle und das Gefühl, mit mir selbst nicht im Einklang zu sein, entstanden sind. Wahrscheinlich habe ich in der Vergangenheit bereits ähnliche Erfahrungen mit mir gemacht. Habe ich, zum Beispiel, eine Entscheidung für mich selbst getroffen? Habe ich etwas getan, was vollkommene Loyalität *mir* gegenüber, nur *mir* gegenüber ausdrückte, was ich in der Vergangenheit als egoistische Aktion angesehen hätte und dessen Bedeutung als ein Akt für mich, für mein Selbst, mir erst vor kurzem klargeworden ist? Ich erinnere mich nun daran, daß ich tatsächlich eine sehr schwierige und in diesem Fall für mich fast quälende Entscheidung getroffen habe.

Ich hatte einen männlichen Patienten, der körperlich sehr krank war und deshalb ins Krankenhaus gehen mußte. Ich nahm mir vor, ihn an jenem Tag dort zu besuchen. Als mir dann klar wurde, daß ich dazu eigentlich gar keine Lust hatte, entschloß ich mich, es einfach nicht zu tun. Ich wollte es entweder auf einen anderen Tag aufschieben oder warten, bis er das Krankenhaus verlassen und mich dann aufsuchen würde. Nein, ich war nicht besonders erschöpft, und ich habe auch keine Phobien in Zusammenhang mit Krankenhäusern. Wenn ich mich auf solche Ausflüchte hätte verlassen können, dann wäre die Angelegenheit oberflächlich gesehen leichter gewesen, aber dies hätte keine wirkliche Loyalität mir selbst gegenüber bedeutet. Ich entschloß mich, ihn nicht zu besuchen, nicht als einen grausamen Akt ihm gegenüber, sondern als einen freundlichen Akt für mich selbst. Aber ich hatte aus welchem Grunde auch immer keine Lust, ihn zu besuchen, und ich traf diese Entscheidung und führte sie auch durch. Ich besuchte ihn also nicht.

Aber dann begann sich mein Selbsthaß zu regen. Schließlich meinte ich doch, etwas ganz Besonderes zu sein. Wo war mein Stolz, den ich dareingesetzt hatte, übermenschliche Qualitäten zu entwickeln, was mich dann in der Tat weniger als menschlich handeln ließ? Die Antwort wurde schon bald klar. Ich hatte die Position des Besonderen, das Spielen der Rolle eines Heiligen, aufgegeben.

Ich hielt mich für etwas Besonderes, weil ich meinte, ich hätte die Fähigkeit und das Zeug dazu, mich grenzenlos für andere einzusetzen und mich selbst aufzuopfern. Dies wiederum gehörte zu meinem Selbstbild von einem Märtyrer, der sein Selbst überwindet und zu anderen vollkommen reine und selbstlose Gefühle entwickelt. Dies war allerdings nur ein Aspekt meines grandiosen Selbstbildes, in dem ich mich als engels- und heiligengleich ansah. Wäre ich wirklich der reine Heilige gewesen, der ich zu sein anstrebte, dann hätte es von Anfang an keinen Konflikt gegeben zwischen dem Wunsch, hinzugehen oder nicht. Ich hätte auch kein Pflichtgefühl gehabt oder das Gefühl, daß ich mich selbst aufopfern müßte. Ich hätte nur das Bedürfnis und den inneren Antrieb gehabt, ins Krankenhaus zu gehen, und ich wäre tatsächlich gegangen, ohne mich selber in irgendeiner Form dabei aufopfern zu müssen.

Aber ich bin kein Heiliger. Zwar habe ich ein Gefühl von Verantwortung gegenüber anderen, aber dies war in keiner Weise eine Situation, in der es um Leben und Tod gegangen wäre. Deshalb war mein Selbsthaß nur der Versuch, eine bestimmte Rolle zu spielen und vorzugeben, daß ich etwas wäre, was ich nicht wirklich bin, nämlich ein anderen überlegener, selbstaufopfernder Heiliger. Diese Selbstdarstellung, dieses Spielen einer Rolle bloßzulegen, ist nicht ganz einfach. Offensichtlich steht direkter Selbsthaß dieser Aufdeckung entgegen und muß blockiert und ausgelöst werden. Wenn andere dies für uns tun, indem sie unseren Stolz verletzen und wir mit unserem wirklichen Selbst konfrontiert werden und dann unseren Selbsthaß auf sie projizieren, dann kann der unbewußte Versuch, für uns selbst wieder den Status des Besonderen herzustellen, eine der Konsequenzen sein – und diese Konsequenz kann in der Tat einen mörderischen Effekt haben. Viele Mordtaten werden aus Wut begangen, die aus diesem verletzten Stolz hervorgeht.

Wenn wir nun den Bereich, in dem wir etwas Besonderes sein müssen, offengelegt haben, dann müssen wir darum kämpfen, diese Idee von einem besonderen Status aufzugeben. Ich mußte um die Erkenntnis kämpfen, daß das Krankenhaus-Verwirrspiel auf mich eine sofortige und chronisch destruktive Wirkung hatte. Ich machte daraufhin alle Anstrengungen, um von der Einbildung, daß ich etwas Besonderes, ein „netter, für alle sorgender Mann" sei, herunterzukommen. Warum sollte ich weiterhin diese schreckliche Forderung an mich stellen? Es gelang mir schließlich, die Tatsache, daß ich ein Mensch war, voll zu akzeptieren, einschließlich solcher Gefühle, die mir anzeigten, was gut für mich war und einschließlich verschiedener Bedürfnisse und Verantwortlichkeiten, vor allem mir selbst gegenüber.

Zweites Beispiel – erster Schritt: Meine Patientin, Erika, fühlte, daß sie immer deprimierter wurde, wenn sie daran dachte, daß jeder andere scheinbar ein interessanteres und wertvolleres Leben als sie selbst führte. Die Frau, mit der sie sich momentan andauernd verglich, war ihre Freundin Barbara. Barbara ging zu Parties, wurde überall eingeladen, jeder schien sie zu mögen. Ihr wurde niemals ein Wunsch abgeschlagen. Warum konnte Erika nicht so sein wie Barbara und von allen akzeptiert und geliebt werden? Ihre Situation war im Grunde genommen gar nicht schlecht, allerdings mit der Ausnahme, daß es ihr passiert war, einmal eine Stellung nicht zu bekommen, für die sie sich beworben hatte und bei der sie ausgedehnte Tests und Befragungen über sich hatte ergehen lassen müssen. „Es scheint, daß andere eben den richtigen Dreh haben. Barbara wäre für den Job gewiß genommen worden." Als sich Erika ziemlich deprimiert fühlte, rief sie einen „Freund" an und traf eine Verabredung. Dieser Freund war ein Mann, den sie schon seit Jahren gelegentlich traf, der sie niemals zurückwies, sie aber unwillkürlich herabsetzte und ihr ein schlechtes Gefühl gab. Jedes Treffen mit ihm begann einigermaßen positiv und ließ sie schließlich benommen, demoralisiert und voller Selbsthaß zurück.

Erika erkannte nicht sofort, wieviel Selbsthaß sich in ihren Projektionen auf Barbara ausdrückte. Zunächst glaubte sie, daß ihre Gefühle über ihre eigene privilegierte und Barbaras unterprivilegierte Stellung im Leben ihre Berechtigung hätten. Später räumte sie dann doch ein, daß ihr manchmal schon der Gedanke an Schwierigkeiten gekommen war, die Barbara auch gerade in der letzten Zeit begegnet waren, aber daß sie sie „irgendwie aus ihrem Bewußtsein verdrängt hatte." Dieses Verdrängen war ein deutlicher Akt des Selbsthasses. Es hätte ihrem selbstquälerischen Vergleich mit Barbara nicht gedient, wenn sie sich damit getröstet hätte, daß auch Barbara mit Schwierigkeiten fertig werden mußte. Dies hätte sie nämlich mit der Tatsache konfrontiert, daß weder Barbara noch jemand anders „von allen akzeptiert und geliebt" wird. Wenn sie eingesehen hätte, daß Barbara und sie selbst ‚nur' Menschen waren und deshalb auch den menschlichen Bedingungen unterworfen waren wie jeder andere auch, dann hätte ihr Selbsthaß wenigstens zu einem Teil reduziert werden können. Die Erkenntnis, daß in Wirklichkeit *sie selbst* für ihr schlechtes Befinden verantwortlich war und nicht die Welt, Barbara oder sonst jemand, daß *sie,* Erika, eifrig Haßkampagnen gegen sich selbst in Gang setzte, kam ihr an jenem Morgen, nachdem sie ihren Freund angerufen hatte. Endlich meldete sich in ihr die Stimme der Selbstliebe und der Sorge für sich selbst.

Plötzlich erinnerte sie sich, daß sie jedes Mal, nachdem sie jenen Freund getroffen hatte, in einem schrecklichen Gemütszustand war, in dem sie sich selbst auf alle möglichen Weisen attackierte.

Jetzt erkannte sie, daß ihre immer schmerzhafter werdende Depression ebenso wie die Projektion, die sie in Hinsicht auf Barbaras Leben aufgebaut hatte, nichts anderes waren als Selbsthaßmechanismen. Sie selbst hatte diese Diagnose gestellt! Es wurde ihr langsam klar, daß sie sich dem selbstquälerischen Spielchen „Immer-geschieht-mir-solches Unrecht" hingab, das in der Vergangenheit immer zu Zynismus, Bitterkeit, einem Gefühl der Hoffnungslosigkeit und weiteren Selbsthaßattacken, zumeist in Form von Depressionen, geführt hatte.

Zweiter Schritt: Sie rief sofort ihren „Freund" an und machte die Verabredung rückgängig. Dann begann sie über Barbaras Situation und, noch wichtiger, über ihre eigene Situation nachzudenken. In ihrer beider Leben hatte es gute und schlechte Zeiten gegeben. Sie erinnerte sich nicht nur an die Jobs, die sie tatsächlich bekommen hatte, sondern auch an die, in denen sie sehr erfolgreich gewesen war. Sie empfand, daß sie im Moment eigentlich mit niemandem zusammen sein wollte und sah sich statt dessen Urlaubsprospekte an, die sie vor einigen Monaten gesammelt hatte. Sie meinte, daß sie „diesen Urlaub eigentlich immer noch brauchte" und entschloß sich daraufhin, eine kleine Reise zu machen. Sie sagte, daß sie sich „innerlich ein wenig wund" fühlte und daß sie „liebevoll etwas für sich selbst" tun wollte. Es gelang ihr dadurch tatsächlich, ihren Selbsthaß auf effektive Weise zu blockieren.

Dritter Schritt: Als sie später die Sache noch einmal überdachte und sich selbst überprüfte, wurde ihr deutlich, daß sie sich in sehr subtiler Weise gedanklich in den Status, etwas ganz Besonderes, irgendwie privilegiert zu sein, hineinmanövriert hatte. Es wurde ihr klar, daß ihre Reaktion durch die abgelehnte Bewerbung ausgelöst worden war.

Aber als sie über ihre Vorstellung von ihrer Freundin Barbara, ihre Projektionen in dieses Bild nachdachte, wurden ihr noch sehr viel tieferliegende und sehr viel umfassendere Zusammenhänge deutlich. Sie verlangte gleichsam von sich selbst, eine Position zu erreichen, in der sie niemals zurückgewiesen würde und in der eine solche Zurückweisung überhaupt nicht möglich wäre. Sie verlangte sozusagen, gegen Zurückweisung gefeit zu sein, und sie verlangte insgeheim, daß dies für sie bei jedermann der Fall sein müßte, bei allen Leuten, die irgendwie und irgendwo eine Stellung anzubieten hatten oder bei denen irgendwelche positiven Möglichkeiten bestanden, die sie selbst in irgendeiner Form interessieren könnten. Einen solchen Zustand gibt es ganz einfach nicht, für niemanden auf dieser Erde. Er ist mit den Bedingungen, unter denen Menschen nun einmal leben, nicht vereinbar. Wer auch immer wir sein mögen, welche Position wir auch immer einnehmen mögen – Zurückweisung ist manchmal unvermeidlich. Natürlich ist das Bedürfnis, vollkommen und immer akzeptiert zu werden, nur eine Reaktion auf eine lange Geschichte der Selbstablehnung, *aber dieses Bedürfnis wird kleiner in dem Maße, wie die Fähigkeit, sich selbst zu akzeptieren, zunimmt.*

Wie bei allen „Ich-möchte-etwas-Besonderes-sein-Haltungen", beim Bestehen auf bestimmten Privilegien und zu hoch angesetzten Rollen, kann sich das Bedürfnis, von anderen vollkommen akzeptiert zu werden, weiter aus eigenem Antrieb fortsetzen, obwohl vielleicht schon große Schritte, sich selbst zu akzeptieren, vorausgingen. Dies geschieht automatisch, reflexartig. Kurz, das Bedürfnis, vollkommen akzeptiert zu werden, wird zu einer Gewohnheit; es wird als ein tiefes, wirkliches Lebensbedürfnis empfunden, obwohl es in Wirklichkeit zu einer schrecklichen Belastung geworden ist, die eine Menge unnötiger Seelenschmerzen verursacht. Zu einem bestimmten Zeitpunkt gelang es dann Erika, sich zu fragen: „Wer bin ich denn eigentlich, daß man mich niemals zurückweisen sollte?" Dies ist keine selbsterniedrigende, sondern eine praktische und menschliche Frage, und sie verdient eine praktische Antwort.

Die Antwort ist, daß Erika eben ein Mensch ist, nicht mehr und nicht weniger. Als Mensch muß sie die Möglichkeit haben, Begegnungen mit anderen Menschen zu haben, in denen sie entweder akzeptiert oder zurückgewiesen wird, ohne jede Selbstanklage und Selbstbeschimpfung. Erika erkannte schließlich, daß sie darum kämpfen mußte, die Einstellung, daß sie etwas Besonderes sei, aufzugeben. Sie mußte gleichsam darum kämpfen, daß sie ein menschliches Recht darauf hatte, auch einmal zurückgewiesen zu werden. Wie ich später in Teil 4 beschreiben werde, wird durch unser kulturelles Umfeld die Angst vor der Zurückweisung sogar noch erhöht, die Wunschvorstellung, ganz und gar akzeptiert zu werden, genährt. Es fiel Erika schließlich nicht schwer zu erkennen, daß sie an Zurückweisung wenigstens nicht sterben würde. Natürlich fiel es ihr, nachdem sie ihren übertriebenen Stolz aufgegeben hatte, sehr viel leichter, mit ihrem Leben zurechtzukommen.

Solange uns der autonome Selbsthaßprozeß gefangenhält und solange wir uns vor der Wucht einer Selbsthaßattacke fürchten, solange werden wir uns der Illusion hingeben, daß das Leben einfach nicht weitergehen könnte, wenn wir die unmenschlichen Privilegienpositionen aufgeben. Tatsächlich wird es aber nicht nur weitergehen, sondern es wird weniger beschwerlich werden, allerdings nur, wenn wir für unser Recht auf Selbstliebe eintreten. Bei verschiedenen Gelegenheiten wurde mir bewußt, daß es *nicht* nur unbedingt lebensnotwendig war, ein tugendhafter Engel zu sein, sondern daß dieser Anspruch letztlich auch einen destruktiven Einfluß hatte, und auch Erika lernte, daß es zum menschlichen Leben gehörte, gelegentlich mit Zurückweisung leben zu müssen. Sie lernte, daß dies die reife Einstellung gegenüber der Selbstannahme und Selbstliebe ausdrückt und daß dadurch eine Haltung der Demut gefördert wird. Wenn wir diese Haltung der Selbstannahme immer wieder einnehmen, sie sozusagen einüben, dann erreichen wir mehr als eine sofortige Erleichterung. Die Bewältigung unserer Aufgaben fällt uns leichter; Lebensfreude, Glück und Vernügen können in unserem Denken wieder den Stellenwert einnehmen, der ihnen zukommt: sie sind lebenswichtig. Wenn wir wirklich demütig sind, die Haltung der Demut einüben, entwickelt sie sich zur spontanen Reaktion, und die schrecklichen Angriffe von Selbsthaß – Phobien, Angstanfälle, depressive Reaktionen, zwanghaftes Grübeln – haben keine Chance mehr. Schließlich ist Demut die Basis wirklicher Selbstachtung, die den Kern einer Persönlichkeit ausmacht. Dies ist genau das Gegenteil einer aufgeblasenen, synthetischen Selbstüberschätzung, in der wir uns selbst durch die unmenschlichen Charaktereigenschaften, die wir in Anspruch zu nehmen versuchen, ungeheuer belasten und unsere eigene Entwicklung unterlaufen. Wer mit sich selbst liebevoll umgeht, bereitet den Boden für die indirekte Selbstliebe, die positive Einstellung zu sich selbst vor. Das gleichzeitige Sorgetragen und die Achtung für sich selbst können zu einer festen Lebensform werden. Erst wenn „die Soldaten des Feindes" getötet sind, können die neuen und gesunden Anteile in uns wachsen.

Daß Erika es sich tatsächlich gönnte, zu einem Zeitpunkt Ferien zu machen, als sie einen bestimmten Job nicht bekommen hatte, zeigte, daß sie diesen Erfolg nicht brauchte, um ihre Bedürfnisse zu rechtfertigen. Die Anerkennung der Tatsache, daß sie sich angeschlagen fühlte, und die Entscheidung, daß sie gut für sich selbst sorgen wollte (ohne ein *‚Ich verdiene das, weil ich gewonnen habe'* *oder ‚weil ich mich verletzt fühle')*, waren der Ausdruck ihrer unmittelbaren Bedürfnisse, so daß sie einfach Urlaub machte, weil sie es wollte. Daher hatte sie im Kampf um die Selbstliebe beträchtliche Fortschritte gemacht.

Formen der Selbstliebe: der indirekte Weg

Zur indirekten Selbstliebe gehören alle Anstrengungen, die wir unternehmen, um alle Arten von indirektem Selbsthaß zu neutralisieren. Zur indirekten Selbstliebe gehört jeder Prozeß, der die neurotische Struktur und das neurotische Beziehungssystem behindert, begrenzt und zerstört.

Illusionen zerstören

Untrennbar verknüpft mit der Entwicklung von Selbstliebe ist das Zerstören von Illusionen. Um diesen Kampf in die Wege zu leiten, müssen wir zunächst einmal die Tatsache, daß wir überhaupt Illusionen haben und Selbsttäuschungen unterliegen, verstehen und akzeptieren. Illusionen sind mehr als nur der Ausdruck, daß wir uns von uns selbst entfernt haben. Sie *sind* an sich schon eine wirkliche Entfernung vom Selbst, und sie bilden als solches einen Gegenpol zum eigentlichen Selbst; sie zerstören es. Das Bedürfnis, sich zu ändern, zu wachsen und den Kampf mit den Illusionen aufzunehmen, muß uns bewußt sein. Dieses Bedürfnis wird häufig durch eben die schmerzhafte gefühlsmäßige Reaktion hervorgerufen, die wir im allgemeinen einen ‚Nervenzusammenbruch' nennen. Natürlich sind die Nerven überhaupt nicht zusammengebrochen. Ich ziehe es vor, diese Reaktionen einen nervösen ‚Aufbruch' zu nennen, ein noch genauerer Begriff wäre ‚neurotischer Aufbruch'. Auslöser dafür ist gewöhnlich eine plötzliche *Des*illusionierung, die wenigstens für einen Augenblick ein Zusammenbrechen des gesamten neurotischen Rollenspiels verursacht, das dazu diente, immer weiter vom Selbst wegzuführen.

Solche schmerzhaften gefühlsmäßigen Reaktionen sind jedoch nicht *immer* notwendig, um diesen Prozeß der Desillusionierung in Gang zu setzen. Viele Leute, die sich ihres chronischen Unglücklichseins bewußt werden, suchen psychoanalytische Hilfe, um ihrem Unglück auf die Spur zu kommen, obwohl ihr Schmerz im Augenblick nicht einmal stärker ist als während vieler vergangener Jahre. Eine Psychoanalyse kann sinnvoll sein. Die Objektivität des Analytikers und seine Ausbildung, seine Erfahrung und seine – hoffentlich – liebevolle Unterstützung können den Prozeß beschleunigen und erleichtern. Aber die Arbeit und Aufgabe, sich selbst anzunehmen und sich in das eigene Selbst einzufühlen, *muß schließlich von uns selbst geleistet werden, gleichgültig, ob wir Hilfe von außen suchen oder nicht.* Der Prozeß der Selbstannahme und der Selbstfindung hängt schließlich davon ab, ob wir Wohlwollen und Sympathie gegenüber uns selbst aufbauen können, und dies können nur wir selber tun.

Unsere Illusionen zu erkennen und aufzugeben hat vieles mit dem dritten Schritt der direkten Selbstliebe gemeinsam, bei dem wir das künstlich aufgebaute Bild einer unter den Menschen besonders privilegierten Position aufgeben. Der eine Prozeß ist oft mit dem anderen eng verzahnt, und häufig ist es schwierig, sie auseinanderzuhalten. Der wirkliche Unterschied betrifft das Ausmaß und die Tragweite dieser beiden Phänomene. Wenn wir meinen, wir müßten um jeden Preis ganz besonders privilegiert sein, dann bezieht sich das häufig auf eine bestimmte Angelegenheit zu einem bestimmten Zeitpunkt. Viele dieser falschen einzelnen Vorstellungen über die privilegierte Rolle, die wir spielen, bilden dann zusammen eine Illusion oder eine Reihe von Illusionen. Diese Illusionen beeinflussen die gesamte Charakterstruktur eines Menschen, sie geben der Welt, so wie er sie wahrnimmt, eine bestimmte Färbung und formen sein eigentliches Selbst in ein anderes um. Lassen Sie mich dies am Beispiel meiner eigenen Person erklären.

Ich hatte die Illusion, daß ich ein unendlich gütiger Mensch sei und litt unter Depressionen, weil ich meinte, daß mir aufgrund meiner Güte eigentlich bestimmte Belohnungen zustanden. Auf der einen Seite meinte ich, daß viele meiner Eigenschaften eine bestimmte übermenschliche Qualität hätten, auf der anderen Seite entwickelte ich aufgrund meiner angeblich privilegierten Position auch besondere Bedürfnisse. Eines der ganz großen Bedürfnisse, die ich hatte, bestand darin, von jedermann geliebt zu werden. Meine Illusionen waren im Grunde die Maskierung für eine große innere Arroganz (da ich ja tatsächlich mir selber Eigenschaften zuschrieb, die ich gar nicht wirklich hatte), ein falsches Rollenspiel und viel Wut, da ich mich sowohl von mir selbst als auch von anderen mißbraucht fühlte. Der grandiose Aspekt dieser Einstellung war mir nicht bewußt, denn ich verlangte, daß man mich für meine bemerkenswerten großen Tugenden anerkannte und sogar bewunderte. Als diese Bewunderung und Anerkennung nicht kam, wurde ich wütend. Ein selbsternannter Heiliger muß seine Wut verdrängen, und er muß dann die Folgen dieser Verdrängung aushalten, nämlich Depression, Angstgefühle, psychosomatische Schmerzen, Schmerzen durch verstärkte Muskelanspannung (das Zusammenbeißen der Zähne verursacht zum Beispiel Schmerzen im Kiefer!) und alle möglichen anderen Ausdrucksformen von Selbsthaß.

Dies ist nur ein kurzer Abriß und eine sehr vereinfachende Erklärung zu der überall durchdringenden und umfassenden „Qualität" von Illusionen. Natürlich gehören zu dieser Haltung und zu diesem Zustand auch Illusionen über andere, über die Welt und das Leben, ebenso wie übertriebene Erwartungen und andere indirekte Selbsthaßmechanismen. Mein Impuls, ins Krankenhaus zu gehen und meine kranken Patienten zu besuchen, entsprang meiner unrealistischen Vorstellung von meiner übermenschlichen Güte.

Als aus diesem Anlaß mein direkter Selbsthaß bloßgelegt wurde, war mein nächster Schritt, ihn zu blockieren. Ich hatte den Prozeß in Gang gebracht, und vor allem hatte ich *das falsche und stolze Rollenspiel eines Heiligen* aufgegeben und so von meiner Illusion einen kleinen Teil abgebaut. Wenn wir dies wiederholt tun, dann wird allmählich der illusionäre Bau unterminiert und das Zusammenbrechen des ganzen Gebäudes wird möglich oder steht sogar unmittelbar bevor. Je mehr wir kämpfen, desto mehr identifizieren wir uns mit der Realität anstelle der Illusion.

Das bedeutet, daß unsere ganze Wahrnehmung von uns selbst, von anderen Menschen, vom Leben und der Welt im allgemeinen sich ändert – und zwar in Richtung auf mehr Realität und nicht in Richtung auf mehr Phantasie und Illusion.

Jedesmal, wenn wir das Rollenspiel des Stolzes in uns entdecken, dann sehen wir auch die Illusion, die dahinter steht. Jedesmal, wenn wir kämpfen und *nur ein kleines bißchen* erfolgreich sind, dann geben wir ein wenig von jener Illusion auf. Schließlich führt uns ein solcher fortwährender Kampf dahin, die Realität zu entdecken. Es ist hier allerdings von sehr viel mehr als nur von einer intellektuellen Einsicht die Rede. Ich spreche von einem *tief im Innern spürbaren Gefühl von Neuentdeckung und Verwandlung*, das man nicht künstlich erzeugen kann. Im Laufe der Zeit und unseres Kampfes werden wir uns bewußt, wie diese Illusion eigentlich beschaffen ist und wie weit sie reicht, und schließlich fühlen wir sie zusammenbrechen, wenn wir es lernen, uns selbst und das Leben anzunehmen.

Es ist ähnlich wie zu der Zeit, als ich in die Schweiz ging, um an der Universität von Lausanne, im französischen Teil der Schweiz, Medizin zu studieren. In der Oberstufe auf dem Gymnasium und dann auf der Universtität hatte ich insgesamt sechs Jahre lang Französisch gelernt. Aber es schien bei meiner Ankunft, als seien jene sechs Jahre des Lernens fast vollkommen nutzlos gewesen. Ich sage „fast“, weil ich mich selbst zwar verständlich machen konnte, aber fast nichts von dem, was andere zu mir sagten, verstand. Hier und da erkannte ich ein Wort, aber das Ganze ergab keinen Sinn. Ich „hörte“ und verstand ein Wort, aber zehn andere entgingen mir. Dann kam eine Zeit, in der alle einzelnen Wörter zu einem einzigen

Riesenwort zu verschmelzen schienen. Die Leute sprachen einfach zu schnell, als daß ich es hätte verstehen können. Ich konnte einfach die Wörter in den Sätzen nicht isolieren. Es wäre sinnlos gewesen, noch mehr Vokabeln und Grammatik zu lernen. Ich hatte das schon sechs Jahre lang getan. Meine Frustration und meine immer größer werdende Verzweiflung hielten ungefähr drei Monate lang an. Ich saß in Vorlesungen und „hörte" nur eines von zehn Wörtern. Dann begann ich, ins Kino zu gehen, wo ich fast jeden Abend nur Französisch hörte, und plötzlich, sechs Monate nach meiner Ankunft, geschah es. Die Wörter wurden verständlich, und sie ergaben einen Sinn. Mein inneres Ohr hatte den Rhythmus der Sprache gelernt. Ich konnte die Sprache verstehen. Es schien, als sei das ganz plötzlich gekommen, aber so war es nicht. Ohne die vorangegangenen sechs Jahre des Lernens und die sechs Monate des Kampfes um das „Hören" wäre dieser Fortschritt nicht möglich gewesen. Der Prozeß des Aufdeckens von Illusionen ähnelt diesem Vorgang sehr.

Es kann äußerst wertvoll sein, unseren Illusionen nachzuspüren. Ebenso ist es sinnvoll, einmal in uns hineinzuhorchen, um die Töne in uns zu hören, die vielleicht nach selbstzerstörerischer Illusion klingen. Aber dieses „Hineinhorchen" sollten wir nicht erzwingen, und wir sollten es nicht zu einem zwanghaften intellektuellen Grübeln ausarten lassen, das wäre genau das Gegenteil einer liebevollen Einstellung zu uns selbst. Dasselbe gilt im übrigen auch für jede andere Selbsteinschätzung und Beurteilung unserer Umgebung. Wir sollten sie nur dann gestatten, wenn sie nicht in Selbstanklagen und harter moralischer Selbstverurteilung resultieren.

Dem Entdecken einer Illusion kann fast spontan das Aufgeben dieser Illusion folgen. Wenn wir auf unerwartete Weise unserer Illusionen beraubt, desillusioniert werden, dann folgt darauf ein Angriff von direktem Selbsthaß, und es ist notwendig, daß wir darum kämpfen, diese Illusion aufgeben zu können und uns zugleich mit liebevollen Augen anzusehen. Ich erinnere in diesem Zusammenhang noch einmal an den Fall meines Patienten, des Geschäftsmannes, der eine geringe Geldeinbuße erlitt. Plötzlich verlor er seine Allmachtillusion, daß er alles erreichen und regeln könnte. Darauf folgten Depressionen und Selbstanklagen, und schließlich wurde er sich seiner unrealistischen Illusionen über seine Allwissenheit und Allmacht bewußt. Es folgte ein schmerzhafter Kampf darum, diese Illusionen aufzugeben und zugleich der Versuch, ein reales menschliches Wesen mit einer Haltung der Selbstannahme und der Sympathie für sich selbst zu werden. In seinem Fall wurde die ganze Entwicklung durch unvorhergesehene Umstände in Gang gesetzt (obwohl im Falle dieses Mannes und in ähnlichen Fällen, eine gewisse innere Bereitschaft und sogar eine Sehnsucht, wirklich er selbst zu sein, schon vorher da waren), und er löste zunächst einen Zustand des akuten Selbsthasses und des inneren Kriegs mit sich selbst aus.

Eine „Desillusionierung", die *bewußt herbeigeführt* wird, um einen innerlich wahrhaftigen und das Selbst stärkenden Zugang zur Realität zu gewinnen, geht meist auf sehr viel weniger stürmische Weise vor sich. Wenn man sich selbst weiterentwickeln möchte in einer Atmosphäre des inneren Friedens mit sich selbst und nicht von momentanen schmerzlichen Gefühlen, dann kann eine Neueinschätzung bestimmter Umstände auch dazu verhelfen, Illusionen aufzuspüren. Eine liebevolle Atmosphäre, ein Erkennen der Realität schaffen ein Klima, in dem es leichter ist, unsere inneren Reserven anzuzapfen und die Welt realistisch zu sehen.

Hätte mein Patient aus einem Gefühl der Achtung für selbst heraus zu einem sehr viel früheren Stadium den Prozeß der Selbstentdeckung in Gang gesetzt, dann wäre er vielleicht sehr viel früher mit seiner Allmachtsillusion in Berührung gekommen, und er hätte diese Illusion auf einem weniger schmerzhaften Weg ablegen können.

Eine aus eigenem Antrieb begonnene, konstruktive Neueinschätzung zum Zwecke einer therapeutischen Desillusionierung oder der Zerstörung einer Illusion ist niemals schmerzlos und bedeutet zugleich immer Kampf. Eine Motivation, die der Selbstliebe entspringt, und eine liebevolle Atmosphäre können dabei helfen, Wunden und Schmerzen zu lindern und den Zugang zur Realität zu finden – der Kampf wird dadurch weniger hart, so daß man aus eigenem Antrieb die Illusion durch die Realität ersetzt.

Ein Test für unsere Fähigkeit, Illusionen aufzugeben, besteht darin, die Gefühle, die wir im Hinblick auf das Altern und den Tod entwickeln, zu untersuchen. Die Illusion, daß wir ewig leben würden, produziert häufig so viel Angst, daß wir überhaupt nicht an den Tod zu denken wagen. Die Fähigkeit, sich den Tod vorzustellen, zu empfinden, daß er absolut unausweichlich ist, zu wissen, daß das Wort *immer* mit den Bedingungen, unter denen Menschen leben, nicht vereinbar ist, ist nur möglich, wenn wir uns selbst als endliche Geschöpfe, die durch Raum und Zeit begrenzt sind, sehen. Das werden wir nur können, wenn wir relativ frei von Illusionen sind, und wenn wir deshalb zu wirklicher innerer Demut fähig sind. Die Erleichterung, die daher kommt, daß wir wissen, „Ich bin ein Mensch, ein Mensch lebt nicht ewig, er kann nicht alles bewirken, nicht alles ausprobieren", kann ein erhebendes Gefühl sein.

Meistens sind wir dann frei von Illusionen, wenn wir ohne ein ungutes Gefühl oder ohne Resignation unser augenblickliches Leben vor Augen haben und es uns möglich scheint, dieses Leben ohne große Veränderungen auch in Zukunft zu führen. Dies soll nicht heißen, daß Veränderung und Wachstum nicht möglich und wünschenswert wären. Aber Veränderung und Wachstum, die in einer Atmosphäre des Akzeptierens der Gegenwart und in einer Atmosphäre der Selbstliebe stattfinden, hängen unweigerlich mit guten Gefühlen über das *Hier und Jetzt* zusammen. Wenn Wünsche nach Veränderung auf dem Boden einer haßerfüllten Atmosphäre wachsen, dann sind sie häufig mit ungesunden Assoziationen an einen „Himmel auf Erden" verbunden. Wenn Sie gerne ‚hier und jetzt' leben, wenn die unveränderlichen Tatsachen des Lebens Ihnen weder ungerecht, widerlich, noch schreckenerregend vorkommen, dann haben Sie gute Chancen, Ihre Illusionen auf allen Ebenen entscheidend abzubauen.

Ansprüche und Erwartungen zurückschrauben

Es bedeutet keine Demütigung für uns, wenn wir unsere Vorstellungen von unserer Großartigkeit abbauen, wenn wir unsere Abhängigkeit von stimulierenden Mitteln reduzieren und wenn wir nicht mehr zwanghaft versuchen, unsere narzistischen Bedürfnisse zu befriedigen. Im Gegenteil: Es bereichert das Selbst, und es steigert die Lebensqualität, wenn wir solche Bedürfnisse und Mechanismen abbauen. Da wir nun einmal Menschen sind, können wir nur wie Menschen sein und leben. Das bedeutet, wir können nur in dem Rahmen leben und unser Leben genießen, *was menschlich möglich ist.* Wenn wir solche Maßstäbe entwickeln und uns solche Ziele setzen, die mit den menschlichen Möglichkeiten vereinbar sind, dann vermeiden wir nicht nur die Bestrafung durch unseren inneren Selbsthaß, sondern wir schaffen uns auch die Möglichkeit zu innerem Frieden.

Ich will damit nicht vorschlagen, daß wir unsere Maßstäbe, Ziele und Erwartungen auf eine unrealistische schäbige Ebene zurückschrauben. Dies wäre auch Ausdruck von Selbsthaß: die Menschen, mit denen ich zu tun hatte, die sich selbst unverhältnismäßig niedrige Maßstäbe gesetzt hatten, erwiesen sich als Menschen mit nur wenig oder gar keiner Demut. Ihre oberflächliche Demonstration von Bescheidenheit diente dazu, ihre Illusion von Übermenschlichkeit, die innere Hemmungen und Lähmung hervorgerufen hatte, zu kaschieren.

Wie wir gesehen haben, verhindern zu hohe Zielvorstellungen und Erwartungen, daß wir Ziele erreichen und Beziehungen aufbauen, die menschenmöglich und befriedigend sind. Um menschliches Glück und menschliche Befriedigung zu erlangen, müssen wir uns der Beschränkungen, denen das menschliche Leben unterworfen ist, bewußt sein, dürfen wir den Illusionen nicht nachgeben, müssen wir um der Selbstliebe willen mit den Grenzen der menschlichen Möglichkeiten in Kontakt bleiben. Es setzt das Selbst *nicht* herab, wenn wir um das Recht kämpfen, das ganz alltägliche Glück zu genießen. Das ganz alltägliche Glück ist häufig das, was in einem Menschen lebendig ist, und wenn wir uns nicht selbst des Rechtes berauben, dieses Glück zu genießen, dann können wir darin eine wirkliche Quelle der Befriedigung finden. Der Reichtum des Alltagslebens darf nicht durch abwertende Beschreibungen wie „mittelmäßig", „alltäglich", „unbedeutend" zerstört werden. Wir müssen uns sorgfältig vor einem dauernden Bedürfnis nach „Gipfelerlebnissen“ hüten, und wir müssen ebenso vorsichtig sein, daß wir nicht Erfolg nur um seiner selbst willen anstreben. Wenn wir wie süchtig am Erfolg kleben, dann führt dies unweigerlich zu tiefem Selbsthaß und Depression. Wie jede Sucht wird auch der Erfolg allzuleicht zu einer zwanghaften inneren Forderung an das Selbst, zu einem „was hast Du in letzter Zeit für mich getan?“, und jeder neue Erfolg wird zu einem Zwang, noch erfolgreicher zu sein.

Ich erinnere mich in diesem Zusammenhang an einen Patienten, der im Jahr 15 000 Dollar verdiente. Er erzählte mir, daß es für ihn „himmlisch“ wäre, wenn er 25 000 Dollar im Jahr verdiente. Ich warnte ihn erfolglos vor den vielen anderen extrem hoch angesetzten Zielen, die er sich gesteckt hatte, und ich sagte ihm, daß er wohl niemals genug verdienen würde, wenn er seine Einstellung nicht änderte.

Während eines relativ kurzen Zeitraums stiegen seine Einkünfte enorm an. Aber die Selbstachtung, die seine schnelle Einkommenssteigerung ihm einbrachte, verwandelte sich rasch in Verachtung. Seine Lebenshaltungskosten stiegen im Verhältnis zu seinen Einnahmen ebenfalls an, ebenso sein Appetit auf Dinge, von deren angeblicher Notwendigkeit er sich vorher nichts hatte träumen lassen. Dazu gehörten sehr hohe Versicherungspolicen, ein größeres Haus, bessere Kleidung, Privatschulen für seine Kinder und viele andere der „guten Dinge des Lebens“.

Als er 25 000 Dollar im Jahr verdiente, sagte er mir, daß er dieselbe Befriedigung daraus zöge wie aus den 5 000 Dollar am Anfang seiner Karriere. Er begründete dies damit, daß ihn nun seine „Grundbedürfnisse“ schon 20 000 Dollar und noch mehr im Jahr kosteten, also „einfach nur das Notwendigste“ bedeuteten. Dies ließ ihm weniger als 5 000 Dollar zur freien Verfügung übrig. Er war auch wütend, weil er so viele Steuern zahlen mußte. Ich erinnerte ihn daran, daß er mir einstmals gesagt hatte, daß er „liebend gerne genug Geld verdienen wollte, so daß er eine Menge Steuern zu zahlen hätte“. Er wartete nur darauf, so hatte er mir gesagt, endlich einmal eine solche Position zu erreichen.

Schließlich verdiente er über einhunderttausend Dollar im Jahr, und seine finanzielle und gefühlsmäßige Situation verschlechterten sich dabei zusehends. Meine Appelle, seine Einstellung und seine Lebensweise zu verändern, fielen bei ihm auf fruchtlosen Boden.

Seine Fähigkeit, „Geld zu machen“, brachte ihm immer weniger Befriedigung, aber sie steigerte seinen Selbsthaß und seine Arroganz. Er haßte es, seine Maßstäbe und Erwartungen zu überprüfen, lehnte es ab, sie niedriger zu schrauben. Er war gefangen in seinen immer höher aufsteigenden Zielvorstellungen, die sein Selbst allmählich zerstörten und durch die er in außerordentlich skrupelloser Weise Druck auf sich selbst ausübte. Und was die ganze Sache noch komplizierter machte: in gewisser Weise wurden durch das viele Geld, das er verdiente, auch die Erwartungen, die er in seine Kinder setzte, unrealistisch hochgeschraubt. Seine Tochter hatte sich in ihrer Privatschule einer Gruppe von Kindern angeschlossen, die mit Drogen experimentierten. Er hatte eigentlich geglaubt, daß Geld und Wohlhabenheit solche Dinge von vornherein verhindern würden, daß seine Kinder das Beste hätten und somit gegen „krumme Sachen“ immun wären.

Mein Patient erlitt schließlich einen Herzanfall. Es war nur eine leichte Attacke, und er erholte sich wieder. Dann schließlich begann er mit der gründlichen Neueinschätzung seiner Maßstäbe, seiner Ziele und Erwartungen. Glücklicherweise war es nicht zu spät. Er mußte wieder lernen, welchen Wert es hatte und wieviel Vergnügen es machte, einen Spaziergang zu machen, einen Sonnenuntergang zu betrachten, ein gutes Gespräch zu führen oder ein gutes Essen mit Freunden zu genießen.

Der Herzanfall war unbedingt notwendig, um eine Entwicklung zu mehr Menschlichkeit in Gang zu setzen. Wieviel weniger schmerzhaft und wieviel weniger gefährlich ist es, zur Selbsterkenntnis zu kommen, bevor wir unserem Selbsthaß zum Opfer fallen.

Ich erinnere mich daran, wie mir mein Patient in den Zeiten vor seinem Herzanfall widersprochen hatte, wenn ich ihm erzählte, wie andere mit sehr viel weniger Geld glücklich waren. Er wollte über andere Menschen nichts hören. Er identifizierte sich fast vollständig mit seinem Selbsthaß, und er wies alles, was eigentlich menschlich ist, zurück, und so sah er dann auch andere Menschen voller Verachtung an; er glaubte sogar, daß er selbst Eigenschaften in sich entwickeln konnte, die die von „gewöhnlichen Leuten“ bei weitem übertrafen. Aber diese Eigenschaften und Charakterzüge dann wirklich einzusetzen und durchzuhalten hätte ihn fast zerstört. Natürlich basierte sein schrecklicher innerer Zwang im wesentlichen auf untergründigen Gefühlen von Unzulänglichkeit gegenüber genau den Leuten, für die er seine Verachtung ausdrückte.

Ich kann wirklich sehr viel über mich selbst lernen, wenn ich anderen Menschen zuhöre. Wenn ich mir die Erzählungen über ihre „Enttäuschungen“ anhöre, dann lerne ich unweigerlich ihre Erwartungen genau kennen und denke dann über meine Erwartungen nach. Wenn ich mir, auf der anderen Seite, anhöre, was ihnen „Befriedigung“ verschafft, dann erfahre viel über meine eigenen übertriebenen Erwartungen, und ich erinnere mich an die Anstrengung, die ich machen muß, um sie herabzuschrauben. Ich habe es für mich selbst als sehr wertvoll und nützlich erkannt, wenn ich mich als Folge einer meiner Entscheidungen oder Taten traurig oder schmerzlich berührt fühlte, darüber nachzudenken, was an meinen Maßstäben, Zielvorstellungen und Erwartungen wohl übertrieben und zu hoch angesetzt war.

Ich erinnere mich, daß ich sehr deprimiert war, nachdem wir unser erstes Haus gekauft hatten. Später erkannte ich, daß meine Gefühlsschmerzen im wesentlichen darauf zurückzuführen waren, daß ich unbewußt die versteckte Erwartung hatte, daß das neue Haus unser aller Leben verändern würde. Das Haus war schön und unseren Bedürfnissen genau angemessen, aber es war kein Palast, und der Hauskauf bedeutete auch nicht die schlagartige Lösung aller meiner Probleme. Nachdem ich einmal erkannt hatte, welche übertriebenen Erwartungen ich daran geknüpft hatte, dies Haus zu besitzen, fühlte ich mich enorm erleichtert. Ich habe daraufhin jedes Mal, wenn ich übermäßige Angst vor irgendeiner Handlung oder Aktivität hatte, meine innere Erwartungshaltung überprüft.

Zu einer bestimmten Zeit in meinem Leben entwickelte ich extreme Angstgefühle, wo ich zugleich extrem erregt und fast vollkommen gelähmt war, weil ich vor einer größeren Gruppe von Menschen einen Vortrag halten mußte. Schließlich fragte ich mich, was ich eigentlich von mir und von meinen Zuhörern erwartete? Das Nachdenken über diese Frage gab mir einige Aufschlüsse und verschaffte mir schließlich eine Menge Erleichterung. Ich erkannte, daß ich sehr viel mehr erwartete als einen verständlichen Vortrag meinerseits und Zustimmung von einem großen Teil meiner Zuhörer. Solche Erwartungen, die der Situation eigentlich angemessen gewesen wären, wären für einen Menschen mit Sympathie und Sensibilität für sich selbst *mehr als ausreichend* gewesen.

Als Antwort auf mein Nachdenken fiel es mir wie Schuppen von den Augen: Ich erwartete einen *großartigen* Vortrag meinerseits, obwohl ich nicht gerade ein Schauspieler bin, und ein *enormes* emotionales Echo von seiten meiner Zuhörer, obwohl sie doch nur versuchten, ein wenig wissenschaftliches Gedankengut zu verstehen. Durch so hochgeschraubte Erwartungen beraubte ich mich nicht nur aller Befriedigungsmöglichkeiten, die mir eine gut gemachte Arbeit hätten verschaffen können, sondern ich versetzte mich auch selbst in einen Zustand des Schreckens, in dem ich nicht schlafen konnte und mich tagelang vor einem Vortrag bis zum Erbrechen mit Essen vollstopfte. Nachdem ich einmal diese Zusammenhänge und Ansprüche durchschaut hatte, begann ich, meine Ziele und Erwartungen herabzuschrauben, so daß Vorträge für mich in den letzten Jahren zu einer wirklichen Quelle der Befriedigung und Vergnügen geworden sind.

Angriff auf die Langeweile

Es ist einfach niemals zu spät, um wieder einmal Bücher zu lesen, Kurse und Vorträge zu besuchen und ein latent vorhandenes Interesse zu entwickeln. Wenn wir mit uns selbst liebevoll umgehen und unsere Fähigkeiten und Vorzüge sinnvoll nutzen, wenn wir unsere inneren Wachstumsquellen und unsere Sehnsüchte, die wir bisher vernachlässigt haben, in einem Gefühl der Sympathie für uns selbst aufspüren, dann ist dies ein Mittel gegen Selbsthaß, und es öffnet uns die Tür zu Glück und Zufriedenheit, die wirklich realistisch erreichbar sind. Dies ist sehr viel befriedigender, es hält uns lebendiger als wenn wir flüchtige, unwirkliche Gipfelerlebnisse anstreben und dann die schrecklichen Gefühlsabschwünge zwischen den „Hochs“ zu erleiden haben.

Bei dem Versuch, Langeweile zu bekämpfen, müssen wir uns immer wieder vor Augen halten, *daß das Engagement dem Interesse vorausgeht.* Wir müssen uns bei jeder Aktivität und bei jeder Unternehmung zumindest minimal engagieren, bevor wir ein Interesse entwickeln können. Wenn wir darauf warten, daß uns ein Interesse einfach so zufliegt, bevor wir Schritte unternommen haben, uns zumindest ein kleines bißchen zu engagieren, könnte uns das möglicherweise ein Leben lang in einem Zustand von Langeweile festhalten. Tatsächlich ist der Zustand des Wartens auf ein Interesse, bevor wir auch nur ein Fünkchen Engagement entwikkelt haben, ein unbewußtes Mittel, um selbsthasserische Langeweile zu verlängern. Es ist auch Ausdruck einer neurotischen Erwartungshaltung ohne das notwendige eigene Zutun. Wenn wir wirklich die Langeweile überwinden wollen, dann ist unser wesentliches Ziel das Vergnügen, *das wir aus dem Engagement und aus der Entfaltung unserer inneren Kräfte ziehen können und nicht ein zu erreichendes Ziel oder eine Leistung.* Perfektionistische, selbsthasserische Ziele dürfen wir uns nicht setzen.

Die Vielfalt des Lebens annehmen

Wir müssen, um überhaupt die menschlichen Bedingungen akzeptieren zu können, erkennen, daß unser Gefühlsleben gekennzeichnet ist durch Unlogisches, Unzusammenhängendes und durch viele Schattierungen aller Arten von Gefühlen. Wir sind außerordentlich komplexe Geschöpfe, und wir erweisen uns selbst einen Dienst, wenn wir uns für uns selbst auch akzeptieren. Sonst leben wir in dem Traum von einer Welt von nichtexistierenden Schwarzweiß-Vorstellungen, die mit dem menschlichen Leben ganz einfach überhaupt nichts zu tun haben. Niemand von uns ist vollkommen gut, vollkommen schlecht, vollkommen weise, vollkommen ‚dumm‘ oder überhaupt irgendwie ‚vollkommen‘. Wir sind Kombinationen, Mischungen aus allen Möglichen. Ich sagte es schon: Wir besitzen alle mehr Gemeinsamkeiten als Unterschiede, und die Welt, in der wir leben, ist erfüllt von Ungereimtheiten und Vielfältigkeit. Wenn wir uns selbst und die Welt in dieser Weise betrachten, ohne Schwarzweißmalerei zu betreiben und ohne Superlative anzustreben, dann werden allein dadurch alle Arten von Illusionen und Erwartungen, die auf allzu vereinfachenden Vorstellungen basieren, beträchtlich abgebaut.

Es ist von großem Nutzen, Menschen, und vor allem uns selbst, beim Denken und Sprechen zu beobachten und ihnen zuzuhören. Die Superlative, die jemand beim Sprechen benutzt – toll, sensationell, wunderbar, glänzend, hervorragend, wahnsinnig, phantastisch – sind nicht zufällig oder bedeutungslos. Wenn sie es wären, dann wäre es völlig naiv, sie überhaupt zu benutzen. Wie andere Sprachsymoble, kommen diese Wörter von sehr real vorhandenen Ideen, aus innerpsychischen Mechanismen und von bestimmten kennzeichnenden Erscheinungen des uns umgebenenden Kulturkreises. Wenn ich einen jungen Patienten mehrmals „wunderbar" sagen höre, dann sehe ich häufig auch, daß er sich verzweifelt nach Wundern und nach wunderbaren Dingen sehnt und daß er zu einer Depression tendiert, wenn die Verhältnisse nur „normal in Ordnung" sind.

Superlative sind häufig ein Anzeichen für skrupellos perfektionistische Bedürfnisse. Sie können uns aber zugleich Aufschluß darüber geben, welche Ansprüche wir an uns selbst und an andere stellen, so daß wir dann unsere Wertvorstellungen auf konstruktive Weise überprüfen können. Es macht mich müde und erfüllt mich zugleich mit Sorge, wenn ich Politiker von „Größe" sprechen höre, wenn ich sie sagen höre „Amerika muß eine großartige Nation sein." Es ist sehr viel wichtiger, einfach nur „menschlich" zu sein. Es ist sehr viel wichtiger für Amerika, daß Menschen in diesem Land leben, die sich darum bemühen, ihr Bestes zu geben, und die Bedingungen und die Möglichkeiten des menschlichen Lebens in ihrer ganzen Fülle akzeptieren. Der Versuch, „großartig" zu sein, ist unweigerlich mit einigen der schlimmsten Aspekte des Selbsthasses verbunden, nämlich der Verachtung des eigenen Ich sowie der Mitmenschen und der realen Gegebenheitenb des Lebens, mit denen *wir* leben und zurechtkommen müssen.

Eine Psychophilosophie der Sensibilität und der Liebe zum wahren Selbst

Selbstliebe als Lebensweise

Mit *Psychophilosophie* meine ich eine Philosophie, die die Kraft hat, die Charakterstruktur oder auch die Art, wie ein Mensch über sich selbst denkt und fühlt, zu verändern. Eine Psychophilosophie der Selbstliebe kann in hohem Maß dazu beitragen, ein Gefühl des Wohlwollens und der Wärme für sich selbst zu erzeugen. Eine solche Psychophilosophie ist der wesentliche Bestandteil einer wohlwollenden Einstellung sich selbst und dem Leben gegenüber. Sie kann alle Aspekte des Lebens in einer konstruktiven und gesunden Weise beeinflussen, konstruktiv und gesund in bezug auf die realen Bedingungen, unter denen Menschen leben. Dies ist die eigentliche Substanz des Akzeptierens des eigentlichen Selbst auf allen Ebenen, und sie ist das Gegenteil jeden Selbsthasses – vor allem, wenn es sich um einen Haß handelt, der auf Verdrängung zurückgeht, das Abtöten und Absterben von Gefühlen und auf die nachlassende Wahrnehmung der Realität. Diese Philosophie ist keineswegs hochtheoretisch; sie ist im wesentlichen pragmatisch, resultiert bei mir aus persönlichen und klinischen Erfahrungen und ist durchaus praktisch anwendbar.

Wir können mit Hilfe dieser Philosophie in uns wieder Bereiche aktivieren, die unser Selbsthaß bereits gelähmt und abgetötet hat. Wir werden in dem Maße spontaner, wie diese Philosophie innere Tyrannei und Despotie ersetzt.

Auf den folgenden Seiten werde ich ausführlich die wesentlichen Elemente einer Psychophilosophie der Selbstliebe und einer Sensibilität für das eigentliche Selbst beschreiben, und zwar jene Elemente, die sich für mich und meine Patienten als besonders hilfreich erwiesen haben. Wenn jeder um Selbstliebe kämpft und darum, akzeptiert zu werden, entwickelt er automatisch seine eigene

‚Philosophie' und ‚Psychologie' und erkennt einen Weg, der für ihn selbst besonders nützlich und fruchtbar ist.

Ich bin, weil ich bin!

Diese Aussage bedeutet, daß es mich gibt, und dafür brauche ich mich in keinster Weise zu rechtfertigen. Ich muß keinen besonderen Anforderungen oder Bedingungen gerecht werden. Ich lebe und ich habe das volle Recht, weiterzuleben. Es gibt keine Vorbedingungen, keine festgesetzten Erfolge oder Leistungen, die meine Existenz erst dann rechtfertigen, wenn sie vollbracht sind. Ich bin, nicht weil ich Bücher schreibe, Geld verdiene, bestimmte Examen bestanden, Titel erworben oder Kinder in die Welt gesetzt habe. Ich *bin* mit oder ohne diesen Beigaben. Die Welt und die *Menschen* sind nicht *ich!* Ich existiere nicht *wegen* ihnen, sondern in meinem Bewußtsein existieren sie vielmehr *meinetwegen.* Sie mögen mir zwar Befriedigung und Zufriedenheit verschaffen, *aber sie sind in keiner Hinsicht eine Rechtfertigung meiner Existenz.* Bezogen auf mich und mein Leben *bin ich vielmehr die Rechtfertigung ihrer Existenz.* Sie sind eine Funktion meiner Person. Ich bin nicht eine Funktion von ihnen. Diese psychophilosophische Tatsache ergibt den wesentlichen Kern meiner Beziehung zu mir selbst und zum Rest der Welt. Sie entwaffnet die innere Selbsterpressung durch Selbsthaß, sie schwächt den Druck, den andere ausüben und der sich durch unmenschliche kulturelle Normen und Werte ergibt.

„Wie fühle ich mich?“ ist eine sehr wichtige Frage in meiner Beziehung zu Menschen, zu Fakten, zu mir selbst und ganz besonders im Hinblick auf meine innere Verfassung. Wenn ich mich gut fühle, dann ist alles in Ordnung. Wenn ich mich schlecht fühle, was könnte mir helfen? Kann ich mich aus irgendeinem Grund nicht leiden? Fühle ich mich schlecht, weil ich nicht genug geleistet habe? Weil ich nicht genug erreicht habe? Weil ich nicht genügend mit anderen konform gegangen bin? Dies wäre Erpressung und stünde den Prinzipien meiner persönlichen Philosophie entgegen. Ich muß darum kämpfen, mir selbst das Recht zu geben, mich in Beziehung zu mir selbst gut zu fühlen und gut gestimmt zu sein, gleichgültig, ob ich eine Leistung vollbracht oder nicht vollbracht habe. Dies bedeutet nicht, daß wir unsere Leistungen nicht genießen sollen, sondern daß sie im richtigen Verhältnis zu unserem Leben insgesamt gesehen werden müssen. Dadurch wird zwanghaftes Agieren durch spontanes Handeln ersetzt. „Dinge", „Ereignisse", „Aufgaben", „Leistungen" sind niemals wichtiger als ich selbst, und sie dürfen mein Wohlbefinden nicht zerstören. Fühle ich mich schlecht wegen destruktiver Beziehungen, dann muß ich diese Beziehungen abbrechen!

Damit möchte ich nicht andeuten, daß es nicht sinnvoll ist, um eine Beziehung zu kämpfen, die sehr viel Fruchtbares in sich hat. Aber wenn sich eine Beziehung im wesentlichen als destruktiv erwiesen hat, dann sind alle Beteiligten gut beraten, sie zu beenden. Allzu viele destruktive Beziehungen werden aufrechterhalten aus gesellschaftlichen Gründen, mangelnder Entschlußkraft und Resignation.

Wie es in dem Lied der Beatles heißt: „I've got a ticket to ride" („Ich habe eine gültige Fahrkarte"): Weil ich lebe, besitze ich diese Fahrkarte. Dafür brauche ich sonst nichts zu bezahlen. Meine Wahl, meine Entscheidungen und Aktionen basieren nicht auf der Notwendigkeit, meine Existenz zu rechtfertigen oder ihr eine bestimmte Basis zu geben. Es gibt mich mit oder ohne solchen Rechtfertigungen.

In dem Maße, wie ich von diesem Denken überzeugt bin, bin ich auch frei von inneren und äußeren Zwängen, und ich kann Entscheidungen treffen, die frei sind von neurotischer Bedürfnisbefriedigung und die auf einer gesunden Spontaneität und auf einem wirklichen Bedürfnis basieren. Dies befreit mich weitgehend von dem selbsthassenden Drang, von jedermann geliebt und bewundert zu werden, immer nett und hilfreich zu sein, vollkommen unabhängig, allwissend, allgebend, allmächtig und mich selbst in unrealistischer Weise überfordernd, denn dadurch versklave ich mich selbst und versuche, mich zum Übermenschen zu machen.

Die Aussage „Ich bin, weil ich bin" bedeutet, daß ich mir selbst mit vollkommenem Wohlwollen gegenüberstehe. Es bedeutet, daß ich mir, so wie ich bin, Würde und Wert zugestehe und nicht eine bestimmte falsche Rolle spielen will, und es bedeutet, daß ich mich selbst mit Ernst und Loyalität behandle. Natürlich schließt das den Humor nicht aus, der so häufig die Last der Probleme, die wir unweigerlich und zu allen Zeiten haben, erleichtert. Aber es ist äußerst wichtig, daß wir uns selbst ernst nehmen und daß wir uns selbst gegenüber loyal sind. Es bedeutet, daß ich jemand bin, der es wert ist, gefragt und gut behandelt zu werden. Ich höre auf mich selbst und sehe das, was ich dann höre, für mein Leben als ernst und wichtig an. Ich erfahre Wichtiges über mich selbst und über das, was ich brauche. Ich sorge gut für mich selbst und gewinne daraus ein gesundes Gefühl der Befriedigung.

Vor einiger Zeit war ich krank. Einer meiner Patienten machte sich um mich und um meine Gesundheit Sorgen, aber es schien zugleich, daß er darüber sehr verlegen war. Schließlich brachte ich ihn zur Einsicht, daß er im wesentlichen um sich selbst besorgt war, wenn mir irgend etwas zustoßen würde. In dem Maße, wie er es lernte, in einer Atmosphäre des Sich-selbst-Akzeptierens und der Selbstliebe die Dinge richtig einzuschätzen, erkannte er, daß es nur menschlich war, daß er sich im wesentlichen um seiner selbst willen Sorgen machte, daß dies in der Tat ein gesunder Ausdruck für die Sorge um sich selbst war. Meine Gedanken, Gefühle, Ideen und Meinungen sind wichtig, weil sie aus mir selbst kommen und nicht, weil ich eine bestimmte Position in der Welt erreicht habe. Sie sind allein deshalb wichtig, weil sie von der wichtigsten Person in meinem Leben kommen, von mir selber.

Wenn ich zu mir selbst ein liebevolles Verhältnis habe, dann lasse ich mich nicht einfach im Stich, wenn die Zeiten einmal schwer sind oder wenn andere meinen, daß ich nicht zu ihnen passe. Sich selbst treu sein bedeutet, daß ich zu allen Zeiten für mich selbst sorge, zu mir selbst freundlich bin, und diese Eigenschaften sind vor allem dann besonders wichtig, wenn das Leben einmal schwierig und schmerzhaft wird. Niemals schlage ich mich auf die Seite dessen, der mir Böses will, ich helfe niemandem, der meine persönliche Würde antastet, der in mir Minderwertigkeitsgefühle hervorruft, der mich angreift oder bekämpft, der unmenschliche Anforderungen an mich stellt. Ich bekämpfe oder vermeide Menschen, deren

Einfluß auf mein Selbstwertgefühl letztlich destruktiv ist oder die mein Selbstvertrauen untergraben.

Bei wichtigen Entscheidungen bin ich gern bereit, andere um Rat zu fragen. Aber ich wende mich erst dann an sie, wenn ich selbst nicht mehr weiterkomme. Und auch dann entscheide ich selbst. In meinem Leben muß ich die letzte und wichtigste Autorität sein, selbst dann, wenn ich mich entschieden habe, den Rat eines Experten einzuholen.

Es kann nur dann bedeutungsvoll und sinnvoll sein, den Rat eines anderen einzuholen und mit jemand anderem eine Beziehung einzugehen, wenn zwei *ganze*, wirklich existierende *Selbst* miteinander in Kontakt treten. Eine Beziehung zwischen sich selbst und einer Spiegelperson oder zwischen zwei Spiegelpersonen produziert nichts als unendlich viele Widerspiegelungen, die auf keine Weise das wirklich vorhandene Selbst bereichern. Da ich mir dessen bewußt bin, bringe ich mein eigentliches Selbst nur in solche Beziehungen ein, in denen so wenig Zwang wie möglich herrscht, sich anzupassen oder jemand anderen zu beherrschen. Eine Beziehung, durch die ich mein eigenes Selbst stärke, ihm Nahrung gebe, hat unweigerlich auf mich selbst und auf meinen Partner eine bereichernde Wirkung.

Der Wert einer menschlichen Beziehung, in der jeder wirklich echt ist und zu sich selbst steht, sollte nicht unterschätzt werden. Ein solches Zu-uns-selbst-Stehen und Uns-selbst-Achten führt schließlich dazu, daß wir auch andere Menschen mit sehr viel mehr Mitgefühl und mit Respekt für ihre Würde behandeln.

Die Einstellung *ich bin, weil ich bin* trägt, wenn sie zu einer Grundhaltung geworden ist, auch zu unserer Spontaneität bei. Allmählich kann dann die zur Gewohnheit gewordene Loyalität gegenüber unserem wirklichen Selbst den rigiden inneren Zwängen und Forderungen eines autonomen Selbsthasses entgegenwirken. Wenn ich die Gewohnheit entwickle, auf mich selbst zu hören, dann werde ich in dieser Kunst allmählich immer geschickter. Wie ein guter Musiker kann ich mit immer größerer Sicherheit selbsthasserische Dissonanzen erkennen und die harmonischen Töne, die aus dem Kern meines eigentlichen Selbst kommen, heraushören. Mit der Übung wachsen meine Fähigkeiten, und in dem Maße, wie sie wachsen, bin ich fähig, mehr zu empfinden, mehr darüber zu wissen, was ich empfinde, und mehr von dem, was ich fühle, für mich selbst zu benutzen; und daraus resultiert eine lebendige Spontaneität, die für die Tausende von Schattierungen, Nuancen und Strömungen des Lebens selbst charakteristisch ist.

Ich bin ich

Ich bin ich ist der Geist der Selbstannahme. Aber dies bedeutet keine passive oder selektive Selbstannahme. Sie ist aktiv, laut, stark, und wenn notwendig, kämpferisch und aggressiv. Sie bezieht sich auf alle Aspekte des Selbst. Sie wird diktiert von der äußersten Achtung vor der Individualität, von der Hingabe an diese Individualität, auch wenn diese Individualität der Persönlichkeit von dem, was wir allgemein als „kulturelle Normen" ansehen, abweichen mag. Dies umfaßt alle Gedanken, Ideen, Gefühle, Sehnsüchte, Entscheidungen und schließlich Handlungen. *Ich* bedeutet alles, was ich bin. Werturteile, moralische Heuchelei, kulturelle und konventionelle Werte oder die Gedanken und Überzeugungen von anderen werden mich nicht dazu bringen, Teile von mir abzutöten, sie zu unterdrücken oder zu versuchen, sie von mir abzutrennen. *Ich* umfaßt all das, was andere in meinem kulturellen Umfeld eventuell als einen Vorzug oder auch als einen Nachteil, als eine Beschränkung, als ein bestimmtes Potential, als unsensibel, grausam, neurotisch, gut, schlecht, weise oder dumm ansehen mögen.

Während das Überzeugtsein *ich bin ich* nicht ausschließt, daß ich mich verändere, ist es doch in der Tat die entscheidende Voraussetzung dafür, daß Veränderung überhaupt stattfinden kann. Wenn *ich* nicht *Ich* bin, wie kann *ich* dieses *Ich* dann verändern? Wie kann *ich* mich selber wirklich prüfen, wie kann ich wirkliche Entscheidungen treffen, um mich zu ändern? Wenn ich nichts anderes bin als eine sich anpassende Spiegelpersönlichkeit, dann kann die Veränderung nur eine künstliche Spiegelung dessen sein, was ich *glaube*, anderen gegenüber darstellen zu müssen. Zu einer wirklichen Veränderung gehört ein wirkliches *Ich*, ein *Ich*, das in all seinen Erscheinungsformen und in all seinen Anteilen akzeptiert wird. Dieses *Ich* steht im Dienste des Glaubens an mich selbst und an die Charakteristika und Neigungen, durch die ich meine Identität gewinne. Für dieses *Ich* findet Veränderung aufgrund einer *Wahl,* nicht durch *Zwang* statt. Ich ändere mich nicht deshalb, weil andere meinen, ich sei *schlecht* oder *pervers.* Ich ändere mich nur deshalb, weil ich beschlossen habe, daß *ich* mich ändern will. *Ich* habe beschlossen, daß eine Veränderung gut für mich ist. Andernfalls bleibe ich so wie ich bin, selbst wenn meine individuellen Eigenschaften im Rahmen des Kulturkreises, in dem ich lebe, als pervers angesehen werden.

Die Überzeugung *ich bin ich* ist eine Kraft, die hilft, mich selbst zu akzeptieren, sie ist ein großer Integrationsfaktor für alle Anteile meines Selbst, und sie steht der Fragmentierung des Selbst diametral entgegen. Wenn wir tatsächlich aktiv alle Aspekte unseres Selbst wertschätzen und den Zwängen äußerer und innerer Unterdrückung und Verdrängung zu widerstehen lernen, *was auch immer zu Tage treten mag,* dann wird unser inneres Selbst nicht abgetötet werden. Das Abwürgen und Abklemmen von Gefühlen, die Ausschließlichkeit, die Betäubung des Selbst durch Perfektionismus, das Sich-Treiben-Lassen, das eine wirkliche, bewußte, autonome Entscheidung verhindert, finden nicht statt, wenn wir uns uns selbst gegenüber loyal verhalten. In dem Maße, wie wir mehr in der Realität, bewußter leben, kommen verschiedene Aspekte meines Selbst in mein Blickfeld und unterliegen meinem bewußten Urteil, das heißt, sie unterliegen mir, einer weitgehend bewußt lebenden Person. *Ich* werde dann wirklich Kapitän meines Lebensschiffes. *Ich* füge alle Aspekte meiner Person zu einem vereinten Ganzen zusammen, genauso wie *ich* mich selber in die verschiedensten Lebensbereiche einbringe. Keiner auf diesem Schiff wird, weil er bisher nicht anerkannt war, in eine unbekannte Richtung abtreiben. Alle Mitglieder der Mannschaft sind angehört worden. Der Kapitän sammelt die verschiedenen Meinungen und handelt danach. Ein wirkliches Akzeptieren des Selbst schließt die innere Zersplitterung, die für die Verdrängung typisch ist, aus. Wenn wir verdrängen, dann entstehen voneinander abgetrennte, autonome

Bereiche des Selbst, die aus uns verborgenen Bereichen des Unbewußten versteckte Botschaften senden. Unser Ziel besteht darin, den Boden des Selbsthasses, unsere innere Zerrissenheit zu überwinden, alle einzelnen Aspekte unserer Persönlichkeit zu berücksichtigen, sie insgesamt zu akzeptieren und so zur warmen inneren Harmonie zu finden. Verdrängung und innere Zerissenheit sind sozusagen ein ‚Perpetuum Mobile' des Selbsthasses, sie sind der Geist menschlicher Selbstablehnung.

Die Überzeugung *ich bin ich ist* eine der grundlegenden Haltungen, um Selbsthilfe entwickeln zu können. Die Integration, die Anerkennung aller Persönlichkeitsaspekte erlaubt uns, alle unsere Reserven zu erkennen und zu aktivieren, eine Wahl und wirkliche Entscheidungen zu treffen, die aus unserem eigentlichen Selbst, aus dem Kern unserer Persönlichkeit und nicht aus dem Streben nach unerfüllbaren Zielen resultieren.

Ich bin ich ist eine der wichtigsten Einstellungen, um gegenüber sich selbst wohlwollend sein zu können. Wer sich selbst liebt, kann sich selbst annehmen. Der Kampf darum, *ich selbst* zu sein in jedem Bereich meiner Persönlichkeit und meines Lebens – das heißt, alle Aspekte meiner Persönlichkeit ohne moralische Beurteilung zu akzeptieren trotz aller inneren und äußeren Kräfte, die mich in eine andere Richtung drängen wollen, und trotz des Strebens, Illusionen und kulturelle Perfektionszwänge realisieren zu wollen – ist ein Kampf um Selbstrespekt und Würde. Dieser Kampf gibt dem *Ich,* dem *Ich bin,* seinen Wert. Wenn ich so kämpfe, heißt das, daß in meinen Augen mein eigentliches Ich (und nicht ein künstlich aufgeblähtes Ich) meine Zeit und meine Energie wirklich verdient. Dieser Kampf um das Akzeptieren aller Aspekte meiner Persönlichkeit fördert meine positive Einstellung gegenüber mir selbst, indem ich es kategorisch ablehne, mich in den Selbsthaß zu flüchten.

Ich behandle mich so, wie ich ein Kind behandeln würde, das ich liebe. So, wie ich dieses Kind respektiere, würdige ich alle Aspekte des menschlichen Lebens. Ich beobachte dieses Kind und erwarte von ihm, daß es sehr viele menschliche Züge entwickeln wird. Wie könnte es auch anders sein; dieses Kind ist Mensch und kann versichert sein, daß ich es respektiere. Ich fälle keine harten Urteile über dieses Kind, weil ich es so akzeptiere, wie es ist; es braucht sich nicht vor mir zu fürchten. Ich liebe es, einfach deshalb, weil es da ist, und ich werde und kann es nicht verletzen. So befinden wir uns in einem Zustand der fruchtbaren Sympathie und Liebe füreinander, der relativ frei von den Zwängen und Befürchtungen ist, die auf dem Boden eines chronisch destruktiven Urteils, auf dem Boden von Kritik und Selbstanklagen wachsen.

Ich bin ich bedeutet auch lebendige Spontaneität im Gegensatz zu hölzernem, mechanischem Verhalten, das dem Bedürfnis nach strengem Gehorsam gegenüber den inneren und äußeren Zwängen entspringt. Da ich nichts in mir selbst als schlecht ansehe, töte ich keinen der vielfältigen Aspekte meiner Persönlichkeit, meines Selbst, ab. Deshalb sind alle meine Kräfte für mein Leben, für meine Gefühle und Aktivitäten mit einer natürlichen, spontanen Lebendigkeit verfügbar. Ich verschwende keine Energie und keine Zeit mit der Suche nach illusionärer Erfüllung oder mit dem Befolgen nutzloser Rituale, die mir ein tyrannischer, sich selbst hassender Sklaventreiber aufzwingt. Meine Kräfte können also in den Dienst des augenblicklichen alltäglichen *Ich* gestellt werden, in den Dienst *meiner* gegenwärtigen Gefühle, *meiner* gegenwärtigen Ideen, *meiner* gegenwärtigen Neigungen.

Meine Selbstannahme verhindert selbsthassende Kritik. Wenn ich mich selbst kritisiere, dann hinterläßt sie keinen Stachel des Selbsthasses in mir. Meine Kritik ist wohlwollende Kritik, die allein darauf abzielt, mich um mein Wohlbefinden mehr zu kümmern. Deshalb habe ich nur ein geringes oder gar kein Bedürfnis, mich in Aktionen aufzureiben, die meinem eigentlichen Selbst fremd sind. Indem ich mein Selbst ganz und gar verkörpere, nach innen wie nach außen, frei und ohne Angst vor Selbstanklagen bin, nutze ich meine eigenen Quellen: genau darin besteht das Wesen lebendiger Spontaneität.

Ich brauche, ich möchte, ich wähle

Wenn ich mich selbst ernst nehme, dann muß ich auch meine Bedürfnisse ernst nehmen. Weil ich mir selbst wichtig bin, gehe ich meinen Bedürfnissen nach. Deshalb höre ich auf mich, ich fühle und weiß, was ich bin und was ich brauche. Dies ist das Wesen und der Kern der Sorge und der Liebe für mich selbst. Es ist das Gegenteil und der Feind der Vernachlässigung meiner selbst. Ich werde die Chance, meine Aufmerksamkeit auf mich selbst und auf meine eigenen Bedürfnisse zu richten, niemals austauschen gegen ruhmvolles Märtyrertum oder nutzlose Gesten, um Prestige zu gewinnen. Meine Bedürfnisse sind für mich niemals der Grund, in Verlegenheit zu geraten, weil sie meiner eigenen Persönlichkeit entspringen. Wie könnte das anders sein, da ich mich niemals einer Person oder Sache verschreibe, die nicht menschenfreundlich wären? Ich weiß, daß alles, was ich bin, menschlich ist, auch meine Bedürfnisse, daß dies nicht anders sein kann. Ich brauche meine Bedürfnisse nicht zu rechtfertigen. Die Tatsache, daß ich Bedürfnisse und Wünsche habe, ist Rechtfertigung genug, denn ich akzeptiere mich selbst und spiele keine falsche Rolle aufgrund von Selbstzweifeln. Meine Bedürfnisse, das weiß ich, erwachsen nicht aus dem Bestreben, einem Heiligen zu ähneln, und ich brauche nicht die Rechtfertigung, ein Heiliger zu sein, um ernst genommen zu werden. Ich habe einfach deshalb ein Bedürfnis, weil ich es habe; das ist Grund genug.

Dasselbe gilt für meine Wünsche. Ich bin die Quelle dieser Wünsche. Ich habe Vertrauen in die Bedingungen, unter denen Menschen leben, und ich, der ich auch diesen Bedingungen unterworfen bin, habe Vertrauen in mich selbst. Deshalb kann ich meine eigenen Wünsche spontan akzeptieren. Was ich mir wünsche, hat vielleicht nichts, wenig oder viel mit dem zu tun, was ich brauche. Natürlich werde ich mir in den meisten Fällen das wünschen, was ich auch brauche, aber ich werde nicht notwendigerweise das brauchen, was ich mir wünsche. Ich wünsche mir häufig Dinge und Bedingungen, die ich überhaupt nicht brauche, aber ich brauche meine Wünsche nicht dadurch zu rechtfertigen, daß mein Bedürfnis wirklich lebensnotwendig ist oder etwa dadurch, daß ich intellektuelle vernünftige Begründungen dafür erbringe. Daß ich es mir wünsche, ist genug.

Ich darf es mir nicht erlauben, verlegen zu sein oder mich wegen eines Bedürfnisses selbst zu hassen, obwohl vielleicht dieses Bedürfnis den gegenwärtigen Sitten oder der Konvention entgegensteht. Ich darf mir alles, was überhaupt möglich ist, wünschen. Ebenso wie ich es ablehne, meine innersten Gefühle abzutöten, lehne ich es ab, mich einem Bedürfnis gegenüber taub zu stellen, mich aufgrund eines Bedürfnisses als Unter- oder Übermensch zu fühlen, mich wegen eines Bedürfnisses peinlich berührt zu fühlen oder es zurückzuweisen.

Ich weiß, daß das Menschsein eine große Vielfalt möglicher Bedürfnisse mit sich bringt, die ein großes Spektrum von Gedanken und Gefühlen umfaßt, und ich erwarte, alle diese Gefühle auch in mir selbst vorzufinden, eine fast endlose Vielfalt von Bedürfnissen und Wünschen, die vom Einfachen und Banalen bis zum Komplexen und Exotischen reichen. Bisweilen mögen sie sogar mir selbst und anderen „exotisch“ erscheinen.

Aber ich weiß ebenso, daß *die meisten Sehnsüchte und Wünsche nicht wirkliche Lebensnotwendigkeiten sind.* Ich kenne auch den Unterschied zwischen einem Gedanken und einer Handlung. Ich kann unterscheiden zwischen einem Bedürfnis, dessen Erfüllung für mich selbst einen konstruktiven, bereichernden Wert haben könnte, und einem Bedürfnis, das mich bei seiner Erfüllung arm werden lassen und sogar zerstören kann.

Es geht darum, daß ich voller Sympathie für mich selbst alle meine Bedürfnisse als zu mir gehörend akzeptiere und respektiere und daß ich sie nicht unterdrücke, weil sie wirklich aus meinem Inneren, aus mir selbst kommen. Doch ich versuche nicht, sie mir alle zu *erfüllen.*

Wie ein wohlwollender Vater gegenüber seinem Kind höre ich allen diesen Bedürfnissen und Sehnsüchten zu, aber ich wähle aus, welche von ihnen ich mir erfüllen will und welche ich beseite lassen will, weil sie übertrieben sind und meinem Wohlbefinden sogar entgegenstehen. Dennoch werde ich mir ihretwegen keine Vorwürfe machen. Zum Beispiel war ich mir am Anfang meiner Ausbildung nicht sicher, ob ich mich nun im Bereich der Psychiatrie, in der Chirurgie oder inneren Medizin spezialisieren sollte, und ich war längere Zeit hin- und hergerissen, mir alle diese Wünsche zu erfüllen. Ich litt unter dem Selbsthaß, der in mir aufkam, wenn ich überlegte, was mir alles entgehen würde, wenn ich mich für eine dieser drei Möglickeiten entscheiden würde. Aber schließlich fällte ich die Entscheidung für die Psychiatrie, und ich lehnte es zugleich ab, mich wegen der möglichen Fehlentscheidung selbst zu beschimpfen. Ich erkenne, daß es keine Möglichkeit gibt, mir alle meine Wünsche zu erfüllen. *Aber* da ich gut für mich selbst sorgen will, empfinde ich keinen Selbsthaß, wenn ich mir Wünsche erfülle.

Wenn ich mir selbst nur das Beste wünsche, dann heißt das auch, daß ich die menschlichen Grenzen ebenso wie die menschlichen Fähigkeiten und die menschliche Kreativität anerkenne. So wird auch die Frustration, die aus einem nichterfüllten Bedürfnis entsteht – so sehr die Erfüllung auch im Bereich des Möglichen liegen und so konstruktiv sie auch in ihrer Auswirkungen sein mag – dafür sorgen, daß ich mich verstärkt und ohne jeden Selbsthaß um mein Wohlbefinden bemühe. Dies befähigt mich, meine Wünsche weiterhin aufrechtzuerhalten, weiterhin zu versuchen, sie mir zu erfüllen, wobei ich natürlich Erfolg und Mißerfolg erlebe, Neues ausprobiere und daran wachse. Viele von uns meinen insgeheim, sie seien ein ‚Niemand' und sind deshalb über ihre Wünsche und Sehnsüchte, die ihnen als dumm und sinnlos erscheinen, so entsetzt, daß sie sie einfach beschneiden und unterdrücken. Wir drängen zudem auch deshalb unsere Wünsche zurück, weil wir den Selbsthaß vermeiden wollen, der aus der Frustration aufgrund nicht erfüllter Wünsche resultieren könnte. Doch dies verhindert, daß wir uns überhaupt entscheiden und einen Versuch wagen. Dann haben wir weder die Möglichkeit, einen Fehlschlag noch einen Erfolg zu erleben. Indem wir verschiedene Wahlmöglichkeiten ins Auge fassen, sammeln wir Erfahrungen, und durch Erfahrungen wachsen wir. Wir müssen die Freiheit haben, uns etwas zu wünschen, wir müssen frei sein zu unterscheiden, welche Sehnsüchte wir uns erfüllen wollen, und wir müssen frei sein, ihre Erfüllung oder Nichterfüllung ohne Selbsthaß zu erleben. Sonst wird unsere Spontaneität darunter leiden und allmählich zugrunde gehen.

Mir fallen in diesem Zusammenhang Kinder ein, die bei der Frage „Warum möchtest Du das?" antworten: „Weil. . ." Wir fragen dann manchmal: „Weil – was . . .?", und das Kind antwortet: „Weil ich es möchte." Vielleicht werden wir dem Kind dann zu erklären versuchen: „Aber das ist nur eine andere Art und Weise zu sagen, daß du es möchtest, aber du sagst damit nicht, warum", und das Kind erwidert vielleicht, „Aber das ist warum. Ich möchte es eben, weil ich es möchte." Das ist kein dummes „Geplapper" oder Wortspiel. Das Kind sagt, daß es etwas möchte, weil es spontan einen Wunsch hat. Die Bedürfnisse eines Kindes brauchen keine moralische, kulturelle, logische, zielgerichtete Rechtfertigung. Sie entspringen der innersten kindlichen Persönlichkeit, die noch frei ist von Zwängen. Weil es noch Kind ist und kein Erwachsener, der in einem Morast von kulturell verursachten, selbsthasserischen Rationalisierungen versinkt, braucht es keine Rechtfertigung für seine Bedürfnisse. Im Gegenteil: Die Antwort „Ich will es, *weil* ich es will" bedeutet Widerstand gegen jede Einschränkung seiner Wünsche durch logisch begründete Wunschvorstellungen Erwachsener.

Wir sind keine Kinder mehr, und vollkommene Spontaneität ist uns ebenso fremd wie sie Kindern in reiner und unverfälschter Form nicht möglich ist. Aber in unserem Kampf um mehr Selbstliebe und Einfühlungsvermögen in uns selbst können wir so manches von Kindern lernen. Wir können profitieren, wenn wir ihr uneingeschränktes und ganz selbstverständliches Engagement für ihre eigenen Ideen, Gefühle und Wünsche beobachten. Diese Einstellung spiegelt eine bestimmte Art von Selbstrespekt wider, die nicht nur das „Ich möchte es, weil ich es möchte" ausdrückt, sondern in dem auch die Botschaft des *Ich-bin* deutlich wird. Dies bedeutet im wesentlichen, daß *ich* als Person zähle, daß alles zählt, was *in mir* ist und *von mir ausgeht,* und dies beinhaltet auch, was *ich möchte. Ich bin* eine Person und mache dies auf jede Art und Weise deutlich.

Die Möglichkeit, eine Wahl treffen zu können, ist als ein Privileg des Menschen bezeichnet worden. Es sind schon viele Arbeiten und Bücher über das Phänomen dieses Privilegs geschrieben werden. Ich interessiere mich hier speziell für die Wahl und die Entscheidung, die aus dem Geist der Selbstliebe heraus getroffen wird. *Auch diese Wahl im Sinne der Selbstliebe und eines Feingespürs für das eigentliche Selbst* ist ein Privileg des Menschen, aber nur dann, wenn diese Wahl eine *wirkliche Wahl* ist. Eine wirkliche Wahl bedeutet, frei zu sein von inneren und äußeren Zwängen. Eine Wahl, die auf der Angst vor Vorwürfen und vor dem Denken anderer Leute basiert, ist eine Scheinwahl; sie entspringt offensichtlich dem Selbsthaß und fügt diesem Selbsthaß zugleich neuen Haß hinzu. Die wirkliche Wahl im Geiste der Selbstliebe findet nur in einer Atmosphäre statt, die frei ist von Furcht, frei von vorweggenommenen und phantasierten Vorwürfen und Beschimpfungen. Der Vorgang der Entscheidungsfindung, bei dem man auf seine Gefühle hört und viele Schlußfolgerungen zieht, um dann endgültig die *eigene* Wahl zu treffen, ist außerordentlich wichtig, gleichgültig, um welchen Lebensbereich es sich handelt.

Natürlich ist der Aufwand an Zeit und Energie, den wir für die verschiedenen Probleme und Lebensbereiche aufwenden, unterschiedlich. Indem wir uns ein realistisches Maß für das Verhältnis von Aufwand und Nutzen bewahren, beweisen wir ebenfalls Selbstliebe. Alle Entscheidungen, die *ich selbst* treffe, tragen zu einem sehr wichtigen Prozeß bei: Wenn ich wähle, dann gebe ich immer etwas auf. Schließlich sage ich zu mir: „Indem ich dies wähle, habe ich mich entschieden, nicht das oder jenes zu tun." Dieses offene Aufgeben von Möglichkeiten, ohne daß wir uns deshalb vor Nackenschlägen fürchten, ist ein Akt gegen die Illusion von der eigenen Allmacht und gegen den Selbsthaß. Wenn wir unfähig sind, eine Entscheidung zu treffen, dann meistens deshalb, weil wir Angst haben, etwas aufzugeben, und weil wir uns vor Fehlern und Nackenschlägen fürchten. Wir wollen alles haben, wollen alle Strebungen in einem Konflikt zufriedenstellen, allmächtig sein und so die Notwendigkeit umgehen, entscheiden zu müssen. Aber wer kann alles zur gleichen Zeit haben?

Ich hatte einen Patienten, der sehr viele Dinge kaufen, aber kein Geld ausgeben wollte. Er sehnte sich in der Tat nach einer Position, die es ihm ermöglichte, alle zu bekommen, was er sich wünschte, und zugleich sein Geld zu behalten. Dadurch wären Selbsthaßattacken aufgrund von Entscheidungen, die sich nachträglich als „falsch" erwiesen, vermeidbar gewesen. Seine Unfähigkeit, Entscheidungen zu treffen und zu ihnen stehen zu können, spiegelte sich in fast allen Bereichen seines Lebens wider, wie bei fast allen entscheidungsschwachen Menschen. Seine „Entscheidungen" und „Wahlen" waren starre Schlußfolgerungen, die wenig oder nichts mit seinen individuellen Gefühlen zu tun hatten. Sie basierten im wesentlichen auf einer mechanischen Logik, mit deren Hilfe er sich Ärger vom Hals halten wollte.

Jedesmal, wenn wir uns *für* etwas und *gegen* etwas anderes entscheiden, dann fördern wir unsere Fähigkeit zur Demut. Als menschliche Wesen können wir nicht alles haben, da wir nicht allmächtig sind und es auch nicht sein wollen. Aber noch wichtiger ist, daß ich mich jedes Mal, wenn ich etwas wähle und etwas anderes dafür aufgebe, darin verbessere, meine eigenen Prioritäten deutlicher zu erkennen.

Indem wir eine Wahl treffen, tragen wir dauerhaft zum Aufbau unseres persönlichen Wertesystems bei; wir erkennen, an welcher Stelle sich bestimmte Dinge in unser Leben einfügen und welche Bedeutung sie dort gewinnen. Dieser Prozeß, eine Wahl zu treffen und Prioritäten zu setzen oder Hierarchien von Prioritäten festzulegen, ist außerordentlich wichtig zur Entwicklung unserer Durchsetzungsfähigkeit; er ist der Kern unseres Durchsetzungsvermögens.

Ich habe unzählig viele Patienten, die auf jede erdenkliche Weise manipulieren, nur um zu vermeiden, eine Entscheidung zu treffen. Ihre Manipulationen gipfeln dann meist darin, andere, vor allem ihren Therapeuten, dazu zu bringen, an ihrer Stelle zu entscheiden. Sie versuchen, Selbsthaß, den sie schon als Folge von Entscheidungen in der Vergangenheit kennengelernt haben, von sich abzuwenden. Autonomer Selbsthaß verlangt nach perfekten Entscheidungen, nach einer perfekten Wahl, und da keine menschliche Wahl perfekt ist, wird jede Entscheidung, die sie treffen, schlecht sein. Aber auch der Versuch, andere dazu zu bringen, für uns zu wählen, muß in jedem Fall als ein grausamer Angriff auf das eigentliche Selbst angesehen werden. Wenn ich es dagegen vorziehe, Entscheidungen ganz zu vermeiden, dann funktioniere ich nur aufgrund reduzierter Selbstwertgefühle, und dies wiederum trägt zu einem weiteren Abbau meines Selbst bei: Es bedeutet, daß ich meine Existenz, mich selbst als ein Ärgernis empfinde, daß ich mich als einen Eindringling und einen Fremden auf der Erde ansehe und daß meine Handlungen darauf abzielen, die Indizien meines Daseins vergessen zu machen oder zu vernichten.

Wenn ich sage „Ich wähle", dann bedeutet das zugleich auch „Ich ziehe es vor", und beides ist in der Tat fast austauschbar. Die Wendungen „Ich wähle" und „Ich ziehe es vor" drücken Durchsetzungsvermögen aus. Sich durchzusetzen ist immer ein Akt der Selbstliebe und des Gespürs für die eigenen Bedürfnisse. Durchsetzungsvermögen hat nichts zu tun mit Aggressivität. Niemand anders wird dadurch ausgestochen. Es ist eine dauerhafte Bestätigung meiner Existenz, und es entsteht aus Gefühlen der Sympathie für mich selbst, um meiner selbst willen. Deshalb ist der Akt des Wählens oder des Vorziehens, der mein *Selbst* nährt und am Leben erhält, tatsächlich ein entscheidender Akt der Selbstliebe und der Sympathie für mich selbst.

‚Wo ich bin, bin ich zu Haus'

Wo ich bin, bin ich zu Haus bedeutet, ich bin das Zentrum meiner Welt und auch das Zentrum der Welt überhaupt. Es bedeutet, daß ich, wo immer ich auch hingehe, mich selbst mitnehme. Ich lasse mich niemals im Stich! Wo schließlich ist das Zentrum der Welt, wenn nicht in mir? Jeder Mensch sollte von seinem eigenen Standpunkt aus das Zentrum seiner Welt sein. Dies ist nicht Größenwahn, denn dieser Standpunkt trägt bei zu einem menschenfreundlichen Wirklichkeitsverständnis. Er richtet sich gegen den Narzismus und steht dem, was wir als egozentrisch oder egomanisch ansehen, entgegen. Er ist auch antiprojektiv und antiphobisch.

Wer für sein Zentrum kein Gefühl hat und glaubt, sich immer am Rande seines eigenen Lebens zu befinden, meint auch, daß das wirkliche, lebendige Leben unweigerlich sehr weit von ihm entfernt ist. Wenn wir uns so fühlen, dann wird unser Selbstbewußtsein, das Gespür für unsere Identität, unsere innere Festigkeit und Ausgeglichenheit immer sehr leicht angreifbar und verletzbar sein. Dies trägt weiter dazu bei, daß wir die Verantwortung für uns selbst aus der Hand geben. Um Entscheidungen zu treffen, verlassen wir uns mehr und mehr auf die Reaktionen anderer Menschen, die uns dann das Gespür für uns selbst geben sollen. Dies löst Projektionen aus: Wir übertragen den Ursprung unserer Gefühle und Ideen auf andere. Wir begeben uns deshalb auf eine chronische Suche nach narzistischer Selbstbestätigung, nach Anerkennung und Unterstützung durch irgendwelche anonyme Menschen.

Diese Suche führt dazu, daß wir unserem Selbst einen künstlich hochgetriebenen Stellenwert zuordnen, was hinreicht bis zu Dimensionen des Größenwahns, damit wir uns selbst als wertvoller empfinden können.

Dieser Verlust des Gefühls für unser eigenes Selbst und diese selbsthasserische Schwerpunktverlagerung, bei der das Zentrum unserer Welt weit von uns selbst entfernt ist, bewirkt, daß wir uns überall als Fremde fühlen, sei es zusammen mit anderen oder allein. Jede Situation und jeder Ort sind uns fremd, so daß wir beginnen, uns zu ängstigen und häufig symptomatische Phobien als Antwort auf diese Angst entwickeln.

Vor kurzem konnte ich einen meiner Patienten aus der Gruppentherapie entlassen, die mehrere Jahre unter meiner Leitung stand. Einige gerieten in Panik. Sofort begannen sie, sich mit der Frage zu beschäftigen, welche neue Hierarchie in der Gruppe nun herrschen würde. Wer würde jetzt Erster, Zweiter, Dritter sein? Würde diese Hierarchie auf Intelligenz, auf Führungsqualitäten oder Schönheit basieren? Dies bedeutete nicht, daß man um Aufmerksamkeit oder um einen besseren Status „kämpfte". Es war vielmehr ein Ausdruck von Furcht, und es war der Versuch, sehr schnell wieder herauszufinden, wie man sich fühlen sollte. Das gewohnte Kräftespiel innerhalb der Gruppe war aus dem Gleichgewicht geraten. Einer hatte die Gruppe verlassen! Die innerlich Labilen, die nicht im Bewußtsein lebten, daß sie selbst das Zentrum ihrer Welt sind, glaubten ihre Identitätsstrukturen bedroht. Natürlich waren auch jene betroffen, die zu den innerlich Stabilen zählten, doch waren sie, nachdem jene Frau die Gruppe verlassen hatte, dieselben geblieben. Ihr Ich, ihre menschliche Substanz, war für sie keineswegs bedroht. Sie wußten, wo ihre Grenzen waren und wo die anderer begannen.

Wenn ein Mensch kein deutliches Gefühl für seine eigene Mitte und für seine Grenzen und seine Eigenständigkeit hat, dann empfindet er sich nur als einen Teil vieler, miteinander verschmolzener Menschen. Wenn wir unsere Identitätsgefühle nur in der Masse, „irgendwo draußen" zu finden versuchen, empfinden wir jeden Verlust, den die Masse erlebt, zugleich als einen Verlust für uns. Auch diese Betrachtungsweise grenzt beinahe an Größenwahn: Man fühlt sich wie die Menschengruppe, mit der man sich identifiziert. Dazu gehört auch eine verzerrte größenwahnsinnige Weltsicht: wir meinen, daß unser ganzes Tun von außerordentlicher Wichtigkeit ist; weil wir uns als Teil eines Ganzen empfinden, haben wir das Gefühl, für dieses Ganze außerordentlich wichtig zu sein. Dies kann sich in tiefen Hemmungen und sogar innerer Lähmung auswirken. Sie sind bezeichnend für den Prozeß des Verschmelzens miteinander, bei dem es nicht möglich ist, wirklich zueinander in Beziehung zu treten. Dazu sind nur zwei eigenständige Personen in der Lage.

Gruppenerfahrung findet andauernd statt. Wenn ich einen Raum betrete und mich sofort frage, wo ich bezüglich Geld, Aussehen, Intelligenz, sexueller Attraktivität, Größe oder anderer Dinge stehe, dann beweist das, daß das Zentrum meiner Welt nicht in mir ist, wie es eigentlich sein sollte, und daß ich alles unternehmen muß, um es (wieder) dort hinzubringen.

Wenn ich ein eigenständiger und unabhängiger Mensch bin, dessen Zentrum in sich selbst liegt, dann weiß ich, daß ich in der Lage bin, mit anderen fruchtbare Beziehungen zu unterhalten. Ich habe ein sicheres Gespür für mein eigenes Selbst, und ich habe kein Bedürfnis, die Verantwortung für mein Leben auf die anderen zu übertragen, *ihnen* meine Ideen aufzuzwingen, *sie* aufzusaugen oder von *ihnen* aufgesaugt zu werden. Ich interessiere mich nur für den

Austausch, der zwischen Menschen stattfindet, die eine eigenständige Persönlichkeit besitzen.

Weil das Zentrum meiner Welt immer in mir ruht und sich mit mir mitbewegt, sowohl in geographischer Hinsicht als auch in bezug auf andere Menschen, auf meine Arbeit und alle anderen Bedingungen, unter denen ich lebe, bin ich, wo auch immer ich bin, zu Hause. Ich habe das Streben nach übermenschlichen Qualitäten wie Märtyrertum, Unfehlbarkeit, Unsterblichkeit aufgegeben und habe das menschliche Leben wirklich akzeptiert. Daher bin ich zufrieden. Ich habe nicht das Bedürfnis festzulegen, wer ich selber bin im Verhältnis zu anderen. Ich beschäftige mich nicht damit, irgend etwas Besonderes darzustellen oder zu kaschieren. Da ich fähig bin, für meine Gefühle, meine Wahl, meine Entscheidungen und mein Leben die Verantwortung zu übernehmen, fühle ich mich wohl, fühle mich *dort zu Hause, wo ich bin.* Ich mache nicht den Versuch, vor mir davonzulaufen, indem ich von einem Ort zum anderen wechsle oder immer wieder neue Kontakte oder neue Jobs suche und Aktivitäten entwickle, die für mich nur noch Veränderung oder Flucht sind.

Wenn ich meine Situation verändere, dann deshalb, weil ich es wirklich möchte. Ich weiß, daß ich nicht vor mir selber davonlaufen kann und möchte es auch nicht. Im Gegenteil, das Bewußtsein, daß ich ich bin, ist eine große Beruhigung. Für mich selbst bin ich zusehends die beste Kraftquelle, je mehr ich es lerne, dem Selbsthaß entgegenzutreten. Menschen, die es nicht aushalten können, sie selbst zu sein, ruhen nicht in sich selbst. Sie besitzen keine innere Sicherheit, soweit ein Gefühl von Sicherheit überhaupt menschenmöglich ist. Da ich in meiner Mitte ruhe und nicht nur mühsam am äußeren Rand des Lebens hafte, bin ich auch nicht von der Furcht beherrscht, ins Nichts abzugleiten. Ich bin mein eigenes Zentrum. Wo ich bin, bin ich zu Hause.

Das Gefühl im Mittelpunkt meiner Welt zu stehen, gibt mir innere Sicherheit, die durch keine kulturelle Leistung, keine materiellen Besitztümer, keine Macht über andere und durch keine übermenschlichen Eigenschaften hervorgerufen werden kann. Auf diese Weise wird meine Fähigkeit, mich neuen Situationen anzupassen, entscheidend gesteigert. Ich kann ohne Furcht konstruktive Risiken eingehen, und so kann ich mich im Dienste meines eigenen gesunden Wachstums mit neuen Erfahrungen bereichern.

Lebe im Jetzt!

Lebe im Jetzt! ist die an mich selbst gerichtete, liebevolle Anweisung zu leben und mich des Lebens zu freuen *so wie ich bin, wo immer und wann immer ich lebe.* Ich werde mein Leben nicht aufschieben, weil ich nicht bin, was ich sein möchte. Zum Beispiel werde ich als Medizinstudent nicht warten, bis ich Arzt bin, um nach Glück und Befriedigung zu suchen. Wenn ich alleinstehend bin, dann werde ich nicht mein Leben aufschieben, um erst dann wirklich zum Leben zu erwachen, wenn ich geheiratet habe. Ich bin sehr viel mehr interessiert am *Sein* als am *Werden.* Dies schließt nicht aus, daß ich bestimmte Ziele habe und daß ich mich emotional, intellektuell und beruflich entfalten und entwickeln möchte. Aber ich lasse es nicht zu, daß diese Ziele und Pläne mein gegenwärtiges Dasein verarmen lassen, geschweige denn zerstören. Der äußerste Respekt für den Menschen, der ich jetzt bin, muß dem, was ich in Zukunft werden könnte, vorausgehen. Ebenso muß ich die Person respektieren, die ich in der Vergangenheit war.

Das Leben ist ein fortlaufender Prozeß, und ich bin die Summe all dessen, was ich bisher war. Letztendlich ist es für mich aber ausschlaggebend, in der Gegenwart zu leben. Sie sollte nicht durch die Vergangenheit oder die Zukunft herabgesetzt werden. *Sein* bedeutet für mich, jeden Augenblick für das, was ich bin, vollen Respekt zu empfinden und so, wie ich bin, das Leben voll auszuleben. *Hier* bezieht sich auf jede erdenkliche Situation, in der ich mich augenblicklich befinden mag, es bezieht sich auf mein Verhältnis zu anderen Menschen, auf meine Arbeit, auf die Situation, in der ich augenblicklich lebe. Wiederum lasse ich es nicht zu, daß andere Orte oder Situationen, vergangene oder zukünftige oder nur eingebildete, mein gegenwärtiges *hier* herabsetzen und entwerten.

Wenn ich im Winter in New York bin, dann werde ich es nicht abwerten und von meinem Heim in Florida träumen. Wenn ich die

Möglichkeit habe, nach Florida zu kommen und mich entschließe, dorthin zu fahren, dann werde ich New York so intensiv wie möglich genießen, bis ich wirklich abfahre, ich werde die Fahrt nach Florida ebenso genießen, und wenn ich in Florida bin, werde ich mir den Aufenthalt dort nicht verderben, indem ich an New York denke. Wenn ich nicht hinfahren kann, dann freue ich mich darüber, in New York zu sein. Ich werde mich nicht selbst arm machen und berauben, indem ich den Ort, an dem ich gerade bin, oder auch das, was ich tue oder was ich habe, schlecht mache. Ich fahre das Auto, das ich augenblicklich habe, bis ich ein neues bekomme, und freue mich, wenn ich es bekommen habe. Welches Auto ich augenblicklich fahre, ist für mich wichtiger, als das Auto, das ich noch nicht besitze. Genauso werde ich mir die Befriedigung, die mir meine Arbeit gibt, nicht dadurch verderben lassen, daß ich mich Phantasien hingebe, die augenblicklich nicht realisiert werden können.

Die wichtigste Zeit meines Lebens ist die Gegenwart, der Augenblick, das Jetzt. Das *Jetzt* darf in seinem Wert nicht herabgesetzt werden. Mein Jetzt ist mir heilig, und ich würdige es, indem ich mich völlig darauf konzentriere. Dies bedeutet nicht, daß ich mich andauernd selbst beurteile und abschätze, wie gut ich meine Zeit im Dienste der Leistung nutze. Aber es ist mir wichtig, meine Zeit so zu verbringen, daß ich zufrieden sein kann.

Ich werde meine gegenwärtige Lebendigkeit nicht abtöten, weil ich ungeduldig auf das Morgen warte. Ich versuche nicht, mir etwas vorzumachen, ein Leben in der Welt meiner Gedanken zu führen, um die Zukunft, von der ich Großes erwarte, schneller zu erreichen. Ich verschwende nicht meine Lebenszeit mit nutzlosen Selbstanklagen wegen meiner Vergangenheit und mit sorgenvollem Grübeln über die Zukunft.

Es gibt nichts anderes als das Jetzt. Die Vergangenheit ist vorbei, und die Zukunft liegt vor mir. Ich weigere mich, diesen Tag so zu leben, als sei er mein letzter oder der einzige in meinem Leben. Diese Sichtweise ist zu überspannt, und sie setzt mich unter Druck. Sie trägt Züge von Selbsthaß, und ich vermute, daß die dahinterstekkende Motivation ein Bedürfnis nach selbsthasserischer, unangemessener und übertriebener Leistung ist. Ich ziehe es vor, diesen Tag als den ersten Tag meines Lebens anzusehen. Dieser erste Tag ist voller wunderbarer Ereignisse, voll von Plänen und Interessen. Durch diese Sichtweise bin ich Herr meiner Zeit und nicht ihr Sklave.

Obwohl für mich nichts anderes zählt als das Jetzt, ist es doch nicht ewig. Das bedeutet, daß ich die Gegenwart genieße, so gut ich kann, und mir bewußt bin, daß eine Veränderung in anderen Gegenwarten möglich ist. Auf diese Weise sehe ich mein Leben als einen fortlaufenden Prozeß und nicht als eine statische, abgeschlossene Einheit. „Wie lange dauert jetzt?", ist eine interessante Frage, und ich bin sicher, daß sie Stoff vieler philosophischer Diskussionen sein könnte. Hierzu möchte ich nur sagen: Wenn wir sehr zur Verdrängung neigen und nicht fähig sind, unser eigentliches, inneres Selbst zu aktivieren, kommt uns das *Jetzt* wie eine Reihe winziger isolierter Segmente vor. Es scheint, als wäre das Leben in „gut" und „schlecht" aufgespalten, als gäbe es viele, qualitativ verschiedene, aber weitgehend verarmte und verkürzte Gegenwartsabschnitte. Indem wir unser Selbst akzeptieren, das dazu beiträgt, daß wir bewußter leben, daß wir alle Aspekte unseres Selbst integrieren und daß wir fähiger werden, unsere Welt und unsere Zeit deutlicher wahrzunehmen, nehmen wir einen ganz anderen Standpunkt ein. Dies bezieht sich vor allem darauf, wie wir unserem gegenwärtigen Leben gegenüberstehen. Wir empfinden dieses Jetzt als ein Kontinuum, wir erleben es intensiver, es bekommt mehr Verweil, dauert länger an als die vielen vorüberbrausenden Segmente. Das Jetzt versteht alle Erfahrungen, gute oder schlechte, als einen Teil des Lebensprozesses. Die Möglichkeit, unser ganzes Selbst anzuzapfen, indem wir das *Jetzt* wahrnehmen, es empfinden, spüren und leben, und die Fähigkeit, alle Ereignisse und Erfahrungen des Lebens als eine Dreingabe unseres Daseins anzusehen, verlängert und bereichert unser gegenwärtiges Leben.

Lebe im Jetzt! Wenn wir dieser Aufforderung Folge leisten, wirken wir selbsthasserischen Vorstellungen, Selbstanklagen wegen verpaßter Gelegenheiten und vergeblichem Warten auf das wirkliche Leben entgegen. Im Hier und Jetzt zu leben verhilft dazu, das

Leben mit dem zu bereichern, was verfügbar und möglich ist. Es ist das Gegenteil von Resignation. Wer resigniert, dessen Gefühle verarmen; er verwendet seine ganze Energie darauf, an einem Status Quo festzuhalten, und damit wertet er das Leben, das die Chance der Veränderung bietet, ab. – Lebe im Jetzt! Wer diese Aufforderung befolgt, führt ein reiches Leben, das ihm inneres Wachsen ermöglicht.

Der Weg ist das Ziel

Das Leben ist ein Prozeß ständiger Entwicklung. Dies gilt für die biologischen Vorgänge und Gefühle, für die Beziehungen der Menschen untereinander und für alle Erfahrungen, die Menschen machen. Das Leben ist kein Produkt. Es ist nicht statisch. Es bewegt und verändert sich fortwährend, und die wichtigste Entwicklung ist die Entfaltung meines eigenen Lebens, meiner eigenen lebendigen Erfahrungen, die alles umfassen. Ich stehe zu jeder Zeit in der Mitte meines Lebens. Ich bin wenig interessiert an Einleitungen und Abschlüssen wie zum Beispiel Grabreden. Was mich am meisten interessiert, ist die Mitte, die Hochzeit des Lebens. Sie ist der wesentliche Teil meines Lebens.

Was immer ich tue, in welcher Situation ich mich gerade befinde, was immer meine augenblicklichen Erfahrungen sein mögen – der Vorgang selbst ist nicht nur wichtiger als das angestrebte Ziel oder die vollbrachte Leistung oder das anzufertigende Produkt. Der Vorgang *ist* das Produkt. Das Produkt könnte nicht sein ohne den vorhergegangenen Entscheidungsprozeß. Das Produkt verkörpert den Vorgang, spiegelt ihn wider. Der Weg ist das Ziel. Wenn der Entwicklungs- oder Produktionsprozeß zugleich auch das Produkt ist, dann können uns Leistungen oder nicht erbrachte Leistungen, ein Erfolg oder ein Fehlschlag, gute Resultate oder schlechte Resultate nicht der Zeit oder der Energie oder der individuellen Fähigkeiten berauben, über die wir in unserem Leben verfügen.

Der Vorgang, ein Buch zu schreiben, ist wichtiger als das fertige Buch, ganz abgesehen vom Erfolg oder Mißerfolg, den es nach seiner Veröffentlichung hat. Es gäbe kein Buch, wäre es nicht geschrieben worden. Wenn ich schreibe, dann geht es um weitaus mehr als nur um ein Buch, das schließlich nur ein Endprodukt des Schreibens ist. Während ich das Buch schreibe, lebe ich, wachse ich, aktiviere ich meine inneren Quellen und Fähigkeiten, verändere ich mich, bringe mich selbst ein, kämpfe ich, produziere ich. Ich lebe und bedarf keines Buches, ich brauche auch keine Ziele zu erreichen, um zu beweisen, daß ich etwas geschrieben habe und daß ich lebendig bin, weil der Vorgang nichts ist als das Produkt. In der darstellenden Kunst verhält es sich ganz ähnlich. Der Tänzer gibt sich dem Tanzen hin, gleichgültig, ob der Tanz für einen Film festgehalten wird oder nicht. Der Vorgang ist alles. Jetzt könnte man fragen: „Ist es Ihnen denn gleichgültig, wie das fertige Buch bei den Lesern ankommt?" Natürlich ist mir das nicht gleichgültig. Aber zu dem Zeitpunkt, wo ich mich mit der Resonanz und dem Absatz des Buches beschäftige, gebe ich mich einem ganz anderen Vorgang hin.

Wenn ich mir während des Entstehungsprozesses, des Schreibens oder Tanzens, Gedanken mache um einen Absatz des Buches oder um die Frage, wie die Zuschauer meinen Tanz aufnehmen werden, dann zersplittere ich mich und entziehe dem Entstehungsprozeß wichtige Energien. Zu tanzen und zugleich die Reaktion des Publikums zu beachten, stört meine völlige Hingabe.

Wenn ich meine Energie in den Vorgang selber und nicht in das Produkt investiere, dann ist dies echte Selbstliebe und wahre Sympathie für mich selbst – ein Mittel gegen den Selbsthaß. Schon die üblichen Aktivitäten, die das Leben mit sich bringt, sind eine Bereicherung. Es bedarf keiner unerreichbaren und fortgesetzten Gipfelerlebnisse, um lebenswert und reich zu sein. Indem wir unsere Energie auf den Vorgang und nicht auf das Produkt konzentrieren, kann weder Konkurrenzdenken aufkommen, das die Kommunikation mit anderen beeinträchtigt, noch die Illusion, mit dem Produkt äußerst erfolgreich zu sein. Wenn wir die vom Entstehungsprozeß ablenkenden Zielvorstellungen aus unseren Gedanken streichen, können wir keinen Selbsthaß entwickeln, falls wir sie nicht erreichen, denn es hat sie nie gegeben. Sich auf den

Vorgang, das Werden und Entstehen zu konzentrieren, ist eines der besten Gegenmittel gegen destruktive und sehr schmerzhafte Stimmungsumschwünge.

Wenn wir die Werturteile und Beurteilungen, *die ein von Zielen oder Produkten beherrschtes Leben mit sich bringt,* fallenlassen, dann befreien wir uns selbst von destruktiver Erfolgsorientierung und von deren selbsthasserischen Konsequenzen. Dies ermöglicht es uns und ermutigt uns, hier und jetzt zu leben und unser Glück, unsere Zufriedenheit im Hier und Jetzt zu suchen. Wenn wir unser Leben Schritt für Schritt miterleben, haben wir keine Zeit, uns ein anderes Leben auszumalen und in diesen Vorstellungen zu leben. Wir würden damit nur unsere Kräfte und Möglichkeiten sinnlos verschwenden. Selbst wenn wir unmögliche Ziele gelegentlich sogar erreichen, dann ist die Befriedigung, die wir daraus ziehen können, doch nicht genug, wenn wir nicht schon vorher, während wir auf dieses Ziel zugingen, ein Gefühl der Zufriedenheit hatten. Indem wir unser Leben als Vorgang und Entwicklung empfinden, schützen wir uns gegen die schmerzhaften Rückfälle unrealistischen Erfolgsstrebens, wir gehen dem Stachel der sogenannten Fehlschläge aus dem Weg und bereichern und stärken unser Selbst in dem Maße, wie wir aus unserem alltäglichen Leben eine Befriedigung ziehen.

Ich tue immer mein Bestes

Ja, ich tue wirklich immer mein Bestes. Was immer ich auch tue, es ist immer der Ausdruck meines Ich, meiner Persönlichkeit. Was ich zu geben habe, ist immer das Beste in jedem Augenblick. Mein persönliches Wertesystem besteht aus Selbstliebe und der Fähigkeit, mich selbst annehmen zu können. Mein Herz ist das beste Herz, mein Kopf der beste Kopf, mein Gedanke der beste Gedanke, und ich könnte nicht besser handeln als ich es augenblicklich tue.

‚Am besten', ‚am schlechtesten', ‚gut', ‚schlecht' sind Qualität beschreibende Wörter. Sie gehören einem Wertesystem an, das mir von außen auferlegt wird. Ich selbst lehne es aber ab, mich selbst zu beurteilen. Ich lebe glücklicher, wenn ich zunächst einmal annehme, daß mein Tun der beste Ausdruck meiner Persönlichkeit ist, der mir im Moment möglich ist. Wenn ich meine Zeit darauf verwende, meine Gedanken, Gefühle, meine Entscheidungen und Handlungen zu beachten und zu überprüfen, dann nicht, um mich selbst zu beurteilen oder um einzuschätzen, welchen Eindruck ich mache. Es geschieht, damit ich mich selbst besser verstehe und damit ich mich selbst noch unvoreingenommener akzeptieren kann. Es mag wohl sein, daß jemand anderes mich und meine Handlungen auch als das Beste, was ich zu geben habe, akzeptiert – oder auch nicht.

Da das Leben nicht statisch ist, da ich immer in einem Vorgang und in einem Zustand des Wandels begriffen bin, bin ich vielleicht morgen schon ganz anders, und das Beste, was ich zu geben hatte, mag morgen vielleicht schon ein ‚anderes Bestes' sein. Sollte dies zutreffen, dann habe ich keine anderen Beurteilungskriterien erworben, sondern habe mich verändert und drücke mich deshalb anders aus. Und trotzdem kann ich mich selbst annehmen, nach wie vor. Es gibt nichts, wofür ich mich hassen müßte. Mein ganzes Tun ist Ausdruck meiner Persönlichkeit.

Dies bedeutet keineswegs, daß ich versuche, der Verantwortung auszuweichen oder sie abzuschwächen. Im Gegenteil, indem ich mich selbst akzeptiere, beweise ich allergrößte Verantwortungsbereitschaft. Wenn es keine Werturteile mehr gibt, bedürfen wir keiner Entschuldigung mehr, wir können es wagen, uns liebevoll zu prüfen, weil es keine Strafe mehr gibt. Mit positiver Einstellung werden wir dann die Verantwortung für uns annehmen, und es wird uns leichter fallen, stets unser Bestes zu geben. Sollten wir eines Tages das Gefühl haben, dieses Beste verändern zu müssen, dann bedeutet dies vielmehr, daß wir unser persönliches Wertesystem ändern müssen. Nur dann wird es uns wieder möglich sein, erneut unser Bestes zu geben. Jede Veränderung muß konstruktiv angegangen werden. Wir müssen das Gefühl haben, daß wir unser Bestes getan haben, dann nur findet die Veränderung im Einklag mit unserem Selbstwertgefühl und unserer Würde statt. „Ich tue immer mein Bestes" ist eine entscheidende Waffe gegen jede Selbsthaßattacke.

Verträge, Logik und Beständigkeit, innere Ausgeglichenheit

Ich bin ein menschliches Wesen, bin voller unlogischer und in sich widersprüchlicher Gefühle, Gedanken, Ideen und Bestrebungen. Viele dieser unlogischen und in sich widersprüchlichen Aspekte stehen in enger Verbindung zueinander; alle Schattierungen vom Einfachsten bis zum völlig Komplizierten gehören ebenfalls dazu. Etwas anderes zu erwarten würde bedeuten, von uns selbst das Unmenschliche zu verlangen. Diese unlogischen und in sich widersprüchlichen Aspekte zeigen, daß ich ganz einfach *menschlich* bin.

Alle anderen Geschöpfe auf der Erde sind erheblich leichter einzuschätzen, ihre Aktionen sind vorhersagbar; vor allem deshalb, weil ihre Aktionen und Reaktionen außerordentlich logisch sind. Ich dagegen bin in meinen Gefühlen und Stimmungen im Vergleich zu allen anderen Kreaturen außerordentlich komplex und veränderlich.

In mir sind Gefühle des Hasses und der Liebe, Gefühle von Besitzgier, von Großzügigkeit, von Bitterkeit, Verfolgungswahn, von Offenheit und Altruismus, Gefühle von Eifersucht, Neid, innerer Sicherheit und viele andere mehr. Sie sind in mir alle zu gleicher Zeit vorhanden. Sie bestehen nebeneinander, und es gibt sie niemals in reiner Form. Sie treten immer kombiniert auf, und ihre Strukturen sind mindestens ebenso kompliziert wie der biochemische Aufbau eines Lebensmoleküls.

Die Komplexität und Verschiedenheit meiner Gefühle werden weiterhin durch ihre unterschiedliche Intensität, mit der sie zu Tage treten können, gesteigert. Meine Gefühlsskala kann schwanken von einer unmerklichen Gereiztheit bis hin zu rohem, wütenden Haß. Ich kann ein ganz leises Gefühl von Besitzerstolz haben oder auch Empfindungen von bitterem Chauvinismus und krassem Besitzanspruch. Die Komplexität meines Seelenlebens und meines Lebens als kommunizierendes Wesen wird noch dadurch gesteigert, daß die Menschen, mit denen ich Kontakt habe, ebenso komplex sind wie ich selbst. Wir sind untereinander in Berührung, wir leben in dem Kulturkreis, in den wir hineingeboren wurden. Ständig beeinflußt er uns in unserem Denken, Fühlen, Handeln, und ständig wirken wir auf diesen Kulturkreis zurück. Nichts, was in uns vorgeht, bleibt bestehen. Alles ist im Fließen begriffen: die lebende Zelle, das Molekül des Lebens ebenso wie das Universum, in dem wir leben.

Nach Logik, innerer Übereinstimmung und Dauerhaftigkeit zu verlangen, nach festen Verträgen, unwiderruflichen Entschlüssen, klaren Entscheidungen und Ideen, nach vorhersagbaren, festen Verhaltensmustern, einer vollkommenen Eindeutigkeit und Klarheit der Ziele und einfach ableitbarer und erklärbarer Gefühle, die frei sind von Ambivalenz und Doppeldeutigkeit in einer Welt, die jede Sekunde komplizierter wird – nach diesen Dingen zu verlangen bedeutet, daß wir nach einem Zustand streben, der dem Status einer Person nicht entspricht und sogar in krassem Widerspruch zu ihr steht. Es bedeutet auch, daß wir nach einem Todesurteil verlangen.

Es ist wahr, daß menschliche Inkonsequenz und Widersprüchlichkeit häufig unseren kulturellen Regeln und Vorschriften im Wege stehen und daß die Anforderungen, die unser kulturelles Umfeld an uns stellt, häufig für uns das Leben fast unmöglich machen, da darin oft so wenig Verständnis und Sympathie für unsere enorme Sensibilität und Verletzlichkeit mitschwingt. Aber diese Komplexität der Gefühle, diese Doppeldeutigkeiten und Widersprüchlichkeiten machen es uns möglich, als die Geschöpfe auf der Erde zu überleben, die in ihrer Kommunikation und Komplexität am interessantesten sind – und dies sage ich mit allem Respekt vor den neuesten Forschungsergebnissen über Wale und Delphine. Unser komplexes inneres System von Myriaden von Rezeptoren, Generatoren und Gefühlsüberträgern macht es uns nicht leicht, aber es verleiht uns nicht nur unsere Einzigartigkeit, sondern es macht auch ein Überleben möglich. Unsere Komplexität macht es uns schwer, zu wählen und Entscheidungen zu treffen; wir tragen deshalb Kämpfe mit uns selbst und mit anderen aus. Manchmal sind diese Kämpfe zerstörerisch, aber sie geben uns auch die Möglichkeit zu überleben.

Dieser äußerst komplexe Bereich birgt ein riesiges Reservoir menschlicher Substanz mit unendlichen Kombinationsmöglichkeiten, die uns enorme Flexibilität verleihen. Sie macht uns zu Geschöpfen, die zum Lesen und zum Schreiben fähig sind; zu einzigartigen Erfindern, zum Schöpfer und Nutznießer von Medizin, Maschinen und all den anderen Dingen, die wir zur Erleichterung und Verbesserung unseres Lebens entwickelt haben.

Dies bedeutet, daß genau jene Fähigkeiten, die uns einerseits belasten und „Kämpfe" in uns hervorrufen, uns andererseits zu enormer Anpassungsfähigkeit verhelfen. Häufig ist die Notwendigkeit, sich anzupassen, noch gar nicht gegeben, unsere Anpassungsfähigkeit fühlt sich nicht im geringsten angesprochen, aber der Versuch, unerwünschte, vor allem gemischte und in sich widersprüchliche Gefühle zu vernichten, ist verlockend, ebenso Schwarzweißmalerei zu betreiben, Gefühle aufzusplittern und sie in getrennte Schubladen zu packen, weil wir einen schmerzhaften inneren Kampf zu vermeiden versuchen. Doch es klappt nicht.

Scheuklappen sind für Pferde gemacht, und wir legen sie Pferden an, damit sie nicht in Panik geraten. Menschen empfinden häufig Panik, wenn unerwünschte Gefühle hochkommen, manchmal in Form von seltsamen Gedanken und Ideen, die nicht zu der anscheinend klaren und verständlichen Situation passen wollen.

Aber dieses scheinbar konfuse Gemenge ist in Wirklichkeit der Nährboden für die kreativen Anstrengungen des Menschen, die ihn so anpassungsfähig machen. Anpassungsfähigkeit ist der Schlüssel zum Überleben, ohne ihn werden wir ausgelöscht werden. Wenn wir versuchen, zu stark zu vereinfachen, Schwarzweißmalerei zu betreiben, Dinge gegeneinander abzuschotten (mit dem Vorwand, sie dadurch zu fördern), dann ist die Wirkung schließlich nichts anderes als Verstümmelung und Lähmung.

Letzte Weichheit und Glätte, ein vollkommenes Fehlen eines inneren Konflikts und innerer Widersprüchlichkeit und andauernde Hingabe sind nur im Tode selber zu finden. Dies heißt nicht, daß innere Konflikte und innerer Aufruhr nicht auf ein erträgliches Maß reduziert werden können. Wenn wir es aufgeben, nach vollkommenem inneren Frieden und nach Perfektion und nach allem, was überhaupt erreichbar ist, zu streben, dann beginnen wir erst, uns relativ wohl zu fühlen. Aber dieses Wohlbehagen kann nur relativ sein. Dies zu wissen ist von unmittelbarem Wert, wenn wir den Selbsthaß, der aus unerfüllbaren Erwartungen resultiert, reduzieren wollen. Wenn wir dem Kapitän des Schiffes helfen, eine Entscheidung zu treffen, und wenn wir ihm helfen, einige unserer Wünsche aufzugeben – und dies ist bei jeder Entscheidung notwendig –, ohne daß ein Rest von Bitterkeit bleibt, dann fördern wir unser Wohlbehagen und unseren Frieden. Wenn wir unsere Selbstliebe und die Sensibilität für unser wirkliches Selbst stärken und damit den inneren Konflikt zwischen Selbstliebe und Selbsthaß auflösen, dann bestärken wir zwar unseren inneren Frieden, aber er wird nie endgültig sein.

Wenn ich von menschlicher Widersprüchlichkeit und Inkonsequenz spreche, fällt mir eine Erfahrung ein, die ich vor kurzem gemacht habe. In den Fernsehnachrichten sah ich einen Film über das Elend arabischer Flüchtlinge. Ich empfand sofort großes Mitgefühl für jene leidenden Menschen. Dann wurden Filme über die großen Schwierigkeiten gezeigt, mit denen die Bevölkerung zurechtkommen mußte. Ich empfand große Sympathie für das leidgeprüfte Volk, Wut auf die Rädelsführer des Kriegs.

Nach einigen Minuten wurde dies Gefühl schwächer, und ich dachte über die Bedingungen nach, unter denen Menschen leben, über uns, über den Zustand der Welt im allgemeinen und darüber, welche großen Schritte wir noch im Bereich der gegenseitigen Verständigung und hinsichtlich der Beziehungen der Menschen untereinander machen müssen. Jetzt fühlte ich Trauer für jene, die an diesen Überfällen teilnahmen. Ich fragte mich schließlich, auf welcher Seite ich wäre und zu wem ich zählen würde, wenn es darauf ankäme. Ich wußte, daß man mich sicherlich im Lager der Angegriffenen würde finden können, obwohl ich auch Verständnis zu haben glaubte für die Angreifer und, bis zu einem gewissen Grade, für das Leiden aller Beteiligten.

Ich habe keine Schwarzweißmalerei betrieben. Ich habe bei dem Versuch, Stellung zu beziehen, keine Gefühle abgetötet oder abgestoppt, um mir die Entscheidung leichter zu machen. Ich habe die vollkommen menschliche Fähigkeit des Einfühlungsvermögens angewandt. Sie fordert nicht das Opfer des einen Extrems zugunsten eines anderen. Das menschliche Einfühlungsvermögen ermöglicht es uns, Verständnis aufzubringen für Widersprüchlichkeit, Unreinheit, Inkonsequenz und sogar Wechselhaftigkeit, so daß ich ihretwegen keine Schuldgefühle oder Gefühle von Selbsthaß zu haben brauche.

Wenn ich meine Gefühle akzeptierte, dann nicht deshalb, weil sie besonders tugendhaft oder edel gewesen wären. Mein Akzeptieren basiert auf dem Wissen, daß ich als Mensch ein komplexes Wesen bin, und ich wies es absolut zurück, bei mir selbst eine „Gehirnoperation" durchzuführen, indem ich bestimmte Aspekte meiner Persönlichkeit und die Art, wie ich in einer bestimmten Situation reagiere und empfinde, abtötete. Für diese Freiheit muß ich sowohl gegen jeden selbsthasserischen inneren Zwang kämpfen als auch gegen jeden Druck von außen, der mich in eine andere Richtung zwingen will. Dies ist das Gegenteil des ‚Doppeldenkens' und der Gedankenkontrolle, die Orwells ‚Großer Bruder' in *1984* praktiziert. Es ist einer der wesentlichen Aspekte der Freiheit, ein Mensch zu sein, und es ist ein sehr wichtiger Bestandteil des Kerns der Selbstliebe.

Als Mensch *muß* ich es absolut ablehnen, irgendeinen Vertrag abzuschließen, in dem reine, unvermischte Gefühle verlangt werden oder auch das Versprechen, daß ich für immer in einer bestimmten Weise fühlen, denken und handeln werde. Ich weiß, daß solch ein Vertrag im besten Falle ein oberflächliches und falsches Machwerk wäre und daß er im schlimmsten Falle mich an meinem eigentlichen Menschsein hindern und zum Selbsthaß führen würde. Dieser Vertrag würde bedeuten, daß ich sofort Teile meiner Persönlichkeit und meine menschliche Reaktionsweise aufgeben würde. Veränderungen der Stimmung, der Gefühle, der Bedürfnisse und Sehnsüchte sind typisch für die Gegebenheiten, mit denen Menschen leben, vor allem wenn ein Mensch innerlich relativ gesund ist und sich eine gute Portion Lebendigkeit erhalten hat. Solch ein Dauervertrag über die Beständigkeit und Reinheit von Gefühlen muß unweigerlich früher oder später gebrochen werden, und ein solcher Bruch wird dann sicherlich Schuldgefühle, Selbstanklagen und Depressionen nach sich ziehen. Die besten Entscheidungen basieren auf Gefühlen, das heißt, sie kommen aus uns selbst. Weiter ist es in Ordnung, unsere Gefühle zu respektieren und Entscheidungen zu treffen, die der Ausdruck unserer Gefühle sind, aber wir brauchen uns längst nicht für alle Zeiten an diese Entscheidungen gebunden zu fühlen. Gefühle ändern sich und daß sich unsere Entscheidungen entsprechend ändern, ist nichts als der Ausdruck gesunder Flexibilität.

Ich muß darauf bestehen, daß ich ein Recht auf Veränderung meiner Gefühle habe, daß sich diese Gefühle sogar vollkommen umkehren können. Ich muß auf dem menschlichen Recht, meine Meinung ändern zu können, bestehen. Dies ist nicht der Beweis für Schizophrenie und Schwäche oder fehlendes Engagement. Es ist der Beweis dafür, daß ich ein lebendiges, flexibles, anpassungsfähiges menschliches Wesen bin, das andauernd neue Informationen empfängt, das diese Informationen immer wieder neu sammelt, neu einschätzt und ordnet und dessen Gefühle vielfältig und verschieden sind.

Natürlich ist es der Kapitän des Schiffes, der letztendlich auswählt und entscheidet. Wechselhaftigkeit als Ausflucht, um niemals eine wirkliche Entscheidung treffen zu müssen, ist sicherlich destruktiv. Aber die Entscheidungen können tatsächlich leichter und klarer werden, wenn wir wissen und es uns zugestehen, daß wir das Recht haben, uns zu ändern. Wir dürfen uns nicht die schreckliche Vorstellung einreden, daß Entscheidungen für die Ewigkeit getroffen werden müssen.

Ich bestehe auf dem Recht, die Vielfalt meiner Gefühle, Stimmungen, Gewißheiten, Ungewißheiten und Verwirrungen in allen Nuancen und Schattierungen zu erleben. Ich weiß, daß ich mich nur hinter einer Maske verstecke, wenn ich von mir selbst sofortige Klarheit verlange; hinter dieser Maske versteckt sich chronische Konfusion, bei der ich niemals zu einer wirklichen Klarheit oder Entscheidung gelange. Ich weiß, daß die Verwirrung, die ich mir zugestehe, die ich innerlich sogar voll auslebe und unterstütze, der einzige Weg zu einer wirklichen Neueinschätzung ist und zu einer wirklichen Klärung führt.

Wenn ich darauf bestehe, sofort Klarheit zu finden, dann geht es mir nur darum, mich selbst zu täuschen und mich irgendwie durchzubeißen. Wenn ich Konfusion zulasse, dann wird sich die Verwirrung lösen, so daß ich wieder zu mir selbst finden und mich annehmen kann. Es ist beängstigend, loszulassen und die eigene Verwirrung deutlich zu spüren, aber dies ermöglicht erst das Aufkommen der Klarheit, die zu einer wirklichen inneren Stärke führt.

Viele Patienten gebrauchen den Begriff ‚Zusammenbruch', wenn ihre neurotischen Verteidigungsmechanismen und Verhaltensmuster einstürzen. Es ist möglich, daß sie dabei beträchtliche Angst und Schmerz empfinden, aber schließlich werden sie dadurch zu einer wirklichen Klärung, Stärkung und Neueinschätzung gelangen. Wenn wir von vornherein zulassen, daß wir alles fühlen, und wenn wir uns andauernd auf diese vielen Gefühle einlassen, dann vermeiden wir häufig die Notwendigkeit massiver, schmerzhafter Zusammenbrüche.

Unsere Forderung nach Klarheit und innerer Logik schafft häufig überflüssige Verwirrung und sogar Angst und Schrecken. Wir werden verwirrt, wenn wir dem Unerwarteten begegnen. Manchmal sind wir entsetzt, weil wir das antreffen, was nach unserer eigenen Überzeugung nicht da sein dürfte. Ich glaube, daß solch eine innere Widersprüchlichkeit die Grundlage ist für erfolgreiche Horrorgeschichten und Horrorfilme. Sie bauen auf der Tatsache auf, daß wir Widersprüchlichkeiten, die sehr nahe nebeneinander existieren, von uns wegschieben. Da die meisten von uns innerlich darauf bestehen, daß in sich widersprüchliche Kräfte nicht existieren dürfen, rufen solche Geschichten und Filme eine Reaktion von Angst und Schrecken hervor. Ganz offen werden dort Elemente zusammengemischt, die nach unserer Überzeugung niemals in menschlichen Wesen zusammen anzutreffen sind und die in uns selbst Schreckensreaktionen hervorrufen, wenn dadurch unsere eigenen inneren Widersprüchlichkeiten aufgewühlt werden. So wechseln in solchen Filmen und Geschichten die Lebenden und die Toten einander ab, (keiner von uns erwartet, daß wir relativ lebendige und relativ abgestumpfte und abgetötete Gefühle in uns vereinen!), ebenso treten die Schönen und die Häßlichen nebeneinander auf (Wer von uns hat nicht sowohl schöne als auch absolut häßliche Gefühle?), die Unschuldigen gehen mit den Bösen einher, die Übermächtigen mit den Verletzlich-Hilflosen.

Aber wir brauchen nicht einmal Horrorgeschichten oder Filme, um in uns einen Zustand von chronischem inneren Schrecken zu erzeugen. Wenn wir versuchen, Gefühle und Gedanken zu unterdrücken und aus dem Weg zu räumen, die unvereinbar sind mit unserer konstruierten Vorstellung von uns selbst und der Welt, dann wird sicherlich Widerwillen, Entsetzen und sogar Panik entstehen, wann immer diese Widersprüchlichkeiten an die Oberfläche zu kommen drohen. Unterdrückte Gefühle brechen dann ganz plötzlich hervor und verursachen unerwünschte und unverständliche Handlungen. Wenn wir ganz und gar zu unserer Persönlichkeit stehen und sie achten, dann können wir Ekel, Selbsthaß, Entsetzen und Schrecken aus unserem Leben verbannen. Wir sind nun einmal sehr komplexe Wesen. Aber wenn wir diese Komplexität respektieren, dann können wir auch das in uns Widersprüchliche und Unlogische akzeptieren.

Nein

Jeder muß das Recht haben, „nein" zu sagen. Nur ich selbst kann mir dieses Recht zugestehen. Wenn ich von diesem Recht aber Gebrauch mache, dann nicht aus allgemeinem Negativismus. Willkürlich nein zu sagen, ohne zu überlegen, was ich wirklich will, widerstrebt mir. Mein „Nein" ist der Ausdruck von Selbstachtung und Liebe zu mir selbst. Es entspringt den stärksten positiven Gefühlen, die ich für mich selbst aufbringen kann; es stellt sich gegen die Kräfte in mir oder um mich herum, von denen ich erkenne, daß sie mein Wohlbefinden stören. Dieses *Nein* zeigt, daß ich erwachsen bin. Dieses *Nein* gibt meinem *Ja* seine Bedeutung.

Ohne dieses *Nein* besitze ich keine gesunde, selbstschützende Verteidigungsstrategie gegen meine infantilen Eigenheiten. Diese infantilen Züge verlangen nach Befriedigung aller Impulse und Sehnsüchte, nach Perfektion in allen Bereichen meines Lebens (perfekter Sohn, Vater, Bruder, Arzt), Befriedigung aller Aspekte jedes einzelnen Konflikts, in dem ich mich befinde, so daß es nicht notwendig ist, daß ich konstruktive, reife, aber auch schmerzhafte Entscheidungen fälle. Sie resultieren in der Forderung nach perfekten Beziehungen und einer perfekten Welt, trotz der Widersprüchlichkeiten und der Komplexität des Lebens. Sie erzeugen in mir das Verlangen nach Allmacht und Allwissen, und alle Arten kindisch übertriebener Ansprüche.

Ohne dieses Nein bin ich widerstandslos den Forderungen und Wünschen anderer Menschen ausgeliefert, sogar beiläufige Bemerkungen werden von mir häufig als Forderung empfunden. Da ich nicht nein sagen kann, verstehe ich die Forderungen anderer Menschen als Kommandos, denen ich zu folgen habe, bevor sie ausgesprochen sind. Ohne dieses *Nein* befinde ich mich selbst in einer unhaltbaren, chronisch krankmachenden Situation, weil ich mit den Schwierigkeiten meiner eigenen Persönlichkeit und der anderer Menschen irgendwie gleichzeitig zurechtkommen muß. Ich bin der Gefangene anderer. Ohne dieses *Nein* bin ich unfähig, auszuwählen und zu unterscheiden, ob ich Forderungen und Bitten, die aus mir selbst oder von anderen Menschen kommen, akzeptieren oder abschlagen soll. Meine Gefühle und Gedanken sind orientierungslos, es ist mir nicht möglich eine vernünftige Wertehierarchie zu entwickeln, die auf dem basiert, was menschlich möglich und erreichbar ist. Gegenüber anderen Menschen spiele ich die Rolle eines ewig lächelnden Jasagers, und mein Leben, meine Persönlichkeit, sind bedeutungslos, ewig beschwichtigend, schwammig.

Niemand ist vollkommen reif, keiner kann den Selbsthaß völlig zum Schweigen bringen, und keiner von uns ist fähig, den äußeren Zwängen vollkommen zu widerstehen. Wir alle sind bis zu einem gewissen Grade infantil. Ich nenne dieses Kind in uns den „allmächtigen Schreihals“, der alles möchte (wie der kleine Junge, der weint, weil er gerade sein Eis aufgegessen hat), der sich niemals mit einer bestimmten Auswahl und einer bestimmten Entscheidung zufriedengibt, bei der bestimmte Möglichkeiten zugunsten anderer Möglichkeiten aufgegeben werden müssen und der sich niemals selbst verzeiht, wenn sich Entscheidungen im nachhinein als weniger perfekt herausstellen. Die Fähigkeit, dem allmächtigen Schreier ein *Nein* entgegenzusetzen, ist außerordentlich wichtig, um menschliche Würde und Wohlwollen zu entwickeln. Dieses *Nein* vermag es schließlich, allen Kräften, die meinem Wohlbefinden entgegenstehen, Widerstand zu leisten. *Nein* ist mein Schlüssel zu der Bereitschaft, eine Entscheidung und eine Wahl zu treffen. *Nein* ist mein Schlüssel für eine Wertehierarchie, die mir erlaubt, meine Aufgaben zu erfüllen und das Leben mit all seinen Einschränkungen zu genießen. *Nein* gebietet meinem Selbsthaß Einhalt, es ist meine Festung gegen Selbsthaß. *Nein* ist mein „Stop" gegen unerfüllbare Ansprüche. *Nein* gibt meinem *Ja* seine Bedeutung, dem *Ja* meiner Wahl und dem *Ja* meiner Entscheidungen, die ich treffe, indem ich immer mein Bestes gebe. Dieses *Nein* schützt mich vor späteren Selbstanklagen und hilft mir, meinen Selbstrespekt zu erhalten, weil ich weiß, daß ich mein Bestes gab, als ich jene Entscheidungen getroffen habe, unabhängig von späteren Entwicklungen. *Nein* schützt mich davor, ein Jasager zu werden. Mein *Ja,* das ich zu anderen Menschen sage, gewinnt auf der Grundlage meiner eigenen Überzeugung seine wirkliche Bedeutung.

Engagement und Rollenspiel

Ich sage ‚*nein*' dazu, eine Rolle zu spielen. Ich weigere mich, eine Rolle zu spielen, eine Show abzuziehen. Dies gilt für meine Arbeit, für Vorträge, den sexuellen Bereich und für jede andere Aktivität meines Lebens. Engagement dagegen befürworte ich unbedingt. Ich sehne mich danach, und es macht mir Freude, mich für Menschen und Aktionen zu engagieren. Engagement heißt, daß ich mich gänzlich einbringen und meinen vollen Beitrag leisten muß. Ich gebe dabei das Beste, was ich innerhalb meiner menschlichen Grenzen zu leisten vermag. Ich werde mich nicht selbstanklägerisch beurteilen. Dies gilt für den körperlichen, geistigen und emotionalen Bereich. Wenn ich mich engagiere, dann bin ich ganz ich selbst und bringe mich mit meiner ganzen Person ein. Ich stehe zu mir selbst, so daß Befangenheit und Verlegenheit von vornherein keine Möglichkeit haben, Fuß zu fassen.

Sollte ich wirklich eine Rolle spielen, eine Schau abziehen, dann schaue ich mir selbst sozusagen über die Schulter, beurteile mich selbst, fürchte mich vor meinem Selbsthaß, dem Spott und der Verachtung anderer. Sobald ich eine Rolle spiele, spalte ich mich, werde sowohl Rollenspieler als auch dessen Zuschauer, der zugleich prüft, wie die Schau von den Zuschauern und Zuhörern aufgenommen wird, sofern es Zuschauer und Zuhörer gibt. Das gleichzeitige Beobachten und Beurteilen verhindert nicht nur unser volles Engagement, sondern es löst auch große Angst und Gefühle von Unvermögen, ja Impotenz aus. Impotenz kann sich hier bei Männern und auch bei Frauen sowohl auf die sexuelle Ansprechbarkeit beziehen, als auch auf jede andere Tätigkeit. Diese Art von Befangenheit kann schwere Hemmungen und Lampenfieber hervorbringen, bei Chirurgen ebenso wie bei Schauspielern; sie ist das wesentliche Element bei Phobien und Lähmungen.

Wenn ich die bloße Show ablehne und am aktuellen Geschehen teilnehme, dann kann ich auf eine Situation spontan und als ganzer Mensch eingehen; dann bin ich frei von dem allmächtigen Schreihals, dem ich es nicht erlaube, mir über die Schulter zu schauen.

Meine anfänglichen Erfahrungen bei Vorträgen waren qualvoll. Bis ich den Unterschied zwischen Show und Engagement erkannt hatte, war ich häufig voller Angst, wenn ich einen Vortrag halten sollte. Ich glaubte sogar, daß ich mit den Vorträgen wohl ganz aufhören müßte, weil es mich einfach zuviel Kraft kostete. Nachdem ich mir über die Schwierigkeiten klar geworden war, fielen sie mir plötzlich sogar relativ leicht. Ich fragte mich selbst: „Bin ich ein Rollenspieler, ein Entertainer? Erwarte ich von meinen Zuhörern, daß sie vor Ekstase rasen, nachdem sie meine leidenschaftliche „Aufführung“ genossen haben?“ – Die Antwort war *nein.* Aber sie kam erst, nachdem ich mir die Frage klar gestellt hatte.

Vorher war meine unbewußt gegebene Antwort *ja* gewesen. Ich erwartete von mir die brillante Show, und es gab in mir sozusagen eine mit Selbsthaß aufgeladene Batterie für den Fall, daß sich meine Erwartungen nicht erfüllen sollten. Beim Publikum positiv anzukommen und die narzistischen Bestätigungen, die ich dadurch gewinnen könnte, würden jenen Selbsthaß blockieren oder wenigstens abschwächen. Deshalb war ich in dreifacher Weise gespalten.

Ein Teil von mir hielt den Vortrag, ein Teil beobachtete mich selbst, und ein weiterer beobachtete das Publikum. Natürlich machte ich mir vieles durch meine zerstörerische Befangenheit kaputt. Darüber hinaus war ich kaum in der Lage, mich selbst mit ganzem Herzen in meinen Vortrag einzubringen. Wie hätte ich das auch tun können, wenn meine Kräfte dreigeteilt waren und ich mich selber so genau beobachtete und zugleich Forderungen an mich stellte. Ich kämpfte darum, das Bedürfnis nach den narzistischen Befriedigungen, die ich vielleicht erhalten könnte, aufzugeben. Ich kämpfte gegen den Selbsthaß in mir, der immer auf der Lauer lag, und ich kämpfte darum, einen Sinn für das Wesentliche und für Prioritäten zu entwickeln. Ich kämpfte auch darum, meine wirkliche Identität wiederzugewinnen.

Ich sagte mir selbst, daß es wohl angenehm ist, von seinen Zuhörern gut aufgenommen zu werden, aber daß sie im wesentlichen für mein wirkliches Wohlbefinden und für meine Existenz nicht notwendig wären, und ich war davon schließlich überzeugt.

Ich machte mir noch eine andere Tatsache klar: Kein Vortrag ist so wichtig, wie ich selbst es bin, und was ich mir selbst angetan hatte und von mir selbst verlangte, war außerordentlich unfair. Wie auch immer der Vortrag laufen würde, so war doch einfach keine wirkliche Krise oder Katastrophe damit verbunden. Aber dieser Sinn für Wichtigkeit und Proportionen mußte noch weiterentwikkelt werden, schließlich könnte der Vortrag mißlingen. – Ich hatte sogar das Recht, ihn mißlingen zu lassen! Ich hatte tatsächlich vergessen, wie viele Fehlschläge ich schon überlebt hatte. Ich hatte vergessen, daß ein Fehlschlag keine Schande ist.

Ich hatte jede Demut, die ich einmal in mir entwickelt hatte, vergessen, und ich erkannte, daß ich mich selbst nur noch mit meiner enormen Eitelkeit identifizierte. Ich hatte vergessen, daß ein Fehlschlag keine Katastrophe auslöste, sondern daß diese Einstellung nur künstlich hervorgebracht wird durch ein kulturelles Umfeld, das hinsichtlich seiner eigenen humanen Maßstäbe und Ansichten skrupellose und selbstquälerische Züge entwickelt hat. Zu oft vergessen wir, daß viele Fehlschläge dazugehören, bevor ein Teufelskreis durchbrochen wird. Diesen Mechanismus als Erfolg oder Fehlschlag zu interpretieren, ist grausam, unmenschlich und unrealistisch. Es dauerte eine Weile, bis ich das ganze Schema von Erfolg und Mißerfolg überprüft hatte und mir bewußt wurde, daß meine Erwartungen übertrieben und blasiert waren. Ich erkannte, daß ich in vielerlei Hinsicht durch meine sogenannten Fehlschläge menschlich sehr viel reicher geworden war als durch meine sogenannten Erfolge. Wenn ich die Erfahrungen aus meinen Fehlschlägen in Gedanken nochmals durchdachte und es vermied, mich dabei herabzusetzen, hat mich das oft auf eine menschliche Gefühlsebene heruntergebracht, die sehr viele Einsichten in sich barg. Erfolgserfahrungen haben häufig bewirkt, daß ich unrealistisch überhöhte Positionen von Stolz und Arroganz einnahm, aus denen ich jeden Augenblick in die Tiefe stürzen konnte. Erst als ich über die Zusammenhänge nachdachte, wurde mir klar, daß die mir bekannten Selbstmordfälle jenem Personenkreis zuzuordnen waren, die als „Schauspieler“ durchs Leben gingen und es hervorragend verstanden, jede Rolle zu übernehmen. Nach den Maßstäben unserer Kultur waren sie erfolgreich. Ich fragte mich selbst, ob ich das Bedürfnis hätte, mich in die Abhängigkeit von Ruhm, Applaus, Popularität und anderen Stimulierungen zu begeben. Ein klares *nein!* war meine Antwort.

Später erst fragte ich mich, was ich wirklich mit meinen Vorträgen erreichen wollte. Indem ich diese Frage beantwortete, machte ich mir selber noch einmal deutlich, wer ich eigentlich war. Ich wollte gerne an einer Erfahrung des Lehrens, Lernens und Kommunizierens teilhaben. Ich hatte etwas in mir, von dem ich anderen Menschen berichten wollte. Ich wollte ihnen gerne mein Wissen übermitteln und dieses wechselseitige Geben und Nehmen erfahren. Ich hatte tatsächlich ein Wissensgebiet, in dem ich mich besonders gut auskannte. Ich hatte Kenntnisse, verfügte über bestimmte Informationen, die ich weitergeben wollte. So begann ich, meine Aufgaben von einer realistischen Basis aus zu erfüllen, und die Erwartungen, die ich in mich selbst und in meine Zuhörer setzte, wurden merklich zurückgeschraubt. Ich mußte mich auch von der Selbsttäuschung befreien, daß es unglaublich wichtig sei, einen sagenhaften Erfolg zu erringen, und ich mußte zugleich das Gefühl abbauen, daß bei einem Fehlschlag ein Weltuntergang hereinbrechen würde. Heute fällt es mir leicht, mich während meines Vortrags menschlich einzubringen. Es ist mir möglich, gelassen an die Vorträge heranzugehen, und manchmal gelingt es mir sogar, mit beträchtlichem Vergnügen daraus hervorzugehen.

Hilfe leisten zur Verhinderung selbstzerstörerischer Verhaltensweisen

Ich denke, an dieser Stelle müssen wir von den Formen tiefsten Selbsthasses sprechen, die zum Selbstmord führen, und davon, wie man ihnen entgegentreten kann. Ich glaube, dies wird uns auch helfen, die „kleinen Morde" an uns selbst zu verhüten, die fast jeder einmal verübt.

Wenn ein Mensch sagt, er wolle sich umbringen, dann müssen wir die sehr wichtige Frage stellen: Wen oder was will er zerstören? Es ist fast immer seine eigene Persönlichkeit, die seinen idealisierten Vorstellungen nicht entspricht. Dies trifft meistens zu, auch wenn daneben noch andere, sekundäre Motive eine Rolle spielen, zum Beispiel Wut, Rachegelüste und der Wunsch, andere Menschen zu Reue und Schuldbekenntnissen zu zwingen, sowie die Illusion von Wiederauferstehung. Ich werde über diese Punkte im Zusammenhang mit möglichen *Hilfestellungen* gleich sprechen.

Selbstmordgefährdeten Menschen wie den meisten Menschen, die unter selbsthasserischen Depressionen leiden, erscheint das Leben unerträglich, weil ihr Stolz angekratzt wurde. Sie empfinden darüber tiefes Unbehagen. Der Mann, der aus dem Fenster springt, weil er fünf Millionen Dollar verloren hat – wobei ihm immer noch drei Millionen verbleiben – springt nicht deshalb, weil er jetzt arm wäre. Er springt, weil der Verlust ihn in seinem Stolz über seine finanziellen Künste schmerzlich verletzt.

In solchen Fällen müssen verschiedene sehr wichtige Schritte getan werden. Vorsicht ist geboten, wenn wir in Versuchung kommen, über die sogenannten „guten Punkte" und Eigenschaften des Opfers zu sprechen. Aber zunächst einmal geht es um folgendes:

1. Wir müssen dem Opfer zur Erkenntnis verhelfen, daß es die vermeintlichen sekundären Gewinne aus seinem Selbstmord nicht mehr nützen kann.
2. Es muß ihm gesagt werden, daß das falsche „Selbst" getötet wird.
3. Es muß begreifen, daß verschiedene Selbstverkörperungen in uns stecken, die zugunsten des wahren Selbst abgebaut werden können, aber nur, wenn wir nicht den Körper töten, während das andere Selbst lebt.
4. Wir müssen in ihm eine realistische Hoffnung erzeugen, daß die unerträglichen seelischen Schmerzen eine innere Logik enthalten, daß sie kontrollierbar und überwindbar sind.
5. Wir müssen sofort beginnen, das Opfer zu „humanisieren" – es beispielsweise über die Möglichkeiten dessen, was ein Mensch wirklich ist, informieren. Ich habe bereits über die besonderen menschlichen Charakteristika gesprochen – über die Unvollkommenheiten und Grenzen, die unweigerlich mit dem menschlichen Leben verbunden sind. Wenn wir es mit einem Menschen mit tiefen Verzweiflungsanfällen und vielleicht sogar Selbstmordgedanken zu tun haben, dann müssen wir diese unmenschlichen Grenzen und Unvollkommenheiten deutlicher als normal und dem menschlichen Leben zugehörig herausstellen.

Lassen Sie mich hier betonen, daß diese Vorschläge für jeden von uns nützlich sind, wann immer wir es mit Selbsthaß zu tun haben. Dennoch richten sich meine Vorschläge vor allem an die, deren Aufgabe es ist, Menschen zu retten. Es versteht sich von selbst, daß ein Mensch, der nur im geringsten Selbstmordabsichten andeutet, der Obhut eines Therapeuten anvertraut werden muß.

Warum müssen wir vorsichtig sein, die „guten" Charakteristika bei selbsthasserisch veranlagten Menschen hervorzuheben, vor allem beim sehr deprimierten, selbstmordgefährdeten Menschen, bis wir die angeführten fünf Schritte ganz durchlaufen haben? – Weil wir uns zum Zeitpunkt unseres größten Unglücks selbst stark mit unserem Selbsthaßanteil identifizieren und weil wir nur nach Beweisen suchen, die unseren Selbsthaß rechtfertigen. Wir rechtfertigen jenen Haß, indem wir unsere vollkommen menschliche Fehlbarkeit und unsere Grenzen an den Pranger stellen; wir nutzen alles, was wir hören, um die Kluft zwischen unserem wirklichen Selbst und unserer Selbstillusion zu vertiefen. Wenn man uns sagt, wie intelligent, wie vertrauenswürdig, wie uneigennützig wir sind, verstehen wir, daß uns diese Eigenschaften eigentlich fehlen. Wir empfinden diese Eigenschaften als Aufgaben, die uns gestellt sind, die wir vollkommen und in idealer Weise erfüllen müssen, aber dazu nicht in der Lage sind. Die „guten" Eigenschaften werden leicht zu tyrannischen, peitschenschwingenden Sklaventreibern, denen wir nur entrinnen können, wenn wir uns in eine betäubende Depression oder direkt in den Tod begeben. „Gute Eigenschaften" können wir nur dann wirklich schätzen und sie können nur dann die Meinung, die wir von uns selber haben, verbessern, wenn wir sie nicht als puritanische Moralaufgabe empfinden oder als Audruck unseres Unvermögens, einen übermenschlichen Erfolg zu erlangen. „Gute Eigenschaften" sollten erst dann ausdrücklich erwähnt werden, wenn bereits der Selbsthaß durch Selbstliebe und die Fähigkeit, sich selbst anzunehmen, neutralisiert wurde, nachdem sich die depressive Stimmung radikal geändert hat.

Nun möchte ich die fünf Schritte erläutern, die uns Hilfe leisten im Kampf gegen den Selbsthaß und die „kleinen Morde", die wir uns selbst antun.

1. Wir müssen dem Selbstmordgefährdeten – das können wir selbst oder andere sein – verdeutlichen, daß aus dem Selbstmord oder jeder Geste des Selbsthasses kein sekundärer Gewinn zu ziehen ist, außer dem Selbstmord an sich.
   Wenn Menschen Reue empfinden, dann nur für eine kurze Zeit; sie werden dann mit den Aufgaben, die ihnen ihr Leben stellt, weitermachen. Kein Selbstmord wird die Welt verbessern. Schuldgefühle können dadurch vielleicht erzeugt werden. Aber wie schuldig sich auch jemand fühlen mag, wie sehr man vielleicht auch den Selbstmörder vermissen mag, er wird das Unbehagen und die Schmerzen von anderen nicht einmal einen Moment lang genießen können. Um eine triumphale Rache genießen zu können, und die Befriedigung, es jemandem gezeigt zu haben, muß man lebendig sein. Wer aber Selbstmord begeht,

wird tot sein und wird keine Möglichkeit haben, die Befriedigung zu genießen.

Wiederauferstehung ist für Unsterbliche, nicht für Menschen. Sie sterben für immer. Ihre „Auferstehung" kann nur im Leben stattfinden; nur wenn wir leben, können wir uns verändern und wachsen.

Nur allzu viele Menschen glauben, daß der Tod zu einem neuen Leben führen wird. Dies ist eine destruktive Selbsttäuschung. Wir müssen es ihnen sagen. Es wird ewigen Frieden geben, kein neues Leben – nichts, nicht einmal die Befriedigung der Rache oder die Befriedigung, daß wir endlich eine große Wut loswerden können. Dies ist nur möglich, wenn wir weiterleben. Ein selbstverübter Tod ist für sein Opfer nichts als das Ende aller Hoffnungen und Möglichkeiten.

2. Das Selbstmordopfer will das „falsche" Selbst töten. Es möchte das Selbst töten, das es als ungeschickt und dumm ansieht, das ihm Verlegenheit und Peinlichkeit verursacht; das Selbst, das Ausdruck, seiner Persönlichkeit ist.

   Ich habe einmal ein Buch geschrieben mit dem Titel *Love Me, Love My Fool* (Lieb' mich, lieb' den Törichten, Dummen in mir). Darin heißt es: „Ich muß lernen, den Törichten, den Dummkopf in mir zu lieben, der zuviel fühlt, zuviel spricht, zu viele Chancen ergreift, der liebt und haßt, verletzt und verletzt wird, der Versprechungen macht und Versprechungen bricht, der lacht und weint. Er allein schützt mich gegen den vollkommen selbstbeherrschten Meistertyrannen, der gleichermaßen in mir steckt und der mich meiner menschlichen Lebendigkeit, Demut und Würde berauben würde."

   Der wirkliche Killer ist das arrogante, fordernde, unnachgiebige, unbiegsame Selbst. In allen von uns ist ein solcher Tyrann und Killer. Da wir mit uns selbst liebevoll und einfühlsam umgehen, sollten wir auch Killer in uns nicht umbringen – er ist auch ein Teil von uns. Aber wir dürfen ihm nicht erlauben, uns zu verführen, daß die besten Anteile in uns selbst wie etwa der „Dummkopf" zu einer Quelle von Unbehagen werden, die Haß und Tod verdienen. Wir müssen lernen, den Tyrannen zu entwaffnen und menschlich zu machen, und dazu brauchen wir Zeit und Leben.

3. Wir müssen dem Selbstmordkandidaten sagen, daß unsere Persönlichkeit aus vielen Selbstverkörperungen besteht. Dies bedeutet, daß unendlich viele Eigenschaften in uns stecken, die wiederum miteinander kombinierbar sind. Einige davon sind vielleicht produktiv, andere stehen der Produktivität und Kreativität entgegen und sind sogar destruktiv. Dies mag viele von uns verwirren, sie kennen keinen Unterschied. Dies ist selbsthaßbedingt. *Neue und bessere Selbstverkörperungen* können durch eine Wiedergeburt im Leben entstehen. Gesündere, freudigere Selbstverkörperungen können die tyrannischen und pessimistischen ersetzen und der Hoffnungslosigkeit ein Ende bereiten. Dazu müssen wir aber neue Einsichten gewinnen, uns selbst neu einschätzen und uns mit diesen neuen Einsichten auseinandersetzen. Wir müssen Geduld und Liebe für uns aufbringen. Nichts davon werden wir verwirklichen können, wenn wir Selbstmord begehen. Körper und Geist müssen weiterleben, so daß eine konstruktive Neuorientierung stattfinden kann. Wenn wir unser Leben erhalten und gute Motive für einen neuen Anfang haben, können wir zu einem neuen Selbst finden. Die Unterstützung durch Freunde ist dabei eine große Hilfe.
4. Wir müssen Hoffnung erzeugen, daß es möglich ist, die innere Belastung zu reduzieren. Wenn wir die Rolle des Selbsthasses in ihrer schädlichen Bösartigkeit erkennen, können wir bereits Hoffnung schöpfen; der Feind ist sichtbar und kann neutralisiert werden. Wenn wir Liebe und Mitgefühl für den Selbstmordkandidaten empfinden und ausdrücken, wecken wir in ihm das Mitgefühl für sich selbst. Liebevolles Verständnis und Mitgefühl vermögen Hoffnungslosigkeit zu vertreiben. Es gibt keinen Ersatz für ein wirkliches Interesse, für Freundlichkeit und den Austausch von ehrlichen Gefühlen.

Depression ist eine Stimmung. Wir müssen dem ‚Opfer' zur Erkenntnis verhelfen, daß Stimmungen nicht ewig andauern. Sie können sich verändern, und sie ändern sich tatsächlich.

Wir müssen ihm sagen, daß Hoffnungslosigkeit fast immer aus dem Versuch resultiert, etwas darzustellen, was man nicht wirklich ist. Indem man seine ‚überhöhten' Ansprüche zurückschraubt, kehrt die Hoffnung wieder ein. Indem man sein idealisiertes Selbstbild aufgibt, verliert die Hoffnungslosigkeit ihre Daseinsberechtigung. Was folgt, ist die Einsicht, daß ein gottgleicher Status für Menschen nicht erreichbar ist. Damit können die menschlichen Beschränkungen akzeptiert und in der eigenen Aktivität Befriedigung, Freude, Lebenssinn und beständige Hoffnung entdeckt werden.

5. Wie ich schon früher sagte, muß der Prozeß der „Humanisierung" sofort beginnen. Dies ist der große Neutralisator des Selbsthasses. Menschen kennen die Bedingungen, unter denen Menschen leben, zu wenig. Sie wissen nicht, daß das Leben sehr schwierig und kompliziert ist, daß wirkliche Menschen (und sie selbst) alt werden, daß sie gebrechlich, eifersüchtig, neidisch und gelegentlich unangemessen wütend werden, daß sie lügen und betrügen und verwirrt werden und daß sie alle anderen Kennzeichen des typisch Menschlichen tragen, die ich in diesem Buch bereits beschrieben habe. Sie schreiben diese „Fehler" und Eigenschaften, die nicht gerade ideal sind, sich selber zu, während sie die „guten Eigenschaften" – wie Großzügigkeit, Intelligenz, Stärke, Mut, Erfolg – nur in anderen Menschen sehen. Selbsthasserisch veranlagten Menschen müssen wir beibringen, daß jeder von uns eine Mischung all dieser Eigenschaften in sich trägt und daß es vollkommen unmöglich ist, eine perfekte Persönlichkeit zu sein.

Dies ist der direkte Weg, um unser Selbst akzeptieren zu können, der dazu beiträgt, daß die kleinen monströsen Mordattakken auf uns selbst weniger häufig vorkommen und daß ein Selbstmord aus einer Depression heraus praktisch unmöglich wird. Wir müssen lernen, daß niemand uns dafür zu verzeihen braucht, daß wir menschlich sind. Wenn wir uns selbst akzeptieren, gibt es nichts mehr zu verzeihen. Wir sind, weil wir sind. Ich bin, weil ich bin. Ich bin ich. Ich akzeptiere mich.

Wir müssen uns selbst und andere immer wieder daran erinnern, daß eine Depression eine Stimmung ist und daß Stimmungen sich ändern. Eine Stimmung kann aktiv geändert werden. Wir müssen nicht warten. Wir können etwas dagegen tun. Wir können unsere Stimmung ändern, indem wir unsere Haltung uns selbst gegenüber ändern.

Das Leben ist schwierig und kompliziert

Das Leben ist schwierig! Wie könnte es anders sein? Da wir Menschen sind, sind wir mehr als nur komplexe Gebilde. Wir sind äußerst sensible, verletzliche und weitsichtige Lebewesen. Unser Bewußtsein sorgt dafür, daß wir andauernd mit den außerordentlich belastenden Aspekten der menschlichen Existenz in Berührung sind. Mehr als irgendein anderes Geschöpf wissen wir trotz aller Verdrängungsversuche, daß wir geliebte Menschen ebenso verlieren können wie uns selbst. Wir verlangen von uns selbst, daß wir engagiert sind, daß wir Einfühlungsvermögen zeigen, am Leben teilhaben und es lieben, und das ist gut. Aber gerade unsere Liebe macht die Verluste, die wir erleiden, soviel einschneidender und schmerzhafter – und dieser Aspekt gehört zu den Gegebenheiten, mit denen Menschen zurechtkommen müssen, wenn es natürliche und gesunde Bedingungen sind.

Als Menschen haben wir eine besondere Fähigkeit zu kommunizieren und miteinander in Kontakt zu treten, die auf unserem Planeten einzigartig ist. Aber diese Fähigkeit, sich sprachlich auszudrücken, birgt auch viele Mißverständnisse und viele Grenzen in sich, und häufig bricht die Kommunikation völlig zusammen, sie verselbständigt sich und wir verlieren die Kontrolle über sie. Wie häufig habe ich zwei Menschen, von denen ich wußte, daß sie im Grunde einer Meinung waren, bei einem heftigen Streit aufgrund von Mißverständnissen beobachtet. Die Sprache gibt uns sowohl die Möglichkeit, anderen Einfühlungsvermögen und Verständnis entgegenzubringen, als auch die Möglichkeit, anderen weh zu tun.

Das Wissen von der Endlichkeit des Lebens, die Tatsache, daß wir uns vor dem Tod und einem Zusammenbruch der Kommunikation fürchten, bewirkt häufig, daß wir sehr starke Angst erleben, daß wir nach Macht hungern und uns in hektische Aktivitäten stürzen. Das Wissen von der Überlegenheit unserer Rasse erzeugt bestimmte Gefühle wie das Verlangen nach Macht, ewiger Macht. Dies wiederum wirkt sich negativ auf die zwischenmenschliche Verständigung aus.

Nur allzu häufig setzen wir unsere beträchtlichen Talente und Fähigkeiten zum eigenen Schaden und zum Schaden anderer ein und machen so das Leben noch härter als es sowieso ist.

Trotz aller Talente und Fähigkeiten sind wir niemals auf die Schläge, die das Leben uns erteilt, ausreichend vorbereitet. Krankheit, Leiden und Tod sind unvermeidlich. Im besten Falle kämpfen wir darum, zu überleben und unser Leben möglichst zu genießen. Aber wir haben Probleme mit uns selbst und miteinander. Wir brauchen einander; es ist paradox, daß es für uns schwierig ist, miteinander zu sein. Es fällt uns schwer, die Ressourcen unserer Erde sorgfältig, funktional und realistisch zu nutzen.

Die Erkenntnis, daß das Leben schwierig ist, ist für uns außerordentlich wertvoll, sie ist ein Schritt auf dem Wege zur Selbstliebe und zur Sympathie für uns selbst. Dieses Wissen und das Akzeptieren dieser Tatsache als einen Teil des Lebens macht das Leben leichter und besser. Wenn wir dies wissen, dann machen wir weniger sinnlose Anstrengungen und hören auf, nach einer nicht vorhandenen Sicherheit zu streben. Es ist dadurch für uns leichter, unsere eigenen Anstrengungen und unsere Erfolge in ihrem Wert zu schätzen. Wir werden dadurch weniger Enttäuschungen erleiden, die vielleicht dadurch ausgelöst werden können, daß wir irrtümlich annehmen, das Leben sei leicht, oder es gebe ein leichtes Leben, und wir seien die einzigen, die ein solches Leben nicht genießen könnten.

Die Realität ist der beste Freund der Selbstliebe, und die Tatsache, daß das Leben schwierig ist, ist ein außerordentlich wichtiger Aspekt der Realität. Hinzu kommt als anderer nämlich, daß wir Menschen ziemlich zäh und robust sind. Wenn wir uns selbst als übermäßig zerbrechlich und anfällig ansehen, dann ist dies weitgehend das Resultat der Illusion, daß wir unverletzlich und unangreifbar sind. Wenn wir uns als zerbrechlich *empfinden,* dann haben wir uns selbst von unseren wirklichen Ressourcen und Stärken entfernt. Wir sind zäh. Wir sind voller Ideen und Energiereserven, und meistens kommen wir sehr gut zurecht.

Es gibt vieles im Leben, das immer unerkennbar, unerreichbar, unkontrollierbar und nicht vorhersehbar bleiben wird. Wir können nicht auf jeden Berg steigen und jeden Fluß überqueren und jeden Abgrund, jede Schwierigkeit vorher erkennen. Manchmal haben wir Recht, und oft haben wir Unrecht. Wir müssen um das Recht auf einen Fehlschlag und auf einen Irrtum kämpfen. Wenn wir dies tun, dann machen wir das Leben nicht schwieriger, als es ohnehin schon ist, und wir selbst werden zäher und stärker, indem wir uns selbst diese menschlichen Rechte geben. Diese *Rechte* erhöhen unsere Flexibilität, und wenn wir fähig sind, uns zu biegen, dann brechen und splittern wir eben nicht, weil wir allzu hart und rigide sind.

Im besten Falle wird das Leben immer unkontrollierbar, unvorhersehbar und endlich sein. Dies ist keine bittere, Hoffnungslosigkeit auslösende oder deprimierende Feststellung. Sie ist nur deprimierend, wenn man heimlich Illusionen vom Himmel auf Erden nährt und sie immer wieder zum Vergleich hervorholt. Eine realistische Lebensbetrachtung entspringt nur einem tiefen Gefühl der Liebe und des Verständnisses für die Welt und für uns selbst. Ein tiefes inneres Wissen von diesen Fakten wird unsere innere liebevolle Einstellung und die Wertschätzung gegenüber uns selbst, unseren Kämpfen und den Bedingungen, unter denen die Menschen nun einmal leben, steigern.

Eine liebe- und verständnisvolle Einstellung auf dem Boden der Selbstliebe macht das Leben leichter, aber sie ist in keiner Weise ein Rückzug vom Leben oder ein einfacher Weg. Indem wir immer realistischer mit unserem Leben umgehen, indem unsere Maßstäbe und unsere Sichtweise immer realistischer werden, bewirken unser liebevolles Verständnis, das liebevolle Akzeptieren der Tatsachen, daß wir uns in der Mitte unseres Selbst und in der Mitte des Lebens befinden. Wenn wir weniger Schläge und Wunden abbekommen und wenn diese Schläge und Wunden weniger schmerzhaft sind, dann gibt es auch weniger Rückzug und Resignation. Wenn wir zufriedener werden und uns weniger vor Selbstanklagen fürchten, können wir die kreativen Aspekte unserer Persönlichkeit realisieren und nutzen; wir fühlen uns freier und können mehr Engagement für das Leben und seine Aktivitäten aufbringen.

Wenn wir Liebe zu uns selbst entwickeln, dann entwickeln wir auch unweigerlich Liebe zu unseren Mitmenschen und für das Leben, das wir alle gemeinsam haben. Wenn wir auf einer realistischeren Ebene zu uns selbst und zu unseren Mitmenschen in Beziehung treten, dann wird dadurch unser Leben leichter und glücklicher. Der Kampf um Liebe und Mitgefühl ist nicht leicht. So wie das Leben selbst ist dies ein zäher und schwieriger Prozeß. Wenn wir uns einmal ernsthaft auf diesen Kampf einlassen, dann wird er uns unser ganzes Leben begleiten, und wir werden unser ganzes Leben lang nicht aufhören zu wachsen.

Wir erreichen niemals einen Zustand des absoluten Einklangs mit uns selbst, und unser Bewußtsein wird niemals von den Einstellungen und der Philosophie der Selbstliebe und des Mitgefühls so durchdrungen sein, daß alle unsere Gedanken und Handlungen vollkommen davon bestimmt sein werden. Der Kampf gegen den Selbsthaß ist niemals ganz beendet. Wenn wir liebevoll mit uns selbst und mit anderen umgehen, dann ist dies kein statischer Zustand oder ein Status quo. Selbstliebe und Mitgefühl sind ein lebenslanger Entwicklungsprozeß, und wir werden sie niemals in perfekter Weise realisieren können. Wenn wir gegen den Selbsthaß kämpfen, aber für die Selbstliebe und die Sensibilität für uns selbst und auch eine relativ liebevolle Lebensphilosophie entwickeln, dann helfen wir uns selbst in konstruktiver und realistischer Weise.

Teil 4
Die menschlichen Lebensbedingungen

Die destruktive Kultur

Unsere Kultur umfaßt mehr als nur bestimmte Konventionen und Sitten. Sie bindet uns ein in ein unbewußtes Wert- und Bezugssystem, das in vielerlei Hinsicht die menschlichen Lebensbedingungen für den einzelnen und auch für die Welt, in der er lebt, definiert. Durch Sprache und Ideen, durch Propaganda und Medien wird auf uns andauernder und durchdringender Druck ausgeübt, und häufig überredet man uns, vieles über die soziale und emotionale Anatomie des Menschen zu glauben, was einfach falsch ist. Die Werte unserer Gesellschaft und unserer Kultur sind uns von unseren Eltern und ihnen wiederum von ihren Eltern weitergegeben worden. Viele Maßstäbe unseres Kulturkreises schaden unserem Leben und unserer Entfaltung als Person. Jenen Maßstäben entsprechend zu leben ist häufig unmöglich, weil sie häufig von irrtümlichen Vorstellungen über menschliche Charaktereigenschaften, menschliche Beziehungen und menschliche Erwartungen ausgehen. Sie schreiben oft einen wahllosen, rigiden und selbstzerstörerischen Lebensstil vor. Wenn wir puristische, extreme und untereinander in Konflikt liegende Maßstäbe aufstellen, dann vernebeln wir die Realität, wir setzen die Gegebenheiten des menschlichen Lebens herab und erzeugen einen Zustand der Verwirrung, in dem wir vergessen, was es heißt, eine Person, ein Mensch zu sein. Auf diese Weise stellt uns unsere Kultur ein reichhaltiges Material zur Verfügung, das im Dienste des Selbsthasses verwendbar ist und auch genutzt wird. Dies geschieht vor allem in Form von Illusionen und unerfüllbaren Ansprüchen, die wir an uns selbst und an die Welt insgesamt stellen, die zu tiefster Enttäuschung, Hoffnungslosigkeit und Verzweiflung führen.

Wir sind uns häufig nicht bewußt, wie unmenschlich, gottähnlich und unerfüllbar die Bedingungen geworden sind, die wir zur Basis unseres Lebens und zur Bedingung für unsere Selbstannahme gemacht haben. Wir haben gewöhnlich keine Vorstellung davon, daß unsere Sehnsüchte häufig vollkommen unangemessen und mit dem Menschsein unvereinbar sind. Unsere Kultur schafft viele ausweglose Situationen, zu denen wir verdammt sind, wenn wir eine bestimmte Sache tun, aber auch wenn wir sie *nicht tun*. Noch auswegloser zeigt sich unsere Lage, wenn man uns verdammt, weil wir etwas Bestimmtes *sind* oder weil wir es *nicht sind*. Zum Beispiel werden wir als nicht durchsetzungsfähig eingestuft, wenn wir sanft sind, und wir gelten als rücksichtslos und aufschneiderisch, wenn wir uns tatsächlich durchsetzen. Dies schafft einen großen Fundus für destruktive Illusionen, die dem daraus entstehenden Selbsthaß und der Selbstverstümmelung Nahrung geben. Unabstreitbar gibt es Zusammenhänge zwischen unseren äußerst quälenden Schwierigkeiten und dem kulturellen Umfeld, in dem wir leben.

Nun möchte ich einige der geläufigsten Konzepte und Symbole des Selbsthasses darlegen, die ich in mir selbst und bei Patienten feststellen konnte. Auf einige der wichtigeren emotionsbeladenen stereotypen Vorstellungen werde ich näher eingehen und sie kommentieren.

Jeder sollte bemüht sein, seine selbsthasserischen Züge aufzuspüren und sich besonders vor jenen in acht nehmen, die auf sein Leben eine zerstörerische Wirkung haben. Es ist von unschätzbarem Wert, den kulturbedingten destruktiven Prozessen die Stirn zu bieten. Es ist von lebenswichtiger Bedeutung, sich vor den absoluten Forderungen unserer Kultur zu hüten und sie in Frage zu stellen. Wir müssen sie vor allem dann überprüfen, wenn mitmenschliche Liebe und Einfühlungsvermögen fehlen. Der Kampf gegen unmenschliche Ziele besteht darin, uns selbst menschlicher zu machen. Er trägt gleichzeitig dazu bei, mehr Menschlichkeit und menschlichere Maßstäbe in unsere Kultur einfließen zu lassen. Jeder von uns wird von dem Kulturkreis beeinflußt, in dem er lebt, und übt auf ihn letztendlich auch einen gewissen Einfluß aus. Wenn wir auf einem Leben unter menschlichen Bedingungen bestehen, dann muß sich dies auch auf das Klima des menschlichen Miteinander auswirken.

Menschen, Tiere und Ameisen

Ameisen leben in sozialen Strukturen, die von Gesetzen der Chemie und des Instinkts gesteuert werden. Neben den Menschen besitzen auch Tiere Intelligenz. Die Spezies ‚Homo Sapiens' fällt biologisch in die Kategorie der Tiere. Aber für mich sind Menschen viel mehr als biologische und instinktgesteuerte Wesen mit Stimulus-Respons-Reaktionen. Menschen können Kulturen schaffen. Menschen sind fähig, Entscheidungen zu treffen. Menschen unterscheiden sich erheblich von allen anderen Lebewesen, die es bisher auf der Erde gab. Menschen haben vielleicht nur beschränkte Fähigkeiten, aber ich glaube nicht, daß sie sich immer nach bestimmten Mustern verhalten und in ihren Fähigkeiten für immer beschränkt sein werden, was weder durch ihre genetische Struktur noch durch die Lebensumstände während der ersten Monate ihres Lebens bedingt ist. Menschen können sich zu einem bestimmten Zeitpunkt und unter den verschiedensten Beschränkungen verändern und wachsen.

Feigheit, Tapferkeit, Mut und Furcht

Ich weiß nicht genau, was Feigheit ist. Ich weiß allerdings, daß unsere Gesellschaft diesen Begriff in herabsetzender Weise gebraucht und daß sie Feigheit als einen verächtlichen Zustand ansieht, der nur in relativ seltenen Ausnahmen bei Menschen vorkommt. Wenn Furcht Feigheit ist, dann sind alle normal sensiblen Menschen sicherlich Feiglinge. Wenn man sich vor gefährlichen Situationen wie zum Beispiel vor handgreiflichen Auseinandersetzungen und gefährlichen Beziehungen und Verstrickungen im sozialen, emotionalen und geschäftlichen Bereich fürchtet, dann ist dies ein Beweis für den häufig lebensrettenden Selbsterhaltungstrieb.

In unserem Kulturkreis wird Furchtlosigkeit als vor allem eine maskuline Tugend angesehen. Furcht ist aber eine natürliche und sehr wertvolle Eigenschaft, die allen nur im geringsten intelligenten Wesen auf diesem Planeten gemeinsam ist. Wenn wir die Fähigkeit, Angst zu haben, zerstören, dann sind uns Tod und Vernichtung sicher.

Übermäßige Ängstlichkeit bis hin zum Zustand von Hemmung und Lähmung kann das Resultat schwacher Urteilsfähigkeit sein. Gefühle von Ängstlichkeit, von tiefer Unsicherheit und Verletzlichkeit brauchen Verständnis. Solche Gefühle sind nicht selten und können zeitweise im Leben jedes Menschen auftreten, und sie tun es auch. Angst vor dem Krieg als ein wahnsinniges Unternehmen und Furcht vor Handgreiflichkeiten, die zum Tode führen können, sind angemessene lebensrettende Reaktionen. Die Weigerung zu töten oder vielleicht Gefahr zu laufen, getötet zu werden, ist in bezug auf die komplexe menschliche Persönlichkeitsstruktur verdienstvoll, unabhängig von der Tatsache, daß man sich auch für eine Sache oder für ein Land einsetzen möchte. Die Bereitschaft, das eigene Leben für eine Sache oder Idee zu opfern, ist fast unausweichlich das Resultat von schwerem Selbsthaß und von illusionären Ideen über ein Paradies des Ruhms. Nur wenige von uns sind uneingeschränkt loyal gegenüber sich selbst. Für wenige nur kommen Motive des Selbsthasses nicht in Frage. In einem solchen Fall mag die Selbstaufopferung der Ausdruck einer sinnvollen Wahl und nicht eines neurotischen Bedürfnisses und einer Zwanghaftigkeit sein.

Das Bild ungewöhnlicher Tapferkeit, so wie es von unserer Gesellschaft aufgebaut wird, ist weitgehend ein Mythos und dient häufig dazu, unerfüllbare Maßstäbe aufzustellen, die sehr viel Verlegenheit und Selbsthaß erzeugen. Viele sogenannte tapfere und selbstaufopfernde Taten werden aus Impulsen heraus begangen, die nichts oder nur sehr wenig mit der Liebe zu den eigenen Mitmenschen zu tun haben. Sie sind häufig das Resultat von Gehirnwäsche, von beschränkter Entwicklung und simplifizierendem Druck, von Wut, von schlechtem Urteilsvermögen, von schlechter Kontrolle der eigenen Impulse, von schwacher Frustrationstoleranz, von einem enormen aber gewöhnlich verborgenen Fundus von Selbsthaß oder von einer Suche nach Ruhm als Kompensation für Gefühle des Zurückgewiesenseins. Solche sogenannten tapferen Taten sind auch häufig dazu da, Angst im Hinblick auf die sexuelle Identifikation zu kompensieren, und sie sind oft Ausdruck von Psychopathie oder Soziopathie. Es ist eine beunruhigende Tatsache, daß einige der sogenannten tapfersten Taten von Menschen begangen wurden, die sozial unangepaßt und an der Grenze zur Kriminalität standen.

Das relativ gut angepaßte Individuum ist nicht wegen sogenannter heroischer Taten berühmt. In unserem Kulturkreis geben die meisten von uns einem friedlichen und vorsichtigen Verhalten, das beängstigenden Situationen angemessen ist, den Vorzug, solange dies allgemein verlangt wird. Dann wird jedoch eine vollkommene Kehrtwendung gemacht, und Mord und Selbstmord gerechtfertigt, wenn die nationale Politik es so will. Der gut angepaßte, sich selbst schützende Mensch ist nicht in der Lage, in seinem Denken umzuschwenken, ohne daß dies ernste negative Rückwirkungen hätte; schließlich muß er sich in einer Weise verhalten, die seiner Entwicklung und seiner Entfaltung als ein liebevolles und einfühlsames menschliches Wesen schadet. Der schlecht angepaßte, psychopathische Mensch, der sich und andere enorm haßt und der seine Sensibilität hat verkümmern lassen, kann sich sowohl kriminellen als auch legalen Gewaltakten gleichermaßen mit Enthusiasmus hingeben. Vielen Menschen, die in unserem Kulturkreis als „tapfer" bezeichnet werden, wird mit Furcht und Zurückweisung begegnet, wenn einmal die Zeiten der Gewalt vorbei sind, weil solche „Helden" sich häufig sehr schlecht in jede Art von Existenz einfügen, in der das *langfristig* liebevolle Erhalten des Lebens ein wesentliches Ziel ist.

Ich denke, die tapferste Handlung der meisten von uns besteht darin, jeden Morgen aufzustehen und dem Leben ins Gesicht zu sehen. Dies sollte man nicht unterschätzen, wenn wir einmal unsere Gefühle, unsere Feinfühligkeit, unsere Verletzlichkeit und unser bewußtes, wenn auch verdrängtes Wissen von der Unvorhersagbarkeit des Lebens in Betracht ziehen. Die beträchtliche und anwachsende Komplexität unseres Kulturkreises hilft uns nicht gerade dabei, diesem Leben ins Gesicht zu sehen und mit ihm leichter fertig zu werden.

Das tapferste und konstruktivste, was wir tun können, besteht darin, uns auf den Kampf um die Selbstliebe, um seine Sensibilität für unser wirkliches Selbst und gegen den Selbsthaß einzulassen. Dies ist schließlich der Kampf, der dem Menschen seine Würde verleiht. Dies ist die Tat, die uns letztendlich helfen wird, mit uns selbst und mit unseren Mitmenschen besser auszukommen. Es bedarf des Mutes, wirklichen und konstruktiven Mutes, um allen Arten von inneren und äußeren Zwängen zu widerstehen. Das ist nicht leicht, und wir werden sicherlich auf dem Weg dorthin bisweilen straucheln. Zu Zeiten, wenn wir entmutigt sind, ist es am schwierigsten, mit uns selbst liebevoll und einfühlsam umzugehen, aber wir können den Versuch wagen. Vielleicht wird es eines Tages soweit kommen, daß wir die Entdeckung von Penizillin und Insulin feiern und daß es keine Militärparaden mehr gibt, in denen militärische und menschliche Eroberungen gefeiert werden.

Arroganz, Eifersucht, Neid, Verfolgungswahn, Großzügigkeit, Ehrlichkeit, Offenheit und Vertrauen

Unsere Kultur verurteilt Arroganz, Eifersucht, Neid und Verfolgungswahn. Wir schätzen und loben Offenheit, Vertrauen, Direktheit und sogar Naivität. Zugleich verachten wir Einfachheit, Ehrlichkeit, Offenheit und Naivität als kindisch und dumm und bewundern insgeheim Manipulation, Doppelzüngigkeit, Mißtrauen und Verschlagenheit. In einem Kulturkreis, in dem Mißtrauen, Besitzgier und Wettbewerb gefördert werden, in dem Meisterschaft und Perfektion für anbetungswürdig gehalten werden, herrscht zugleich sehr viel Angst. Aus dieser Angst entstehen Arroganz und Verfolgungswahn und vor allem Angst vor der Angst. Wenn wir Angst haben davor, Angst zu haben, dann kaschieren wir es mit Arroganz. Wenn wir Angst haben vor dauernd lauerndem Selbsthaß, etwa weil wir „nicht mithalten können“, dann konstruieren wir irreale Bilder und beginnen unter Verfolgungswahn zu leiden. Unser Verfolgungswahn wird durch Mißtrauen genährt, das aus dem Wettbewerb und der Rivalität erwächst, ebenso wird er durch Manipulation und Doppelzüngigkeit genährt, wie auch Arroganz in einem kulturellen Umfeld gefördert wird, in dem man Arroganz mit wirklicher innerer Stärke verwechselt.

Trotz all der Verachtung und trotz all des Lobs, das unser kulturelles Umfeld ihnen zollt, sind doch alle Charakterzüge und Gefühle vor allem menschlich, und sie sind ambivalent in jedem einzelnen von uns vorhanden. Wir haben alle die Fähigkeit, Arroganz,

Verfolgungswahn und auch Vertrauen zu empfinden, und manchmal haben wir solche Gefühle alle zu gleicher Zeit.

In einer Kultur, in der die Gefühle und Einschätzungen bezüglich menschlicher Besonderheiten in Beziehung treten und konstant ambivalent sind, können Menschen einfach nicht anders sein. Wir alle haben nicht nur ambivalente Gefühle, sondern wir sind häufig auch ambivalent in bezug auf jedes einzelne Gefühl, das wir haben. Die meisten von uns sind gelegentlich eifersüchtig, neidisch, arrogant, mißtrauisch, doppelzüngig, offen, ehrlich und direkt gewesen – und wir alle haben zu verschiedenen Zeiten unterschiedliche Gefühle in Hinblick auf unsere eigenen Gefühle. Dies sind keine guten oder schlechten Gefühle, die besonders für gute oder schlechte Menschen reserviert wären. Dies sind menschliche Gefühle, die für alle menschlichen Wesen charakteristisch sind und die in verschiedenen Stärken in allen von uns zu finden sind, je nachdem, wie die inneren und äußeren Bedingungen unseres Lebens aussehen.

Eifersucht und Neid sind Ausdruck von Gefühlen der Unsicherheit und von geringer Selbstachtung. Sie sind nicht Ausdruck irgendeiner grundsätzlichen menschlichen Bösartigkeit. Neid kommt aus dem Gefühl heraus, daß wir uns als so arm und frustriert empfinden, daß es uns erscheint, als hätte jeder andere sicherlich mehr als wir haben. Eifersucht entsteht aus dem Gefühl heraus, daß wir im Vergleich mit anderen nur sehr wenig zu geben haben. Die Angst, allein und innerlich leer zurückgelassen zu werden, führt zur nächsten Angst, daß uns alles oder eine uns besonders wichtige Person oder Sache weggenommen würde. Eifersucht und Neid sind selbstzerstörerisch und lassen innere Leere zurück. Sie bedürfen, wie alle menschlichen Gebrechen, eines liebevollen Verständnisses und nicht einer moralischen Beurteilung oder einer Disziplinierung oder Bestrafung. Da wir alle unsicher sind und zeitweise unter geringer Selbstachtung zu leiden haben, sind wir solchen Gefühlen gelegentlich genauso unterworfen wie einem Schnupfen.

Großzügigkeit, Offenheit und Ehrlichkeit kommen recht häufig vor. Aber es gibt sie niemals in ganz reiner Form, und niemand hat solche Gefühle andauernd und nimmt ganz reine und unverfälschte Positionen ein. Die Vorstellung von guten und schlechten Menschen ist eine starke Vereinfachung der Denkweise unseres Kulturkreises, die nicht der Realität entspricht. Wir sind nicht immer in der gleichen Stimmung, wir sind zu verschiedenen Zeiten mit verschiedenen Aspekten unserer Persönlichkeit oder unseres Lebens befaßt, und wir können uns gegenüber anderen aufgrund der verschiedenen Aspekte unserer Persönlichkeit entsprechend vielseitig präsentieren.

Gewinnen, verlieren, sich bemühen und resignieren

Wir müssen um das Recht kämpfen, auch verlieren zu dürfen. Wenn wir dieses Recht nicht annehmen, dann fürchten wir uns so sehr vor einem Fehlschlag, daß wir nicht einmal mehr unsere tatsächlichen und erfüllbaren Bedürfnisse zu befriedigen versuchen. Wir geben damit die Möglichkeit auf, ein Experiment zu wagen. Wir resignieren, bekommen Hemmungen und fallen sogar in innere Ohnmacht. Es wird immer so sein, daß wir sowohl gewinnen als auch verlieren, sobald wir in einem Bereich unseres Lebens ein Risiko eingehen. Letztendlich müssen wir das Leben selbst verlieren. Dies gilt für uns und alle, die wir lieben. Deshalb müssen wir mit jeder Liebe zu einem Menschen zuinnerst einen Verlust einkalkulieren. Beziehungen zerbrechen. Geliebte Menschen sterben. Im Geschäft läuft manches schief. Wir fallen durch Prüfungen. Erfolg und Verlust gehören untrennbar zum Leben, zum Tod, zur Wiedergeburt und Erneuerung. Sie vervollständigen und ergänzen einander. Wir lernen zu leben, zu fühlen, zu *sein*, indem wir uns in alle Vorgänge und Prozesse des Lebens einbringen.

Aber trotz dieser offensichtlichen Tatsache beurteilt unsere Gesellschaft Fehlschläge und Verluste mit Härte, und sogar die biologische Tatsache des Todes wird als eine Beleidigung der Menschen angesehen. Eine Gesellschaft, die zwei Forderungen zur gleichen Zeit stellt, daß wir andauernd neue Höhepunkte erreichen, während sie für ein Aufgeben und einen Verlust nur negative Bewertungen zuläßt, erzeugt Angst. Sie ist unfähig, ihre Bedürfnisse zu erfüllen, und dies ruft Gefühle der Resignation hervor. Natürlich ist eine solche Einstellung von einem humanen Standpunkt aus unhaltbar, und es kommt nicht von ungefähr, daß wir sehr viel Angst um uns herum erleben.

Es besteht ein großer Unterschied zwischen der Fähigkeit, den Status quo freiwillig zu akzeptieren, und der Selbstaufgabe, indem man resigniert. Im ersten Fall akzeptieren wir innere Zufriedenheit und die Möglichkeit, uns frei bewegen und frei wählen zu können. Resignation auf der anderen Seite ist Ausdruck von lähmender Furcht, bei der es unbedingt notwendig ist, daß wir uns rigide und zwanghaft an eine sehr beschränkte Position klammern.

Zum Beispiel kannte ich einen außerordentlich intelligenten und fähigen Mann, der sein ganzes Leben damit verbrachte, als Schalterbeamter bei der Post zu arbeiten. Als ich ihn danach fragte, antwortete er, daß er mit seiner Arbeit wirklich zufrieden sei. Nachdem er zwanzig Jahre lang bei der Post gearbeitet hatte, legte er aufgrund der Ermutigung seiner Frau ein Beamtenexamen für eine sehr viel bessere und interessantere Position ab. Er war besser als alle anderen Kandidaten. Er versank sofort in eine tiefe Depression, die er erst überwand, nachdem seine Frau ihn überzeugt hatte, daß er doch bei seinem Schalterbeamtenjob bleiben sollte. Unglücklicherweise hatte er panische Angst vor einer therapeutischen Behandlung und kam niemals mit dem untergründigen, lähmenden Selbsthaß in Kontakt. Dieser Kontakt hätte ein wirkliches Akzeptieren seiner selbst, ein Wachstum und eine Veränderung ermöglicht. Wenn er, statt zu resignieren, sich selbst akzeptiert hätte, dann hätte die Möglichkeit von Veränderung und Wachstum nicht Panik und Depression hervorgerufen, so zufrieden er auch immer in seinem Job war.

Resignation ist häufig der einzige Wege aus einem schmerzhaften Dilemma, bei dem wir zum einen unter dem Zwang von Gipfelerfahrungen stehen und zum anderen für Fehlschläge intensiven Selbsthaß erleiden müssen. Wenn wir uns in einen Zustand resignierender Ohnmacht versenken, dann ist dies allerdings ein Versuch, das Leben unter Bedingungen aufrechtzuerhalten, die dem Leben auf einer realistischen Basis gänzlich entgegenstehen. Wenn wir die kulturellen Zwänge bekämpfen und auf dem Recht bestehen, zu verlieren und sogar zu sterben, dann ist dies ein wichtiger Akt, Resignation zu durchbrechen und lebendig zu werden. Wenn wir um das Recht kämpfen, unseren persönlichen Lebensstil aufrechtzuerhalten gegenüber der diktatorischen Anfeuerung, immer höhere und ruhmreichere Gipfelpositionen zu erklimmen, dann wird uns ein solcher Kampf unermeßlich große Hilfe leisten, einen Sinn für inneren persönlichen Reichtum und für Harmonie zu entwickeln.

Unsere Gesellschaft trägt weitgehend dazu bei, uns zu Stimulationssüchtigen zu machen. Dies entspringt zum Teil einer Furcht vor innerem Frieden und einem Widerwillen, mit uns selbst zufrieden zu sein. Zufriedenheit wird mit innerem Totsein und mit einem abtötenden Resignationsprozeß verwechselt, und sie wird als Stagnation angesehen. Eine Abhängigkeit von Stimulation ist der künstliche Versuch, der Stagnation zu widerstehen und ein zwanghaftes Streben weiter zu fördern. Dazu gehören alle Formen der Stimulation: das ständige Suchen nach Vergnügung, nie verstummende Geräuschkulissen, endlose neue Unternehmungen, zwanghafte sexuelle Aktivität, tollkühne Manöver etc.

Tatsächlich aber ist Zufriedenheit der fruchtbarste Boden für ein wirkliches inneres Wachsen, weil darin Frieden und Energie liegen, die notwendig sind, um zuzuhören, eine Sache zu begreifen und eine Entscheidung zu treffen, die aus dem eigenen Leben, dem Bewußtsein *Ich bin ich,* entspringt. Wenn wir unsere eigenen inneren Quellen aktivieren, wenn wir uns selbst respektieren und ernst nehmen und auf uns selbst gut achten, dann engagieren wir uns in dem konstruktiven Prozeß, die Bedingungen, unter denen Menschen leben, auf einer realistischen Basis zu akzeptieren. Dazu gehört, daß ein Verlust oder ein Fehlschlag unvermeidlich sind, daß wir Risiken eingehen und nach weiteren, bereichernden Erfahrungen suchen, die Lernen und Wachstum möglich machen.

Wettbewerb, gleiche Rechte und faires Verhalten

In unserer Gesellschaft werden die Tugenden des Miteinander-Rivalisierens und des ‚FairPlay' in den Himmel gehoben Opportunismus ist verschrien. Aber die Grenzen zwischen dem ‚Fair Play' und Opportunismus sind verschwommen und überlagern einander. Viele von uns sind sich nicht ganz im klaren über die feinen Grenzlinien, die einen ‚einfachen, gutmütigen Spaß' von ‚gesundem Wettbewerb' und von einem ‚unfairen Ausnutzen eines anderen' abgrenzen.

Im Gegensatz zu anderen in unserer Gesellschaft vorherrschenden Überzeugungen glaube ich, daß intensiver Wettbewerb nur selten das Beste, oft das Schlechteste in uns zu Tage fördert. Gewöhnlich dient Wettbewerb als ein Stimulus und Lockmittel, aber durch dieses Lockmittel werden unsere Bedürfnisse und unser Wohlbefinden und die Möglichkeit einer wirklichen Zusammenarbeit mit anderen häufig auf skrupellose und destruktive Weise mißachtet.

Unsere Gesellschaft will das Prinzip der Gleichheit und gleichermaßen das der Überlegenheit durchsetzen und produziert so eine unmögliche, ausweglose Situation. Es ist ganz einfach nicht möglich, Menschen vom Standpunkt einer Wettbewerbshierarchie aus zu sehen und sich zugleich mit ihnen auf einer Ebene fühlen. Obwohl in unserem Kulturkreis die Vorzüge der Gleichheit und der gleichen Rechte gepriesen werden, geschieht in der Praxis dennoch das genaue Gegenteil, und viele von uns sehen auf einer tieferen emotionalen Ebene Gleichheit als einen Fluch an. Zusammenarbeit, Kooperation wird unbewußt von vielen als unmännlich empfunden, vor allem von den sehr Traditionsorientierten.

Viele Männer in unserer Gesellschaft wachsen auf in dem Glauben, daß das Leben als Mann eine gewisse Hierarchie und einen andauernden Kampf um das Ausstechen der Mitmenschen notwendig macht. Ich glaube, daß diese Sichtweise zu einem großen Teil daraus resultiert, daß Kinder schon sehr früh an Sportwettbewerben teilnehmen. Wir stecken kleine Kinder in miteinander rivalisiernde Leichtathletikgruppen, wodurch sie dann angeblich „Selbstachtung" gewinnen sollen, obwohl nur sehr wenige von ihnen später zu professionellen Athleten werden. Anstelle einer wirklichen inneren Selbstachtung lernen sie von den Eltern, vom

Trainer und den Zuschauern, daß der Sieg sehr viel wichtiger ist als die Freude am Spiel und daß Verlieren eine Schande ist. Viele (amerikanische) Männer empfinden sich in ihrem Leben als unvollkommen oder als nicht kompetent, weil sie keine Gewinner sind und weil sie, so lächerlich dies klingen mag, in ihrer Jugend keine guten Sportler waren. Sie glauben und empfinden dies trotz der Tatsache, daß ihre Lebensarbeit wenig oder nichts mit körperlichen Unternehmungen zu tun hat. Dieses Gefühl trägt auch dazu bei, daß sie sich vor einer wirklichen Kooperation mit ihren Mitmenschen („dem gegnerischen Team") fürchten und daß ihre Vorstellungen darüber, was eigentlich maskulin sei, verworren sind.

Unsere Wettbewerbsgesellschaft betont die Unterschiede zwischen uns noch weiter dadurch, daß sie die Welt in Kategorien unterteilt, die nach unterschiedlichen Wert- oder Privilegiensystemen ausgerichtet sind. Eine der Kategorien oder eine der Welten orientiert sich an der Berühmtheit oder Bekanntheit; eine andere am ererbten Geld; eine weitere an der Geldsumme, die man im Jahr verdient; wiederum eine andere am Aussehen. Der berufliche Status und das Prestige, intellektuelle Fähigkeiten und Examina und erfolgreich abgelegte Prüfungen, Körperkraft und Geschicklichkeit, sexuelle Eroberungen wären weitere Wertmaßstäbe, von denen es unendlich viele gibt.

Hackordnungen und Hierarchie erzeugen sogar noch mehr Gefühle der Rivalität und des Wettbewerbs, und sie zwingen uns weiterhin ein Gefühl der Entfremdung von anderen und von der Realität auf und wirken jedem Zusammengehörigkeitsgefühl entgegen. Solche falschen Maßstäbe schaffen kein Klima von Gleichheit und Fairness, sondern sie steigern vielmehr den Druck, einen bestimmten Status auf Kosten anderer erreichen zu wollen, sie nähren Mißtrauen, Gefühle von Verfolgungswahn und die panische Angst, einen bestimmten Status zu verlieren. Wir müssen andauernd gegen diese sozialen Zwänge ankämpfen.

Dennoch stützt unsere Gesellschaft insgeheim immer wieder die Behauptung, daß Wettbewerb konstruktiv sei, auf verschiedene Weise. Uns wird andauernd eingetrichtert, daß wir durch Wettbewerb lernen, uns durchzusetzen und kreativ zu werden. Diese Art von Logik ist verschleierte Besitzgier (im Geschäftsleben kann man dies mit ‚korporative Gier' übersetzen), und die brutalen und zerstörerischen Auswirkungen auf uns und andere werden außer acht gelassen. Die Durchsetzungsfähigkeit verlangt nach einer Entwicklung der Persönlichkeit und danach, diese Persönlichkeit einzusetzen, sich das Recht zu nehmen, die eigenen Rechte zu fordern. Aggressivität bedeutet, seine Mitmenschen einzuschüchtern und kleinzumachen, um dadurch sein eigenes Ego aufzubauen und sein Gefühl von Unzulänglichkeit und Schwäche zu maskieren.

Der auf uns lastende Druck, daß wir nicht nur rivalisieren, sondern immer gewinnen müssen, produziert in unserer Gesellschaft riesige Quellen des Selbsthasses, aus denen wir endlos neue Reserven beziehen können – wenn wir dies zulassen! Wenn wir alle miteinander rivalisieren, um zu gewinnen, und zwar in den kleineren ‚Welten', die ich schon erwähnt habe (Geld, Prestige, Berühmtheit, Schönheit), dann muß es offensichtlich auch Verlierer geben. Zu verlieren wird in unserer Gesellschaft unmäßig gefürchtet, und es löst ein übermäßiges Entsetzen aus. Aber es darf keine Schande sein, wenn man sein Bestes getan hat und wenn die eigenen Wertvorstellungen davon abhängen, was *mein eigenes Bestes* ist, und weniger davon, was unsere Gesellschaft als „am besten" betrachtet.

Ich betrachte Wettbewerb und Rivalität als eine Form von Projektion, bei der die Entwicklung des eigenen Selbst und des *Ich bin das Zentrum meiner Welt* aus der Hand gegeben werden, damit man seinen Mitmenschen schlagen und besiegen kann. Wenn ich mich mehr als um mich selbst darum bekümmere, daß ich andere übertreffe, dann nehme ich ihn als Maßstab und mißachte zugleich meine eigenen Gefühle und Bedürfnisse. Wenn ich in dieser Weise mein inneres Bezugssystem nach außen verlege, so daß meine Selbstachtung eine Funktion dessen ist, wie ich anderen gegenüber abschneide, dann ist dies vielleicht der destruktivste Aspekt des Wettbewerbs im Hinblick auf mich selbst. In diesem Schema bin ich nicht mehr das Zentrum meines Lebens. Es bedeutet, daß ich andere Leute auslauge, um meine narzistischen Bedürfnisse zu befriedigen, und daß ich sie in sadistische Manöver verwickle.

Wenn wir die Werte anderer zu unserem Maßstab und zu unserem inneren Motor machen, dann ist dies unweigerlich mit einem zwanghaften, ungesunden Bedürfnis nach übermäßiger Bewunderung verbunden (im Gegensatz zu dem schlichten Bedürfnis nach gegenseitiger Anerkennung untereinander). Dadurch werden unweigerlich enorme Energiereserven abgezogen, die sonst im Dienste von wirklicher Selbstentwicklung, Entfaltung und Erfüllung genutzt würden. Wir sind alle in gewisser Weise die Opfer von gesellschaftlichen Zwängen und Mechanismen. Es steht uns gut an, mit uns selbst liebevoll und sorgfältig umzugehen, so daß wir besser in der Lage sind, dieser Art von kulturellem Zwang und Mythos zu widerstehen und alles zu tun, was in unserer Macht steht, um uns selbst wiederzugewinnen.

Betrug, Hilflosigkeit, Abhängigkeit und Zurückweisung

Wir sind alle zu einem gewissen Grade hilflos, abhängig, zurückgewiesen und ausgenutzt, was manchmal schlimme Formen annehmen kann. Aber einige von uns verbrauchen viel Zeit und Energie damit, mit dem Gefühl herumzulaufen, andauernd mißbraucht zu werden. Einige von uns verbringen sogar ein ganzes Leben damit, sich gegen Hilflosigkeit zu wappnen, gegen Verlust, Abhängigkeit, Zurückweisung und Ausbeutung. Unser Kulturkreis trägt mit diesen unmenschlichen unhaltbaren Maßstäben dazu bei, daß solche Gefühle entstehen.

Man versucht uns davon zu überzeugen, daß vollkommene Unabhängigkeit nicht nur möglich ist, sondern auch um jeden Preis errungen werden muß. Jede Art von Abhängigkeit wird als schreckliche Schwäche angesehen, vor allem bei Männern, wo sie als Mangel an Männlichkeit betrachtet wird. Paradoxerweise wird diese negative Einstellung zur Abhängigkeit gefördert, und zugleich wird die gegensätzliche Idee propagiert, daß wir in einer in sich geschlossenen Gesellschaft leben, in der Kooperation und ein Austausch von Talenten und Energien zum Überleben notwendig sind. Der letzte Standpunkt ist natürlich der richtige.

Wir sind in der Tat voneinander abhängig, und während die Illusion von Abhängigkeit, die ich vorher beschrieben habe, Ausdruck einer Neurose ist, ist ein gesundes Zusammenspiel und eine gewisse gegenseitige Abhängigkeit für das menschliche Überleben notwendig. In unserem Gesellschaftssystem wird jedoch beides miteinander verwechselt. Man verlangt nach einem Maß von menschlicher Unabhängigkeit, das nicht erreicht werden kann; wenn es doch erreicht werden könnte, dann würde es sowohl die zwischenmenschliche Kooperation als auch Kommunikation zerstören. Wir würden als isolierte Wesen leben und nicht mehr untereinander in Beziehung treten. Aber bei uns ist man sogar noch rigoroser und weit strenger bei der Beurteilung menschlicher Hilflosigkeit. Hilflosigkeit gilt bei uns als Sünde! Bei Männern ist es überhaupt die schlimmste aller Sünden! Obwohl es unsere Kultur anders vorschreibt, ist es unmöglich, in diesem Bereich nicht zu sündigen.

Wir werden hilflos geboren und werden weiterhin hilflos bleiben und unser ganzes Leben lang der Hilfe unserer Mitmenschen bedürfen, und wir werden nach unserem Tod begraben werden müssen. Das Recht auf Hilflosigkeit, selbst wenn es in unserem Kulturkreis nicht akzeptiert wird, ist ein menschliches Recht, um das wir kämpfen müssen. Die Anforderungen unserer Gesellschaft können in eine andere Richtung gehen, aber wir müssen uns selbst von intensivem Selbsthaß und schwerer Angst befreien.

Einige der schmerzhaftesten Angstzustände, deren Zeuge ich wurde, traten bei Menschen auf, die sich selbst in einer Situation erlebten, in der sie potentiell hilflos waren. Sie hatten panische Angst vor dem Selbsthaß, der aufgrund ihrer Erfahrung folgen würde. Sie hatten praktisch eine Gehirnwäsche durchmachen müssen und glaubten nun, daß „wirkliche Männer" immer unabhängig, niemals hilflos sind und niemals Hilfe brauchen. Für viele dieser Männer bedeutete allein die Tatsache, daß sie mich aufsuchen mußten, einen schrecklichen Angriff auf ihr stolzes Bewußtsein, niemals hilflos sein zu müssen. Es ist nicht leicht, einmal von dieser Bergspitze herunterzukommen, aber es ist letztendlich enorm erleichternd und stabilisierend. Ich habe solche Männer manchmal gefragt: „Wer sind Sie eigentlich, daß sie niemals zurückgewiesen und betrogen werden dürfen?" Dadurch wird gewöhnlich eine sofortige Reaktion und ein innerer Kampf um mehr Menschlichkeit ausgelöst.

Und wie verhält es sich damit, zurückgewiesen, übervorteilt oder sogar betrogen zu werden? Niemand von uns ist darüber glücklich. Aber wenn wir nun wirklich zurückgewiesen oder übervorteilt oder betrogen werden, ist das ein grundsätzlicher Fehler? Natürlich nicht! So seltsam es auch klingen mag, aber wir müssen tatsächlich um das Recht kämpfen, auch einmal zurückgewiesen werden zu dürfen. Wir müssen auch um das Recht kämpfen, zuweilen übervorteilt und betrogen zu werden, ohne dabei gleich das Gefühl zu haben, wir hätten eine bedauerliche Tat begangen oder etwas radikal Falsches gemacht.

Im Abschnitt über Selbstliebe und Einfühlungsvermögen in diesem Buch habe ich die Reaktion meiner Patientin auf Zurückweisung beschrieben. Zwar hatte ihre persönliche Neurose und Reaktion komplizierte und vielfältige Ursprünge, die sich auf ganz verschiedene Weise manifestierten, doch unsere Gesellschaft bietet in diesem Bereich auch viele Möglichkeiten und Auslöser für den Selbsthaß. Entgegen verbreiteter Vorstellungen, die das Gegenteil besagen, gibt es niemals die Situation, in der wir von allen und vollkommen akzeptiert werden. Wir werden häufig von anderen Menschen zurückgewiesen werden, und zwar auch von Menschen und Freunden, an denen uns viel liegt. Was wir machen und wie wir unser Leben im Griff haben, ist ohne Belang, denn wir werden nicht auf alle Parties eingeladen werden, wir werden nicht zu allen nur möglichen Aufgaben und Rollen gebeten, und man wird uns nicht bitten, alle interessanten beruflichen Positionen anzunehmen. Dies braucht für unseren Stolz und unsere Würde keine Beleidigung und kein Affront zu sein, und es ist auch kein Anlaß für Selbsthaß in irgendeiner Form. Wir können uns selbst aber nur dann in dieser Weise beruhigen, wenn wir nicht darauf bestehen, daß uns niemals Zurückweisung widerfahren wird, daß wir als Menschen das Recht haben, zurückgewiesen zu werden und dabei gleichzeitig relativ gleichmütig zu sein und daß wir auch das Recht haben, andere zurückzuweisen. Leider wird uns durch die ungeschriebenen Gesetze unseres Kulturkreises etwas ganz anderes vorgeschrieben, so daß wir immer wieder unsere Reaktion auf das Zurückweisen überprüfen müssen, und zwar so lange, bis wir sie fest unter Kontrolle haben.

Übergroße Verletzlichkeit und Empfindlichkeit gegenüber Zurückweisung sind für unser Selbstvertrauen, unsere Stimmung, unser inneres Rückgrat außerordentlich destruktiv, aber diese Verletzlichkeit kann nur dann fühlbar herabgesetzt werden, wenn unsere Selbstannahme so echt und liebevoll wird, daß es für unsere innere Zufriedenheit nicht notwendig ist, daß jeder Mensch auf der Welt uns akzeptieren muß. Dasselbe gilt für den Zustand des Betrogenseins. Ich habe Männer gekannt, die sich enorm elend fühlten und sehr viel Geschick und Zeit eingesetzt haben, um gegen diesen Zustand Verteidigungsmechanismen aufzubauen. Sie wollten auch ein Unrecht, das ihnen angetan wurde, wieder gutmachen, und zwar um des sogenannten Prinzips willen. Einige von diesen Männern träumten, daß ihnen Homosexuelle zu nahe getreten wären; der Grund für solche Träume lag darin, daß sie im geschäftlichen Bereich ausgenutzt oder manipuliert worden waren, als ob man sie vergewaltigt hätte, wie sie es selbst beschrieben.

Unseligerweise wird in unserer Gesellschaft seit langem Männlichkeit damit gleichgesetzt, daß man jede Situation im Griff hat und sie zu meistern weiß. Tatsache ist, daß diese katastrophal falsche Einstellung immer noch mehr an Boden gewinnt, und sie erzeugt beträchtliche Depression, weil jeder einzelne von uns in seiner Menschlichkeit, seiner Kompetenz, seiner Reife und seiner Urteilskraft zu Zeiten betrogen, manipuliert, hinters Licht geführt und ausgetrickst wird, weil er zeitweise auch ganz die Kontrolle verlieren und sogar ganz hilflos sein wird. Jedoch befindet sich jeder von uns gelegentlich zwangsläufig in Situationen, in denen wir realistischerweise hilflos und abhängig sind und in denen wir der Hilfe anderer Menschen bedürfen. Dies ist möglicherweise der Fall aufgrund von Krankheit, Alter, unvorhergesehenen Ereignissen, einem Mangel an Fachwissen, aber es wird sicherlich in unser aller Leben einmal so geschehen.

Viele Leute haben zu mir gesagt: „Ich kann es nicht ertragen, wenn man mich ausnutzt“. Meine Antwort darauf ist: „Warum nicht, sind Sie denn nicht ein gewöhnlicher Mensch? Erlauben Sie

sie sich doch selber, daß man Sie einmal ausnutzt." Ich habe andere sagen hören: „Ich könnte es nicht ertragen, jemanden um Hilfe zu bitten – ich würde lieber sterben." Der Mensch, der lieber den Tod wählt, als um Hilfe zu bitten, ist bereits vor Jahren gestorben. Es ist unmöglich, das Leben im Rahmen des Möglichen auszukosten und mit den widersprüchlichen Bedürfnissen nach totaler Kontrolle und nach vollkommener Unabhängigkeit zu leben; gleichzeitig kann man nicht erwarten, daß man die Vorteile der Kooperation auskosten kann. In dem Fall muß man einen schmerzhaften, aber menschlichen Kampf kämpfen, um von dieser schrecklichen privilegierten Position wegzukommen und mit beiden Beinen wieder auf der Erde zu stehen. Es gibt Zeiten, in denen wir von unseren inneren Kraftquellen abgeschnitten sind, dennoch besitzen wir sie und es werden andere Zeiten kommen, in denen wir in der Lage sind, unsere Kräfte zu aktivieren. Wir können dieses Wissen, wenn wir es tief in uns empfinden, dazu benutzen, den gesellschaftlichen Idealvorstellungen zu widerstehen, die uns in Gefahr bringen, zu weit von unserem wirklichen, liebevollen und sensiblen Selbst abzuweichen.

Anerkennung

Die meisten von uns sind nur mit sich selbst beschäftigt. Bewunderung von anderen ist für viele von uns sehr wichtig – aber in welchem Maße denken wir selbst auch an andere, und was erwarten wir von ihnen hinsichtlich der Zeit, die sie uns widmen sollen? Traurigerweise wird in unserer Gesellschaft die Wichtigkeit von Anerkennung durch andere maßlos hochgespielt. Selbst wenn wir Anerkennung verdienen und sie auch wirklich erfahren, dann ist sie doch unweigerlich zugleich sehr flüchtig und sehr begrenzt in ihrer therapeutischen Wirkung. Da in unserer Gesellschaft verworrene Vorstellungen über den Wert der Bescheidenheit bestehen, wird dem Vorgang der Selbstanerkennung zu wenig Bedeutung beigemessen. Wenn wir uns selbst mit genügend angemessenem und anerkennendem Ernst zu nehmen wissen, dann wird dadurch das zwanghafte und frustrierende Bedürfnis nach Anerkennung durch andere geringer. Selbstanerkennung bedeutet, daß man die eigenen

Vorzüge sehr genau kennt und akzeptiert und daß man bereit und fähig ist, sie anzuzapfen und für sich selbst einzusetzen. Dies steht im Gegensatz zu Gefühlen der eigenen Unzulänglichkeit, die entweder zu einer selbstauslöschenden Unterwürfigkeit führen oder auch zu einer kompensatorischen Grandiosität.

Verrat und Betrug

Zu einem bestimmten Ausmaß und zu bestimmten Zeiten unseres Lebens betrügen wir uns selbst und andere. Es ist menschlich, loyal zu sein und zu betrügen, und es ist nicht nur Heiligen oder Verrätern vorbehalten. Das Leben ist hart, und manchmal ist unsere Furcht vor zu hohen Idealvorstellungen einfach zu groß, um mit ihnen in leichteren Zeiten leichter leben zu können.

Sadismus und Masochismus

Ich stimme mit Karen Horney darin überein, daß Sadismus und Masochismus das Ergebnis von Gefühlen inneren Abgestorbenseins sind und daß sie einen letzten Versuch darstellen, uns selbst dahingehend zu stimulieren, daß wir gewisse Gefühle von Lebendigkeit haben. Wir sind alle bis zu einem gewissen Grade sadistisch und masochistisch. Keiner von uns ist davon ausgenommen, wie zerstörerisch auch immer das Hervorrufen von Schmerz in uns und in anderen sein mag. Unsere Gesellschaft beurteilt Masochismus und Sadismus ambivalent. Wir können sie in rachsüchtig triumphierenden Aktionen vorfinden, wie wir es in Filmen, im Fernsehen und in Romanen erleben, aber zugleich ist die moralische Bewertung solcher Racheakte auch hart und wiederum sadistisch. Sadismus, vor allem der offensichtliche, ‚schreiende' Sadismus, bedarf des liebevollen Mitgefühls, wenn er überwunden werden soll, aber gewöhnlich wird durch sadistische Akte wiederum bei anderen Sadismus ausgelöst. Todesstrafe, Töten um des Tötens willen, das Ausschließen eines Sadisten aus einem Leben mit mehr Liebe und Mitgefühl ist eine Art, diese Philosophie auszuleben.

Dumme Menschen

Wir verachten dumme Menschen. Aber wir alle sind zu Zeiten dumm, blöd und albern, daher müssen wir das Recht in Anspruch nehmen, oft eben nicht ganz weise und manchmal einfach lächerlich zu sein.

Logik, Verstand und Gefühle

In unserer Kultur werden Logik und Verstand hoch geschätzt und man steht häufig Gefühlen so feindselig gegenüber, daß man versucht, sie ganz zu unterdrücken. Aus dieser verzerrten Sicht wird dann die paradoxe Vorstellung und Furcht entwickelt, daß Gefühle *Irrationalität bedeuten.* Als menschliche Wesen können wir sehr viele logische Schlüsse aus Erfahrungen ziehen, wenn wir unsere Gefühle als Rezeptoren und Informationsfundus gebrauchen. Gefühle werden auf der anderen Seite durch rationales Denken und Logik ergänzt. Eines braucht das andere nicht auszuschließen, und wenn beides auf gesunde Weise integriert ist, dann gewinnen wir daraus Information über uns selbst und über die ganze Welt.

Wir hören sehr viel über den Wert von kühler Logik und über die Gefahr, Gefühle bei der Einschätzung wichtiger Entscheidungen mitspielen zu lassen. In den meisten Fällen hat kühle Logik ohne Gefühle als Quelle umfassender und gültiger Informationen nur einen sehr beschränkten Wert. Zwar versucht uns unser kulturelles Umfeld etwas anderes vorzumachen, aber es steht fest, daß wir der Logik unserer Gefühle mehr vertrauen können als logischen Schlußfolgerungen, wenn unser Fühlen und Denken nicht übereinstimmen.

Dies gilt für die Einschätzung der Realität, und es gilt auch dafür, wie ich mich in bezug auf die meisten Dinge, die eine Wahl und Entscheidung erfordern, verhalten sollte.

Sagen wir einmal, daß ich einen potentiellen Kandidaten für eine psychoanalytische Ausbildung teste. Auf einer logischen und rationalen Ebene kann ich erkennen, daß seine Ausbildung in der Vergangenheit, seine Noten und Referenzen im allgemeinen vollkommen akzeptabel sind. *Aber* aufgrund unseres Gespräches habe ich das Gefühl, daß er für diese Art von Arbeit nicht der Richtige ist. Er gibt die „richtigen" Antworten, aber mein Gefühl, daß er für psychoanalytische Arbeit „nicht geeignet" ist, bleibt bestehen. Vielleicht habe ich das Gefühl, daß er nicht empfindsam und einfühlsam genug ist. Ich kann mein Gefühl nicht logisch begründen, aber ich bin mir sicher. Schließlich weise ich ihn in meiner endgültigen Entscheidung für eine Ausbildung zurück. Die Wahrnehmung meiner Realität und die Entscheidung, die ich daraufhin treffe, muß auf dem basieren, was ich fühle. Dies ist nicht überraschend, denn meine Gefühle gehen dahin, alle Aspekte meines Selbst relativ frei von verwässernden äußeren Einflüssen zu repräsentieren. Mein logischer und denkender Verstand vernachlässigt häufig solche Aspekte meines Selbst, die vielleicht augenblicklich bestimmten äußeren kulturellen Einflüssen nicht entsprechen. Während ich im Idealfall meine Gefühle und mein intellektuelles Selbst als integrierte Einheit aktiviere, habe ich doch gelernt, daß ich im Zweifelsfall mir selbst einen besseren Dienst erweise, wenn ich mehr auf die Musik als auf die Worte höre. Die Musik zeigt an, wie ich fühle.

Stimmungen

Ich sehe Stimmungen als komplexe Kombinationen von Gefühlen an, und ich betrachte alle Stimmungen, auch die düstersten, als menschlich und akzeptabel. Wir sprechen hier wohlgemerkt von Stimmungen, nicht von Handlungen. Wir müssen gänzlich verschiedene Stimmungen zulassen und akzeptieren, wie zum Beispiel die Trägheit, die Vitalität, das Glück, die Traurigkeit, den Sex, die Widerwärtigkeit, die Zurückgezogenheit, den Charme, die Kälte, den Luxus, den Geiz, die Verletzlichkeit, die Zähigkeit, die Zerbrechlichkeit, die Reizbarkeit, die Provokation, die Nostalgie, die Einsamkeit, die Sentimentalität, die Schönheit, die Häßlichkeit, die Meisterhaftigkeit, die Kindlichkeit, die Liebe, das Alter, die Weisheit und die Dummheit. Wir müssen auch noch vieles andere zulassen, wie etwa Mischungen dieser emotionalen Zustände, die weitgehend in bloßen Worten gar nicht zu beschreiben sind. Sogar

Kunst in allen ihren Manifestationen kann nicht die vielen Stimmungen einfangen, die das menschliche Leben ausmachen.

Ich nenne dies Stimmungen und nicht Gefühle, denn so wie Symphonien aus vielen Themen und vielen Noten komponiert werden, bestehen diese Zustände aus vielen Gefühlen und Kombinationen von Gefühlen, und es entsteht ein komplexes Gebilde, das über ein einzelnes Gefühl hinausgeht. Anders als Charakeristika oder Persönlichkeitszüge sind sie niemals festgelegt, und sie können nur selten genau definiert oder auch bestimmten ‚Typen' von Menschen zugeordnet werden. Es gibt sie alle in allen von uns. Stimmungen halten sich selten über einen langen Zeitraum hinweg. Sie verändern sich so wie die Gefühlsmischungen, die aus unserer Psyche aufsteigen, und sie werden von Einflüssen der Umwelt gesteuert. Manchmal können wir eine Stimmung kontrollieren und sogar ändern, aber das ist relativ selten.

Aber in unserem kulturellen Umfeld wird auf bestimmte Gefühle und Stimmungen herabgesehen, als seien sie schlecht und sogar widerwärtig und dem menschlichen Status nicht angemessen. Ich habe sehr viele Leute getroffen, die sagten, „Ich weiß nicht, was mit mir los ist, ich fühle mich so faul" oder „so verletzlich" oder „so empfindlich" oder „so benommen und kindisch" oder „so einsam" und so weiter. Dies mit Mißtrauen zu betrachten, ist weitgehend ein Ausdruck unserer kulturellen Vorurteile.

Stimmungen sollten überhaupt keiner Rechtfertigung bedürfen. Wie bei kleinen Kindern, die sich einfach so fühlen wie sie sich fühlen, *„weil . . ."* muß uns auch das Gefühl erlaubt sein, weil wir fühlen. Dies gilt ganz besonders für sehr schmerzhafte und chronisch andauernde Stimmungen, bei denen ein Verlust des Realitätssinnes und eine Funktionsunfähigkeit eintritt. Sie dürfen auch nicht abwertend betrachtet werden, sondern sie müssen vielmehr mit einem tiefen Respekt und Einfühlungsvermögen für die komplexen und machtvollen psychischen Dynamismen, denen sie entspringen, akzeptiert werden.

Das Bedürfnis, einem bedrängten Patienten sofort dazu zu verhelfen, seinen schmerzlichen Gefühlen zu entrinnen, ist leicht verständlich. Aber dieser Drang kann zu einer großen Vereinfachung mit destruktiven Folgen führen. Zum Beispiel muß ein Mann, dessen Stimmung am besten als „chronische Depression" zu beschreiben ist, als mindestens ebenso komplex angesehen werden wie ein relativ glücklicher Mensch. Der Versuch, seine Stimmung schnell mit Elektroschockbehandlung zu ändern, ohne eine Analyse seines Problems vorzunehmen, kann nicht nur ein persönliches Wachstum verhindern, sondern schließlich sogar noch schlimmere Symptome hervorbringen. Es ist wichtig zu erkennen, daß seine noch so schmerzhafte Stimmung ein wesentlicher Teil von vielen Faktoren und Kräften in seinem Leben ist. Seine Depression und der sozusagen betäubende Nebel, den sie hervorbringt, ist vielleicht für den Moment der einzige Weg, wie er mit dem Leben, so wie er es wahrnimmt, fertig werden kann. Vielleicht muß seine Wahrnehmung des Lebens und der Welt im allgemeinen verändert werden, bevor wir ihn auffordern, seine deprimierte Stimmung aufzugeben. Sonst können wir sogar Selbstmord bei einem Menschen erzeugen, dessen noch so schmerzhafte Stimmung sein einziges Mittel zur Selbsterhaltung ist. Wir müssen seine „schmerzliche Stimmung" respektieren, bevor wir ihm bessere Mittel, mit dem Leben fertig zu werden, in die Hand geben. Das Herangehen an alle Arten von Stimmungen muß in liebevoller, einfühlsamer Weise geschehen; vor allem in den Fällen ist es wichtig, wo oberflächlich eine sofortige Veränderung wünschenswert erscheint, aber sehr sorgfältig überdacht werden muß.

Aber wie ist es mit Stimmungen, von denen wir meinen, wir könnten sie in der Gesellschaft nicht akzeptieren, wie zum Beispiel die Faulheit? Wir haben sie alle, und wir haben alle ein Recht auf sie. Eine träge Stimmung kann ein angenehmer und entspannter Zustand sein und eine notwendige Erholungspause für Zeiten, in denen ganz andere Stimmungen zu Tage treten. Ein Gefühl von Einsamkeit entsteht häufig, wenn wir uns inmitten von Freunden befinden; es kann ein Mittel sein, um alte nostalgische Gefühle für kreative Zwecke anzuzapfen. Aber auf keinen Fall dürfen wir uns abtöten, von uns selbst Abstand nehmen oder uns in einem schlechteren Licht sehen, weil ein überzogenes kulturelles Werturteil uns sagt, daß eine bestimmte Stimmung oder ein bestimmtes

Gefühl ‚nicht angemessen' oder ‚nicht gut' seien. Je empfindsamer, lebendiger, entwickelter und entfalteter wir sind, desto reicher wird das Spektrum unserer Stimmungen sein. Dieses weite Spektrum von Stimmungen verdient es, menschlich akzeptiert und gewürdigt zu werden, und es verdient niemals Selbsthaß.

Ärger

Ärger wird wahrscheinlich unter allen menschlichen Emotionen am heftigsten abgelehnt. Ärger wird als unmoralisch, ungesund, verrückt, unreif, primitiv, grob, gefährlich usw. angesehen. Ärger wird betrachtet als Gegenspieler der Liebe und als ein Zerstörer von Liebe, Respekt, Beziehungen und Menschlichkeit. Daher wird Ärger, mehr als irgendein anderes menschliches Gefühl, verdrängt. Diese Verdrängung und das unvermeidliche Wiederauftreten rufen Angst hervor, und zwar, so glaube ich, mehr als irgendein anderer psychologischer Mechanismus, dem wir uns hingeben. Dadurch wiederum entsteht ein ganzes Bündel von Emotionen, die alle Formen von Selbsthaß sind. Trotz kultureller Zwänge und trotz gegenteiliger Behauptungen müssen Menschen, die ausreichend gesund sind, um überhaupt etwas zu fühlen, viele Male in ihrem Leben Ärger empfinden und deutlich spüren.

Ärger ist bei Verdrängung ein Zerstörer, der andere Gefühle blockiert und schließlich auf explosive Weise herauskommt. Wenn man ihn relativ frei zuläßt, dann ist er eines der menschlichsten und wärmsten Gefühle. Er zeigt an, daß wir uns genügend um eine Sache bekümmern, um Mißfallen zu empfinden und auszudrücken. Er reinigt auch die Luft, so daß ein freier Austausch stattfinden kann. Dazu gehört auch der Austausch von liebevollen Gefühlen, die durch verdrängten Ärger blockiert werden. Unsere Gesellschaft ist besonders bei Ärger von Kindern unrealistisch. Man betrachtet es als Ausdruck guter Manieren, als angemessen und natürlich, daß Kinder ihre Gefühle von Ärger und Wut noch mehr kontrollieren als ihre Eltern. Das zentrale Nervensystem von Kindern ist noch nicht entwickelt und unstabil; für sie ist eine Kontrolle sehr viel schwieriger. Auf jeden Fall werden in unserem kulturellen mfeld unvernünftige Forderungen an uns gestellt, was dieses allermenschlichste von allen menschlichen Gefühlen anbetrifft, und in dem Kampf um Mitgefühl und Liebe ist das Recht, Ärger zu empfinden und auszudrücken, überaus wichtig.

Traurigkeit

In unserem Gesellschaftssystem wird Depression als etwas Negatives betrachtet. Dies gilt auch für Traurigkeit und Niedergeschlagenheit. Man glaubt, daß es notwendig ist, immer in Bewegung zu sein, auf den Füßen zu stehen und gut gelaunt zu sein, unabhängig von der Tatsache, ob die Umstände auch entsprechend positiv sind oder nicht. Dies führt häufig dazu, daß wir deprimiert werden und beginnen, uns selbst zu hassen, *weil wir deprimiert sind,* obwohl unsere anfängliche Depression möglicherweise vollkommen angemessen war. Viele von uns haben besondere Schwierigkeiten, weil wir uns nicht fröhlich fühlen, wenn unser Kalender diktiert: Jetzt ist die Jahreszeit, um fröhlich zu sein'*). ‚Feiertagsdepressionen' kommen oft vor. Wenn wir auf eine Tragödie mit traurigen und angemessen depressiven Gefühlen reagieren, ist das ein Anzeichen dafür, daß wir lebendig sind, daß wir aktiv empfinden und menschlich mitfühlen können. Gefühle von Traurigkeit und Depression, die von einem tragischen Ereignis oder von Selbsthaß kommen, verdienen ebenso viel Respekt wie Gefühle von Freude und Glück.

Optimismus und Pessimismus

Es gibt viele Situationen, die das Recht und die Fähigkeit verlangen, „Ich kann nicht" sagen zu können, ohne daß dies ein Beweis für unangemessenen Pessimismus oder eine zwanghafte Tendenz zum grundlosen Aufgeben wäre. Daneben haben wir alle das Recht, uns zu manchen Zeiten pessimistisch und zu manchen Zeiten optimi-

---

*) Anfangszeile eines amerikanischen Weichnachtsliedes: „It is the season to be jolly"

stisch zu fühlen, auch wenn es in manchen Situationen unangemessen ist. Das ist nur menschlich.

Die Worte „Ich kann nicht", wenn wir sie ohne Selbstanklage zu uns selbst sagen, haben in der Tat eine wohltuende Wirkung, wenn sie ausdrücken, daß wir unmöglichen Anforderungen an uns selbst widerstehen. Unglücklicherweise können viele von uns diese Worte nur dann konstruktiv anwenden, wenn wir etwa nach vielen Jahren von rücksichtslos hochgetriebenen Leistungen eine schwere Herzattacke erlitten haben, oder nachdem wir unseren Seelen und Körpern anderen irreparablen Schaden zugefügt haben, indem wir an uns selbst unvernünftige Ansprüche gestellt haben.

Diese Art von psychosomatischer Selbstattacke ist manchmal der letzte Ausweg, um Selbsthaß zu blockieren, und häufig benutzen wir eine ernste psychosomatische Krankheit, um schmerzhafte emotionale Selbsthaßattacken wie Depressionen, Phobien oder schwere Angstzustände abzuwenden. Die Furcht vor dem Tode ist manchmal die einzige sehr erpresserische Waffe, durch die eine effektive ‚Ich kann nicht'-Haltung gegenüber unerfüllbaren Ansprüchen und Maßstäben hervorgerufen werden kann. Ich habe eine Reihe von Leuten gekannt, die auf eine ernste Erkrankung und einen Krankenhausaufenthalt hofften, damit sie von unerfüllbarem inneren Streben befreit würden. Unsere Gesellschaft ist in dieser Hinsicht außerordentlich destruktiv, und obwohl kleine Versuche gemacht werden, um die Wichtigkeit deutlich zu machen, daß wir für uns selbst gut sorgen, werden wir als Negativ-Menschen und Pessimisten charakterisiert, wenn wir es ablehnen, nach Ruhm zu streben und immer höher geschraubte Leistungen vollbringen wollen.

Träume und Phantasien

Wir alle träumen, haben Tagträume und phantasieren. Messungen der Gehirnaktivität haben gezeigt, daß wir jede Nacht träumen, auch wenn wir uns nicht an unsere Träume erinnern. Wenn wir aus dem Schlaf aufgeweckt werden, dann bauen wir ein ‚Traumdefizit' auf und kompensieren das in den darauffolgenden Nächten. Es scheint, daß unser Körper diese Art von andauernder Gehirnaktivität auch während der Ruheperioden braucht. Gemessen an den Maßstäben unseres wachen Bewußtseins brauchen unsere Traumvorstellungen nicht rational oder logisch zu sein, wenn wir uns einmal fallenlassen; auch in unseren Träumen oder Tagträumen liegen phantastische kreative Möglichkeiten. Manchmal arbeiten wir durch diese unbeschränkte Bewegungsfreiheit in unseren Träumen Probleme aus, die wir in wachen Stunden nicht lösen können. *Aber* in unserem kulturellen Umfeld wird der Vorgang des Träumens herabgewürdigt und häufig verächtlich ignoriert. Immer wieder höre ich Leute prahlen, vor allem Männer, daß sie nicht träumen. Warum schrecken wir vor Träumen zurück? Träumen kommt unseren Gefühlen, unserer eigenen inneren Poesie zu nahe, und es verursacht uns Unbehagen. Vielleicht liegt es auch daran, daß Menschen, und vor allem Männer, alles das im Menschen mit Mißtrauen betrachten, was sich nicht sofort auf kontrollierbare, logische, rationale Begriffe reduzieren läßt.

Sicherheit und Glück

Sicherheit gibt es in keinem Bereich des Lebens. Leben ist ein Vorgang der Veränderung – er hört nie auf und bleibt auch nur gewisse Momente lang gleich. Dieser Zustand ist auf keinen Fall ewig. Eine winzige relative Sicherheit ist möglich, aber sie fällt angesichts der komplexen, unvorhersehbaren Natur und der Flüchtigkeit des Lebens nicht ins Gewicht. In unserem kulturellen Umfeld werden wir von Sicherheitsgefühlen umgeben, was große Illusionen über die Macht des Geldes und die Möglichkeit von Perfektion in menschlichen Beziehungen angeht. Wir verbringen viel Zeit und Energie mit dem Versuch, uns gegen alle Arten von Notsituationen zu versichern, während ein solcher Versuch eigentlich nichts bringt, im Gegensatz zu dem relativ einfachen Kauf einer Versicherungspolice. Unsere Suche nach Sicherheit bringt häufig ein ritualisiertes, starres Leben hervor, das niemals kommt. Auf unserer Suche nach mythischer Sicherheit durch Geld, Liebe, Prestige, Macht opfern wir häufig das spontane Leben des Hier und Jetzt. Das Beste, was wir tun können, um einen realistischen Sinn für Sicherheit zu entwickeln, besteht darin, die menschliche Tatsache der Unsicherheit zu erkennen und zu akzeptieren. Wir leben von Moment zu Moment. Unser Leben ist flüchtig. Wir leben in einem Zustand des Fließens, und wenn wir uns mit dieser Tatsache einrichten, dann wird es möglich, das Leben intensiver zu leben, und die Leiden, die aus unmöglichen Erwartungen resultieren, zu vermeiden.

Auch Glück und die realistische Variante des *augenblicklichen Wohlfühlens* sind bestenfalls flüchtig. In unserer Gesellschaft werden alle Arten von Wundermitteln angeboten, um unmögliche Höhepunkte von dauerhaftem Glück zu erlangen. Aber wenn wir die riesige Komplexität der menschlichen Psyche betrachten und die unzähligen Gefühle und Stimmungen, die wir haben, weil wir eben Menschen sind, dann kann das Wohlfühlen nur relativ und vorübergehend sein. Dies ist und bleibt eine Realität des menschlichen Lebens, auch wenn in unserem kulturellen Umfeld der Mythos vom großen Glück aufgebaut wird.

Wenn wir Unsicherheiten und die vorübergehende, flüchtige Qualität des Glücks als Bedingungen des Lebens akzeptieren, dann reduzieren wir Illusionen und falsche Erwartungen, wir machen den Zustand des Hier und Jetzt reicher und lebendiger, und wir schätzen die freudigen Momente unseres Lebens mehr.

Ideal, rein, absolut und perfekt

Es gibt unter den Bedingungen des menschlichen Lebens nichts, was rein, ideal oder absolut wäre! Der Tod ist vollkommen, absolut und eine Gewißheit, aber wenn er da ist, dann gehört der betroffene Mensch nicht mehr zu den Menschen. Wenn uns unser kulturelles Umfeld in Richtung *Reinheit* zu drängen versucht, dann drängt es uns entweder zu Unrealistischem oder zum Tode oder zu beidem.

Belastbarkeit, Zähigkeit, Zerbrechlichkeit

Menschen können sehr viel aushalten, aber besser wäre, wenn sie es nicht tun müßten. Wir sind zäh, aber besser wäre, wenn wir es nicht sein müßten. Wir sind auf viele verschiedene Arten zerbrechlich und verletzlich, manche von uns nur in einem Bereich, andere in mehreren, aber Verletzlichkeit in irgendeinem Bereich sollte niemals eine Schande sein. In unserer Gesellschaft wird die Wichtigkeit von Zähigkeit und Belastbarkeit vor allem bei Männern betont, obwohl Männer nicht härter und zäher sind als Frauen. Es werden in dieser Gesellschaft auch Tests, in denen Zähigkeit und Belastbarkeit eingeschätzt werden, zugelassen – Krieg, Wettkämpfe und harter Karrierewettbewerb. Während Zähigkeit und Härte vielleicht notwendig sind, um durch schwierige Situationen hindurchzukommen, sind künstlich geschaffene Anlässe zum Beweis von Zähigkeit und Belastbarkeit kindliche Phantasien von Ruhm und Ausdruck einer primitiven vereinfachenden Weltsicht.

Schulden

Wenn man jemandem gegenüber verschuldet oder verpflichtet ist, den man sogar sehr liebt, dann sollte man diesen Zustand schnell aus der Welt schaffen; so jedenfalls ist die gängige Meinung in der Gesellschaft, in der wir leben. Verschuldet zu sein wird als Ausdruck von Demütigungen und Herabwürdigung der eigenen Person angesehen. Viele Menschen strengen sich sehr an, um eine gewisse Ausgewogenheit zu erreichen, und sie versuchen den Trick zu lernen, wie man gleichzeitig verschuldet sein kann und nicht ausgenutzt wird. Dieser schmale Grat birgt schon die Gefahr eines kleinen Fehltritts in eine der beiden Richtungen in sich, der gewöhnlich schon Grund ist, um Selbsthaßattacken hervorzubringen. Aber wir können nicht mit Leuten auf irgendeiner Ebene eine Beziehung aufnehmen und zugleich mit ihnen eine absolut ausgeglichene ‚Bilanz‘ haben. Wir können es nicht vermeiden, bei Beziehungen gelegentlich „in die roten Zahlen“ zu geraten. Wir sind alle notwendigerweise mitunter verschuldet, und der moralische Anspruch in unserem kulturellen Umfeld, nicht verschuldet zu sein, läßt uns eine Demütigung empfinden.

Unterwürfigkeit und Passivität

Wir verachten ganz besonders Passivität und noch mehr Unterwürfigkeit. Niemand von uns ist jedoch davon ausgenommen, sich in bestimmten Situationen passiv zu fühlen und passiv sein zu müssen; und ebenso wird es früher oder später einmal für uns notwendig sein, daß wir uns unterwürfig jemandem nähern. Wir müssen vielleicht sogar dienern und als unterwürfige Bittsteller auftreten. Diese nur allzu menschliche Situation bringt immer noch bösartige Attacken der Herabwürdigung des eigenen Ich mit sich und steht zweifellos in Zusammenhang mit unmöglichen kulturellen Ansprüchen, die uns selbst nur die oberste, verantwortliche, sichere Position erlauben. Großes Leiden und sogar Todesfälle in Gefangenenlagern oder in anderen vergleichbaren schwierigen Situationen wurden dadurch verursacht. Anforderungen des neurotischen Stolzes wurden dadurch vielleicht erfüllt, aber nicht unsere menschlichen Bedürfnisse. Vorzeitige Auflehnung, die auf verletzten Stolz zurückzuführen war und nicht auf ein heroisches oder praktisches Eingreifen, hat Folter und Tod nach sich gezogen. Die Unfähigkeit, das zu akzeptieren, was man vielleicht als eine niedrigere Position ansehen könnte, führt häufig genau zu dem Platz, den man eigentlich haßt. Man beobachtet es häufig im beruflichen Bereich, wo der rebellierende Angestellte Zeit und Energie darauf verwendet, sich zu beklagen und sich selbst zu sabotieren, während zur gleichen Zeit diese Energie auf Lernen und auf andere praktische, persönlich fruchtbare Aktivitäten hätte verwendet werden können.

Liebenswürdigkeit und Charme

Trotz der allgemeinen Bewunderung für den Wert dieser Eigenschaften fühlen wir uns ganz einfach nicht immer liebenswürdig oder charmant und handeln auch danach, sondern wir müssen auch die Ecken und Kanten unserer Persönlichkeit respektieren ohne uns vor Racheakten unseres kulturellen Umfelds zu fürchten.

Selbstbeherrschung, Ruhelosigkeit, Angst und Schlaflosigkeit

Selbstbeherrschung ist nicht immer eine Tugend. Es gibt oft Zeiten, wo es besser wäre, sich gehenzulassen und unterdrückte Gefühle zu äußern. Wir verlieren aber in Situationen, wo es am besten wäre, sich selbst zu beherrschen, häufig ganz einfach die Kontrolle. Niemand ist frei von Angst, Spannung, Rastlosigkeit und Schlaflosigkeit. Keine noch so intensive Selbstbeherrschung oder Behandlung und starke Verachtung für diese menschlichen Charaktereigenschaften können sie ganz beseitigen.

Demut

Demut wird gleichermaßen gepriesen und verachtet und oft mit Demütigung verwechselt. Es ist nicht ungewöhnlich, gedemütigt zu werden. Wir müssen alle zeitweise Demut üben, was für das menschliche Dasein ganz normal und kein Grund zum Selbsthaß ist. Aber Demut ist nicht gleich Demütigung. Genug Demut zu haben, um die menschlichen Lebensbedingungen und die Begrenzungen des menschlichen Lebens zu akzeptieren, ist eine der wertvollsten Fähigkeiten der Menschen. Trotz der Verwirrung, die über diese Dinge in unserem kulturellen Umfeld besteht, erzeugt wirkliche Demut sehr große Stärke. Dadurch werden wir frei von der Furcht, aus illusionären Höhen in die Tiefe stürzen. Ich habe dies schon ausgeführt: Wenn wir demütig werden, hört der Selbsthaß auf, seine Blüten zu treiben.

Reife

Nur wenige Erwachsene sind in allen Bereichen gleichermaßen reif; die meisten von uns sind Mischungen von Reife und Kindlichkeit. In jedem von uns steckt ein Kind, das in allen den Bereichen, in denen wir uns weigern, erwachsen zu werden, weiterlebt. Wir müssen jenes Kind respektieren und ihm möglichst beim Wachsen helfen. Das bedeutet, daß es keinen Grund gibt, dieses Kind zu hassen, wenn wir herausfinden, daß es nicht den Bedürfnissen und Maßstäben dieser Gesellschaft entspricht. Wir sollten uns dann vielmehr um Sympathie und Verständnis bemühen.

Es ist ein sogar noch größerer Schritt in den Selbsthaß und in die Destruktivität, wenn wir uns von dem schreienden Kind in uns kommandieren lassen, wenn wir unfähig sind, zu den unreifen, kindlichen Sehnsüchten *nein* zu sagen, obwohl wir wissen, daß sie sich für uns destruktiv auswirken werden. Und wie können wir das wissen? Es ist destruktiv, wenn wir nicht auf unser wirkliches inneres Selbst hören, sondern auf die Forderungen der Gesellschaft nach Perfektion und nach Idealen, mit denen wir uns selbst unwohl fühlen.

Anpassung, Beliebtheit, Dominanz und Individualität

Ein gewisses Maß an Anpassung ist lebenswichtig. Ein gewisses Maß an Individualität ist unvermeidbar. In unserem kulturellen Umfeld werden die Tugenden der Anpassung um der Moral willen sehr hochgespielt; gleichzeitig verlangt man aber nach reiner Individualität, die in geradezu virtuoser Form ausgelebt werden muß. Es gibt sagenhafte Vorstellungen über den Gewinn, den wir aus Beliebtheit ziehen können, aber es fehlt ihnen fast jede faktische Grundlage. Es ist nicht möglich, allgemein beliebt und von jedem geliebt zu sein und zugleich nach aggressiver Dominanz und Macht über andere zu streben. Es ist nicht möglich, ein vollkommener ‚Mann des Volkes' zu sein und zur selben Zeit nur auf seine eigenen individuellen Bedürfnisse einzugehen.

Wir haben alle ganz verschiedene Bedürfnisse und Bestrebungen, aber wenn wir sie zu sehr hochspielen, dann erzeugen wir innere Konflikte, die wiederum beträchtliche Angst und beträchtlichen Selbsthaß hervorrufen. Intensive Gefühle von vollkommener Selbstaufgabe und Anpassung stoßen mit intensiven und überzogenen Bedürfnissen nach Dominanz zusammen, und dies resultiert dann in einem unerträglichen Konflikt, dem wir nur durch einen inneren Rückzug ausweichen können. In unserem kulturellen Umfeld wird die Wichtigkeit jedes dieser beiden Bedürfnisse nach Selbstaufgabe und nach Dominanz betont, während man zugleich dagegen Widerwillen empfindet. Es wird uns eingeredet, wieviel Freude es macht, beliebt zu sein und von allen geliebt zu werden. Gleichzeitig wissen wir aber auch, daß konventionelle, anpasserische, milchgesichtige ‚Softies' verachtet werden. Man sagt uns, wie verdienstvoll es sei, ganz sich selbst zu sein, sich offen und gerade heraus auszudrücken, aggressiv zu sein, soviel zu ergreifen, wie man kann, aber zugleich werden wir andauernd mit der speziellen Verachtung konfrontiert, die man für Aufschneider, arrogante und allgemein selbstsüchtige Menschen hegt.

Wir alle sind, wie Karen Horney es beschrieben hat, sowohl selbstauslöschend-masochistisch als auch dominant-expansiv und ein anderes Mal vielleicht innerlich distanziert. Als Menschen sind wir Anpasser, Mitläufer und zugleich Individualisten. Wir sind aggressiv, und wir ziehen uns zurück. Zwar können diese Charakteristika, wenn sie allzu sehr hervortreten, destruktiv sein, und eine Veränderung kann in solchen Fällen sicherlich angezeigt sein, aber sie können niemals ganz ausgelöscht werden, und ein menschliches Akzeptieren menschlicher Eigenschaften ist immer angebracht.

Engagement und innere Distanziertheit

Wir leben in einer Gesellschaft, in der man uns sagt, wir müßten uns engagieren, aber in der wir zugleich keine große Unruhe stiften und uns nicht überall einmischen dürfen. Dies ist wieder eine ausweglose Situation, die viele von uns auf einer unbewußten Ebene verwirrt macht. Obwohl es für uns auf der Bewußtseinsebene unbekannt bleibt, bringt es doch Lähmung oder Aufregung bis zum Punkt von innerem Aufruhr und sogar Panik mit sich, wenn wir es dann wirklich einmal wagen, uns zu engagieren. Niemandem ist es möglich, das Leben ohne Engagement zu leben, und es ist selbsthasserische innere Leere, wenn man nur mit einem ganz minimalen inneren Engagement lebt. Auch engagiert zu sein, ohne irgendeinen Einfluß oder eine Wirkung zu haben, ist unmöglich. Wir können ganz einfach als Menschen nicht funktionieren, ohne irgendwelche Impulse zu geben. Es geht nicht, daß wir uns gar nicht einmischen, und die Gesellschaft gibt sich auch nicht sehr viel Mühe zu definieren, wo unsere eigene Angelegenheit aufhört und wo die Einmischung in anderer Leute Angelegenheiten beginnt. Es gibt Zeiten, in denen wir uns mehr engagieren als zu anderen Zeiten, aber wir müssen immer in gewissem Maße engagiert sein, und wir müssen eine kleine Reaktion, wie winzig auch immer sie sein mag, verursachen.

Auf irgendeine Weise herrscht in unserer Gesellschaft oft die Meinung, daß es angemessen und sogar ein Zeichen von Würde ist, sich im Alter weniger zu engagieren. Dieser offensichtliche Irrglaube führt zu vorzeitigem Rückzug aus dem Arbeitsleben, zum Verlust einiger unserer weisesten Bürger, zu schrecklicher Langeweile, beschleunigtem Altern und einem frühen Tod. Engagement und Einfluß zu üben, ist in jedem Alter wichtig und vollkommen menschlich. Dies kann und sollte auch gar nicht anders sein.

Zurückhaltung und Geselligkeit

Wir sehen Zurückhaltung als ein Zeichen von Weisheit, aber auch als Zeichen von mangelnder Persönlichkeit, von Stärke, Dummheit, Selbstsüchtigkeit, Unabhängigkeit oder auch Snobismus. Uns wird gesagt, es sei ein Zeichen von Stärke, niemals Gefühle zu zeigen, auf der anderen Seite aber sollen wir feinfühlige Menschen sein. Der gesellige Mensch wird als jemand angesehen, der Persönlichkeit hat, der freundlich, fürsorglich, vertrauenswürdig, nett und paradoxerweise dumm, prahlerisch und unreif ist. Wenn man allein sein möchte, so wird das als unsozial angesehen. Wenn man mit Menschen zusammen sein möchte, so wird dies als ein möglicher Beweis für große Abhängigkeit angesehen. Diese und eine unendliche Anzahl anderer stereotyper Vorstellungen über Persönlichkeitscharakteristika werden von Generation zu Generation weitergegeben. Zwar mögen wir mehr zu der einen oder der anderen Richtung neigen, jedoch ist keiner von uns vollkommen reserviert oder total gesellig, und wir müssen entweder zu dem einen oder zu beidem stehen, je nachdem, wie wir uns zu bestimmten Zeiten fühlen. Wenn wir durch eine vereinfachende Sichtweise in unserem kulturellen Umfeld dazu gedrängt werden, eine Schau abzuziehen, dann schneiden und töten wir unweigerlich Teile von uns selbst ab.

Neugier und Versuchung

In unserer Gesellschaft wird dafür plädiert, der Neugierde oder einer Versuchung nicht nachzugeben. Dies ist unmöglich, und es steht dem entgegen, daß wir lebendige und fühlende Wesen sind. Als Menschen werden wir auf zahllose Weise und in zahllosen Situationen jeden Tag in Versuchung geführt werden – und wir müssen auch erwarten, daß das geschieht. Wir müssen gegen alle kulturellen Zwänge ankämpfen, die besagen, daß wir nicht in Versuchung geführt werden dürfen, daß wir nicht neugierig sein dürfen oder daß wir aufhören sollen zu genießen. Neugierde und Versuchung sind nicht die exklusive Domäne für das eine oder das andere Geschlecht oder für eine bestimmte Altersgruppe. Es sind vollkommen menschliche Charakterzüge, die aus dem Gefühl einer intensiven Lebendigkeit heraus geboren werden.

Gesunder Narzißmus

Wir sind zu Zeiten alle prahlerisch und eitel – und warum auch nicht? Uns wird gesagt, „Zeig', was du hast", aber: „Gib nicht an," und zugleich: „Mach das Beste aus dir."

Auf ganz ambivalente Weise drängt uns unser kulturelles Umfeld dazu, andere zu überragen, und verurteilt doch zugleich Eitelkeit und Narzißmus. Ein Freund sagte kürzlich zu mir: „Es ist nicht schön, dir selbst gegenüber Gefühle zu haben, über dich selbst zu sprechen, die Leute deine Bedürfnisse wissen zu lassen". Natürlich muß eine gesunde Selbstbehauptung und Loyalität sich selbst gegenüber gesunde, gute Gefühle hervorrufen, und ebenso eine Bereitschaft, über diese Gefühle zu sprechen und seine eigenen Bedürfnisse zu empfinden und es andere Menschen wissen zu lassen. Die Furcht, unangemessen narzistisch zu sein, resultiert häufig in einer schädigenden Auslöschung des Selbst – und das ist der reine Selbsthaß. Der gesunde Narzismus bewirkt ein Gefühl von Lebendigkeit und eine Fähigkeit des Genusses auch in den Beziehungen zu anderen Menschen. Ein Gefühl für die eigenen Bedürfnisse und Vorzüge macht uns auch empfänglicher und wacher für anderer Leute Gefühle und Bedürfnisse – und dies ist das Gegenteil eines kranken und übertriebenen Narzismus, der einem Gefühl der Unzulänglichkeit und Minderwertigkeit entspringt.

Einzigartigkeit und Ausgefallenheit

In unserem kulturellen Umfeld wird Individualismus scheinbar akzeptiert und sogar gefördert, aber dies geschieht gewöhnlich nur in einem sehr beschränkten und herkömmlichen Ausmaß. Einzigartigkeit und Ausgefallenheit werden mit großen Vorbehalten betrachtet und häufig mit beträchtlicher Verachtung, Herablassung und sogar aktiver Feindseligkeit. Menschen, die besonders individualistisch sind, wie zum Beispiel Wissenschaftler, Politiker oder Künstler, müssen sich darauf einstellen, um das liebevolle ‚Ich bin ich' Prinzip kämpfen zu müssen, und zwar entgegen den populären und einengenden Zwängen zur Konformität. Die Wut von Menschen, die tiefverwurzelte Prestigeinteressen und wirtschaftliche Interessen haben auf den, der es auch nur wagt, die Dinge etwas anders zu betrachten, kann mörderisch sein.

Die meisten von uns sehen sich das Ungewohnte nicht sehr genau an und haben das Gefühl, daß Einzigartigkeit und Ausgefallenes den Status quo der Resignation, in den wir hineingesunken sind, bedrohen könnten. Da unser kulturelles Umfeld Einzigartigkeit und Ausgefallenheit verabscheut, neigen wir aufgrund unserer eigenen Furcht vor dem Ungewohnten dazu, jede neue oder kreative Idee oder jedes derartige Gefühl zurückzuweisen. Gewöhnlich kämpfen wir einen harten Kampf gegen innere und äußere Zwänge, um uns selbst ausgefallene Ideen und Ausdrucksweisen oder auch Aktionen und Unternehmungen, die daraus hervorgehen, zu erlauben.

Dichter und Künstler

Dichter und Künstler sind in sehr viel größerem Maße suspekt als Menschen, die nur ungewöhnlich sind. Sie sind alle potentiell unzuverlässig, merkwürdig und seltsam bis hin zum Verrückten und Perversen, und sie sind meistens natürlich homosexuell. Bei vielen von uns erstickt dieser Glaube das Interesse und das Engagement für Kunst und vor allem für unsere eigenen künstlerischen und schöpferischen Neigungen. Dies gilt in unserem kulturellen Umfeld vor allem für Männer, denen beigebracht wird, daß dichterische Interessen feminin seien. Ich glaube, daß dieses Vorurteil unseres Kulturkreises der Furcht vor starken Gefühlen entspringt und daraus seine Nahrung bezieht. Kunst hat schließlich das Potential, die stärksten menschlichen Gefühle auszudrücken und auch hervorzurufen.

Fähigkeiten

Wir werden in dem Glauben erzogen, daß alle menschlichen Wesen gleiche Fähigkeiten haben, auch wenn es nicht dieselben Fähigkeiten sind. Das ist ganz einfach nicht wahr! Es ist ein kultureller Mythos, durch den die Vorstellung einer idealen Welt gefördert werden soll, aber häufig wird dadurch ein sinnloser Wettbewerb angeregt, der mit der Möglichkeit von Befriedigung nichts zu tun hat. Vielleicht hat jeder von uns das eine oder das andere Talent oder eine bestimmte Fähigkeit; als Menschen haben wir mehr Gemeinsames als Unterschiedliches, aber wir sind nicht alle gleichermaßen befähigt. Einige von uns sind fähiger und haben mehr Talente und Möglichkeiten als andere. Dies ist eine Tatsache, und wenn der Prozeß des Lebens, so wie ich ihn beschrieben habe für wichtig gehalten wird und nicht das von Zielen dominierte Leben, dann ist das keine grausame Tatsache, denn ein Mensch verdient unabhängig von seiner Leistung menschlichen Respekt und Würde.

Stolz und Größe

Warum müssen wir nach Größe streben? Warum müssen wir unseren Stolz so eifrig bewachen, ihn nähren, für ihn kämpfen und sogar sterben. Verursachen Stolz und Größe ein Gefühl von Glück oder rufen sie vielmehr ein immer mehr anwachsendes Gefühl von Isolation, Entmenschlichung und sogar Verfolgungswahn hervor? Was ist befriedigender für das Selbst – das Erreichen einer großartigen Stellung von Prestige oder die Selbstannahme und die Fähigkeit, das alltägliche Glück zu genießen? Bewirkt das Streben nach Ruhm eine dauerhafte Verbesserung unseres Lebens – etwa dadurch, daß wir immer stärker nach Perfektion streben und daß wir unseren Stolz immer mehr vergrößern? Ist ein Land schön, weil es ‚großartig' und ‚super' ist, oder deshalb, weil man darin gut leben kann, weil die Voraussetzungen seines Bestehens in gegenseitiger Hilfe und in gegenseitigem Verständnis liegen?

Unser kulturelles Umfeld unterstützt sehr stark das neurotische Bedürfnis nach Stolz und Größe. Darin liegt wahrscheinlich zu einem wesentlichen Teil sein zerstörerischer Einfluß, und dadurch wird letztendlich sein unrealistisches, illusionäres und zerstörerisches Wertesystem gestützt. Solch ein Wertsystem führt zu innerer Leere und starker Verletzlichkeit, und dadurch wird die Demut, aus der eine reale und nützliche menschliche Stärke wächst, als Wert in Frage gestellt.

Probleme, Grenzen und Verständnis

Wir müssen vor allem mit Blick auf unsere Probleme und Unvollkommenheiten eine liebe- und verständnisvolle Haltung einnehmen. Wir leben nicht in einer altruistischen, verzeihenden, aufgeklärten Gesellschaft. Wir haben uns in dieser Hinsicht verbessert, aber zu einer wirklichen gegenseitigen liebevollen Rücksichtnahme ist es noch ein weiter Weg. Probleme, Unzulänglichkeiten und Schwierigkeiten – wie etwa das Alter – werden immer noch totgeschwiegen oder mit Entsetzen betrachtet. Zu solchen verleugneten Problemen gehören häufig auch solche aus dem sozialen, wirtschaftlichen, körperlichen und emotionalen Bereich. Hilfe bei emotionalen Problemen wird immer noch von den meisten Menschen als stigmatisierend und entwürdigend angesehen. Da fast alle von uns irgendwann einmal unter ernsten Problemen leiden, stellt unsere Gesellschaft (obwohl das Gegenteil behauptet wird) in dieser Hinsicht einen jederzeit verfügbaren Fundus von Selbsthaß bereit, sofern wir uns daraus bedienen wollen.

Ich glaube in der Tat, daß es in unserer Welt mehr Mitgefühl und mehr Liebe gibt, als dies jemals zuvor der Fall war und daß wir uns weiterhin in die Richtung von Mitgefühl und Liebe entwickeln. Aber bis jetzt ist man in der Welt, in der wir leben, und in dem kulturellen Wertesystem, das wir entwickelt haben, immer noch außerordentlich schnell bei der Hand, zu urteilen und zu verurteilen; dies betrifft vor allem jene unter uns, die im Augenblick in besonderem Maße unter Schmerzen leiden, die verletzlich oder irgendwie beeinträchtigt sind.

Gesundheit, Krankheit, Schmerz, Frustration und Geduld

Es werden andauernd falsche Vorstellungen verbreitet, durch die uns weisgemacht werden soll, daß Gesundheit und Krankheit vollkommen unterschiedliche Prozesse sind, daß eines das andere ausschließt. Gesundheit und Krankheit bestehen jedoch immer nebeneinander und relativ proportional zueinander. Keiner von uns ist vollkommen gesund oder vollkommen krank. Nur der Zustand des Todes in seiner Qualität von Endgültigkeit ist vollkommen.

Dasselbe gilt für die geistige Gesundheit.

Das Wort „normal“ ist an sich verwirrend und beschreibt bestenfalls ein gutes Maß gesunden Funktionierens. Kein Lebender ist frei von der einen oder anderen Art emotionaler Probleme. Nur sehr wenige von uns haben nicht periodische Anfälle von Angst, Depression, phobische Reaktionen oder andere schmerzhafte Gefühlsverwirrungen. Wenn wir Normalität als das definieren, was Menschen in großer Zahl zustößt, dann ist Leiden im Gefühlsbereich zu verschiedenen Zeiten des Lebens die normale Lebensbedingung von Menschen.

Klassifizierungen in Menschengruppen, die Probleme haben, und in solche, die davon ausgenommen sind, führen zu Vorurteilen und Selbsthaß. Fast alle Menschen sind mit vielen Problemen belastet. Probleme sind ein wesentlicher Bestandteil des Lebendigseins.

Ich betrachte Psychoanalyse als das beste Mittel, um Menschen dabei zu helfen, sich selbst emotional zu helfen. Aber während die Analyse dabei helfen kann, Probleme sehr tüchtig und konstruktiv zu lösen, kann sie doch Probleme nicht beenden. Sie werden notwendigerweise solange fortbestehen, wie wir leben.

Es wird uns auch gesagt, daß verschiedene Menschen eine größere oder geringere Toleranz für Schmerz und Frustration haben. Studien haben Hinweise ergeben, daß es wohl einige graduelle Unterschiede gibt, aber es gibt tatsächlich nur wenige Menschen, die Schmerz besonders gut ertragen. Wir hassen Schmerz, und es ist keine Tugend, ihn zu mögen oder zu fördern. Es ist vollkommen menschlich, Schmerzen zu vermeiden und den Versuch zu machen, sich konstruktiv und auf umsichtige Art so schnell wie möglich davon zu befreien.

Sehr wenige von uns können gut mit Frustrationen umgehen. Eine größere Selbstachtung, ein größerer Reichtum an Erfahrung und Weisheit kann die Frustrationsschwelle bis zu einem gewissen Maße anheben. Aber die meisten von uns haben keine sehr hohe Frustrationstoleranz, obwohl in unserem kulturellen Umfeld immer wieder dazu aufgefordert wird; nur wenige Menschen sind besonders geduldig. Vielleicht ist Geduld sehr wertvoll, und möglicherweise werden die Tugenden der Geduld in unserem kulturellen Umfeld sehr hoch geschätzt, aber die schnelle, erfolgsorientierte Welt, in der wir leben, gibt keine Hilfe beim Erlangen von Geduld. Wenn es uns auch helfen mag, vor allem mit uns selbst geduldig zu sein, so müssen wir doch auch versuchen, tolerant gegen unsere Ungeduld zu sein. Wir müssen uns vor Selbsthaß aufgrund von Ungeduld oder als Resultat von Ungeduld hüten.

Altern

Unser Eifer, etablierte Einrichtungen zu zerstören und alte Gebäude und Baudenkmäler abzureißen, ist ein Ausdruck unserer Altersbesessenheit. Altern wird in unserer Gesellschaft als ein negativer Vorgang angesehen; natürlich kann man ihm nur durch den Tod ausweichen. Wenn wir älter werden, verlieren wir die Achtung vor uns selbst, und wenn Menschen um uns herum älter werden, beginnen auch wir, sie zu verachten. Und was noch schlimmer ist: Wir trennen uns von ihnen, häufig aus dem unbewußten Gefühl heraus, daß Altern eine ansteckende, zerstörerische Krankheit ist, die man um jeden Preis vermeiden muß.

Viele Menschen machen alle Arten von nutzlosen Versuchen, den Alterungsprozeß aufzuhalten, einschließlich körperlicher Eingriffe und emotionaler Tricks. Es ist etwas sehr Trauriges, den offensichtlichen Selbsthaß von Menschen in vorgeschrittenem Alter zu sehen, wenn sie beim Versuch, die Zeit zurückzudrehen, sich wie Leute anziehen, reden und handeln, die nur ein Drittel so alt sind wie sie. Es gibt einen riesigen Jugendkult, in dem junge Menschen als Quelle von Weisheit, Kreativität und Erfahrung angesehen werden.

Unser Kulturkreis und vor allem unsere Werbung hämmert uns andauernd ein, welch ein Vergehen es ist, sich so alt zu fühlen und so alt auszusehen, wie man ist oder sich macht. Das Älterwerden wird von Widerwillen gegen sich selbst begleitet. Selbsthaß, der sich auf das Altern richtet, ist besonders destruktiv, weil man am Altern nichts ändern kann. Die Morgendämmerung eines jeden Tages wird zu einem weiteren Angriff gegen den unerfüllbaren Anspruch, die Zeit anzuhalten, und sie bringt andauernd erneute Attacken von Selbsthaß mit sich.

Wenn wir nur ein wenig nachfassen, dann merken wir, daß viele alternde Menschen andauernd das Gefühl haben, daß sie unter einer bösartigen tückischen Krankheit leiden, die sie nicht nur mehr und mehr ihrer körperlichen Funktionen, sondern auch ihrer Würde beraubt. Dies ist besonders in unserem Kulturkreis der Fall. Menschen mit großer Kompetenz, die sehr viel Erfahrung und Weisheit haben und immer noch sehr fähig sind, werden mit mehr und mehr Mißtrauen und sogar mit Verachtung angesehen, weil sie nicht ‚jung' geblieben sind.

Natürlich müssen wir älter werden, wenn wir leben. Wir müssen auch älter werden, wenn wir wachsen wollen, und wir müssen nicht passiv akzeptieren, daß Wachsen und Altern zu einer Quelle von Selbsthaß werden. Es ist unbedingt notwendig, daß wir diese verachtungswürdige, unmenschliche Einstellung dem Altern gegenüber bekämpfen. Wir müssen nicht im Sumpf lächerlicher Illusionen über die Einsichts- und Urteilsfähigkeit der Jugend versinken. Wir müssen tun, was wir können, um den Prozeß des Älterwerdens zu würdigen, wir müssen weiterhin die Weisheit, die hilfreichen Quellen und die Reserven aktivieren, die durch Entwicklung und Entfaltung im Laufe des Älterwerdens entstehen. Dadurch würdigen wir dann die Bedingungen, unter denen wir Menschen leben, und den Lebensprozeß selbst.

Entspannung und Ruhepausen

Aufgeben zu können ist ein wichtiger Faktor der menschlichen Existenz. Wir sollten diese Tatsache akzeptieren und genießen. Dies gilt für Vorgänge in uns selbst, die nur uns selbst betreffen, und es gilt auch für Begegnungen mit anderen Menschen und der Welt im allgemeinen. Aufzugeben wird in unserer Gesellschaft als suspekt angesehen, und man würde es gerne aus dem menschlichen Vokabular wegstreichen. Man entwickelt falsche, illusionäre Vorstellungen, wenn man glaubt, immer Recht zu haben und immer zu gewinnen.

Die Tatsache, daß wir alle einmal Gewinner und Verlierer sind, wird als eine schmerzhafte Beleidigung empfunden; sie führt zu konfusen Vorstellungen über Ehre und Durchhaltevermögen bis zum Tode. Ein Beispiel für diese Haltung ist die Weigerung der Menschen, eine Idee aufzugeben, auch wenn sie sich als undurchführbar und wertlos erwiesen hat. Ich glaube, die amerikanische Politik in Vietnam war eine solche Haltung.

Dieser Stolz, Ideen, feste Vorstellungen und Positionen nicht aufzugeben, macht uns dickköpfig, rigide, zu Gefangenen unsrer selbst, die zum Lernen und Wachstum unfähig sind. Diese Aufforderung wird häufig mißverstanden, weil man meint, man solle darauf verzichten, angehört zu werden und für seine eigenen Rechte und Ideen einzustehen. Es ist einfach keine besondere Tugend, an verlorenen Positionen festzuhalten, es sei denn, Rigidität bis zum Tode sei unser oberstes Ziel. Für die meisten von uns kann sich die Unfähigkeit aufzugeben in unserem täglichen Leben destruktiv auswirken; wir nehmen diese Haltung allerdings häufig unbewußt ein. Ich hatte eine Patientin, die aus der Stadt in einen Vorort zog und sich immer schlechter fühlte. Es wurde immer deutlicher, daß sie alle Aspekte des Landlebens haßte. Aber sie lebte weiter dort, bis ihr klar wurde, daß sie nur deshalb dort wohnte, weil sie es als ein Zeichen von Schwäche ansah, einen Fehler gemacht zu haben.

Als sie ihr Bedürfnis, immer Recht haben zu müssen, aufgeben konnte, und als sie schließlich dazu stand, daß sie sich dem Landleben nicht anpassen konnte, war sie frei, um wieder zurück in die Stadt zu ziehen. Menschen weigern sich, erschöpft zu sein und eine Ruhepause einzulegen, obwohl ein Fortsetzen ihrer Aktivitäten sie vielleicht das Leben kostet. Jeder gute Kämpfer kennt den Wert von Ruhepausen, von neuer Kräftesammlung und vielleicht von einem neuen Versuch.

Erholung

Wir sind keine Maschinen. Manchmal können wir nach einer großen Verletzung, nach Schmerz und Krankheit nicht einfach zurückfedern, und wir sollten das nicht von uns selber verlangen. Es gibt in unserem Leben viele Zeitspannen, wo wir eine Periode der Erholung brauchen. Dieses Bedürfnis verdient sehr viel Aufmerksamkeit. Es ist ein Mittel gegen das unbarmherzige, maschinenartige tägliche Arbeiten, das ein Abstumpfen der Sinne und manchmal sogar den vorzeitigen Tod bewirkt. Erholung zum Zweck der Vorbeugung wird in unserer Gesellschaft nicht allgemein anerkannt. Aber wenn wir das Bedürfnis anerkennen können, die Dinge einmal leicht und sachte anzugehen, uns besonders gut und liebevoll zu behandeln, dann schützen wir uns vor beträchtlichem Unglück.

Soziale Rollen und Beziehungen

Keiner von uns ist in seiner sozialen Rolle immer perfekt: als Ehemann, Ehefrau, Kind, Akademiker, Lehrer, Student, Angestellter, Unternehmer, Vater, Mutter oder Freund. Wir sind in allen diesen sozialen Rollen menschlichen Beschränkungen unterworfen, obwohl wir in die entgegengesetzte Richtung gedrängt werden. Deshalb sind allen Beziehungen Schranken auferlegt. Eine perfekte Kommunikation, Übereinstimmung und gleiche Befriedigung, vollkommener Ausgleich und Gegenseitigkeit sind *niemals* möglich oder erreichbar. Wenn wir die Illusion einer perfekten Beziehung in irgendeinem Bereich aufgebaut haben, dann besteht eine große Wahrscheinlichkeit, daß beide Individuen, die daran teilhaben, sich sehr illoyal verhalten sich selbst gegenüber. Gewisse kontroverse Auffassungen sind in einer gesunden Beziehung, in der beide *sich selbst gegenüber loyal sind,* unvermeidbar, obwohl jede Beziehung ein gewisses Maß an Kapitulation und Geben und Nehmen von seiten aller Betroffenen verlangt.

Freundschaft

Freundschaft ist nicht ewig, selbstaufopfernd, selbstlos, vollkommen loyal, frei von Eifersucht, Neid und Manipulation; sie ist auch nicht ideal in bezug auf Kontakt und Kommunikation. Freundschaft ist unweigerlich voller Probleme, Ungereimtheiten, Begrenzungen und auch Befriedigungen. Befriedigung ist nur möglich, wenn sie nicht durch unmögliche Erwartungen und Ansprüche zu Gefühlen von sorgenvoller Enttäuschung führt; sie darf nicht zu dem Gefühl des Mißtrauens führen oder zu den Gefühlen von Zynismus, Bitterkeit und Rückzug, die dann die Folge sind. In unserer Gesellschaft werden in Freundschaft Erwartungen gesetzt, die nur selten erfüllt werden können. Aber dadurch braucht die Befriedigung, die wir durch realistische, aber begrenzte Beziehungen gewinnen, nicht gemindert zu werden. Menschen, die sich nahe oder gut kennen, sollten und dürfen von sich nicht erwarten, daß sie zu einem einzigen zweiköpfigen Monster zusammenschmelzen. Jede Person in einer Beziehung funktioniert als ein getrenntes menschliches Wesen, und so sehr man sich auch austauscht und umeinander kümmert, so ist es doch vollkommen menschlich, sich selbst die allerhöchste Priorität zu geben und genügend Distanz zu halten, um seine eigene Identität zu bewahren.

Sex

Da unser sexuelles Leben ein Spiegel unseres allgemeinen Gefühls und unserer Beziehung ist, so ist es nicht überraschend, daß dies ein Bereich mit sehr verworrenen Vorstellungen ist. Aber unser kulturelles Umfeld trägt dazu viel an sexueller Fehlinformation bei, zum Beispiel durch unerfüllbare Maßstäbe und übermenschliche Forderungen. Jeder Generation wird neu gesagt, wie man als Mann oder als Frau zu denken, zu fühlen und zu handeln hat. Einer Generation von Frauen wird vorgeschrieben, keinen Orgasmus zu haben, während man einer anderen Generation sagt, daß nur stark empfundene Orgasmen ‚richtig' sind. Zwänge in diesem Bereich geben dem Kampf der Geschlechter, der eigentlich allmählich zu einem Anachronismus werden sollte, immer wieder neue Nahrung.

Offensichtlich ist Sex ein außerordentlich empfindsamer und wichtiger Bereich in unserem Leben. Während wir unendlich liebevoller mit uns selbst umgehen, wenn wir uns selbst primär als menschliche Wesen empfinden und sekundär als Mann oder Frau, spielt doch die sexuelle Identifikation in unserem Leben eine enorm große Rolle. Schließlich ist sexuelle Aktivität die Art und Weise, wie wir uns vermehren und wie wir unsere Spezies auf der Erde fortsetzen. Deshalb ist es unmöglich, uns nicht mit dem Wechsel der Definitionen von Männlichkeit und Weiblichkeit zu befassen. Erforschen wir einmal einige der gegenwärtig geltenden sexuellen Vorurteile, die viele Menschen quälen, indem wir einige, die uns augenblicklich gefangen halten und die eigentlich zerstört werden müßten, von ihrem Podest herunterholen.

- Menschen sind sexuell nicht immer im gleichen Rhythmus. Das bedeutet, daß sie selbst bei großer Liebe gewöhnlich doch nicht in gleichem Maße Lust auf Liebe haben und daß es deshalb immer wichtig ist, sich den Bedürfnissen des anderen anzupassen.
- Männer sind weder stärker noch geringer am Sex interessiert als Frauen.
- Männer sind weder stärker noch weniger stark von Logik und Verstand bestimmt als Frauen.
- Männer sind ebenso sentimental, eifersüchtig, neidisch wie Frauen und befassen sich auch mit sanfteren, weicheren Gefühlen wie Liebe.
- Männer brauchen ebenso viel Zuwendung wie Frauen.
- Frauen plaudern ebensoviel wie Männer.
- Furcht vor der Homosexualität ist kein Beweis für Homosexualität, sondern ist meistens auf übergroße sexuelle Anforderungen und überhöhte Maßstäbe in bezug auf sexuelle Leistung und Verhalten im allgemeinen zurückzuführen. Häufig steht dies in Verbindung mit Situationen, in denen man hilflos ist.
- Prostituierte haben kein Herz aus Gold.
- Prostituierte sind keine Sexexperten.
- Die Frustrationstoleranz von Frauen ist ebenso gering wie die von Männern.
- Männer und Frauen sind gleichermaßen kreativ.
- Männer und Frauen sind gleichermaßen zur Neurose disponiert. Es ist leichter für Frauen, Hilfe zu suchen, weil Hilfe angeblich ‚unmännlich' ist.
- Männer und Frauen sind gleichermaßen abhängig und haben in gleichem Maße Illusionen von Abhängigkeit.
- Männer und Frauen haben ein gleiches Potential an elterlichen Fähigkeiten.
- Frauen haben ebenso viel Potential, Ingenieure, Ärzte, Architekten und Elektriker zu sein.
- Menschen fühlen sich auch von anderen Menschen als nur ihren Ehegatten angezogen, auch wenn sie sich sehr lieben. Die Aus-

schließlichkeit der sexuellen Anziehung ist kein Beweis und keine Voraussetzung für Liebe.

- Die Größe von Genitalien und Brüsten steht nicht in proportionaler Beziehung zu sexuellen Bedürfnissen oder Fähigkeiten.
- Alle kleinen Kinder haben sexuelle Gefühle und Gelüste, die wir später als pervers einstufen. Wir alle behalten zumindest einige dieser Gelüste; deshalb fallen unsere Gedanken, Phantasien und Handlungen manchmal auch nicht in den Bereich von kulturell vorgeschriebenen Normen. Dazu gehören homosexuelle Gefühle, Masochismus, Voyeurismus, Exhibitionismus, Fetischismus und Inzestwünsche.
- Männer und Frauen sind gleichermaßen zur Aggression fähig.
- In unserem kulturellen Umfeld ist es ein ungeschriebenes Gesetz, daß Männer intelligenter sein müssen als Frauen. Das ist ganz einfach blanker Unsinn, und wenn es in diesem Bereich Schwierigkeiten gibt, dann deshalb, weil unser kulturelles Umfeld diese Schwierigkeiten künstlich erzeugt.
- Es gibt keinen besonderen Höhepunkt der sexuellen Erregbarkeit zu Beginn oder zu einem späteren Zeitpunkt in einer Beziehung, sondern es gibt vielmehr alle Arten von Variationen in der Intensität von Gefühlen in einer Beziehung.
- Beide Geschlechter können gleichermaßen kleinlich oder großzügig sein.
- Beide sind gleichermaßen fähig, narzistisch oder eitel zu sein.
- Aggression und Ehrgeiz bei Frauen ist kein Beweis für unterdrückte Sexualität.
- Wenn wir eine Koitusstellung einer anderen vorziehen, dann ist das kein Beweis für unterdrückte Homosexualität.
- Es gibt keine Korrelation zwischen der Farbe der Haare, dem Bartwuchs, der Schönheit, der Länge der Nase, der Größe der Füße und dem sexuellen Appetit oder der sexuellen Fähigkeiten.
- Sexuelle Gefühle und Befriedigungen können mit liebevollen Gefühlen und tiefer innerer Verbundenheit einhergehen, und sie können auf der anderen Seite zwischen vollkommen Fremden ausgetauscht werden, zwischen denen eine wirkliche innere Verbindung gar keine Rolle spielt.

- Masturbation ist bei beiden Geschlechtern und in jedem Alter üblich, und es gibt sie auch bei Verheirateten.
- Beide Geschlechter sind gleichermaßen neugierig und erfindungsreich, und beide haben „Doktorspiele" hinter sich.
- Pornographie zieht beide Geschlechter an, und beide werden dadurch stimuliert. Unterschiede im Geschmack sind weitgehend auf kulturelle Zwänge und Richtlinien zurückzuführen, so daß Männer grobere, mechanischere, visuelle Stimulation vorziehen, während Frauen romantisch orientierte Stimulation aufregender finden. Dieser Unterschied hat seinen Ursprung nicht in biologischen Unterschieden.
- Homosexuelle Männer sind nicht begabter als herterosexuelle. Aber heterosexuelle Männer unterdrücken häufig Empfindungsfähigkeit und Talente in der Furcht, daß dies ein Zeichen für Weiblichkeit und Homosexualität sei.
- Sex ist nicht immer ein Ausdruck von Liebe. Er kann auch ein Ausdruck von Wut sein oder ein Weg, um Angst zu zerstreuen, oder ein Mittel, um einander näher zu kommen; er kann auch ein Weg sein, um emotionale Kühle und Distanz in der Kommunikation aufrechtzuerhalten, indem man im rein körperlichen Bereich bleibt; er kann ein Versuch der Dominanz sein, ein Ausdruck von Kreativität, ein Versuch der Selbstberuhigung, und er kann eine Kombination von allen diesen Möglichkeiten sein.
- Gegenseitiges sexuelles Interesse ist nicht genug, um eine Ehe am Leben zu erhalten, aber es hilft enorm.
- Beide Geschlechter sind gleichermaßen fähig zur Promiskuität.
- Hysterektomie (operative Entfernung der Gebärmutter) verursacht keine Frigidität.
- Prostataoperationen führen nicht zur Impotenz.
- Individuelle Geschmäcker, Unterschiede, Neigungen und Vorlieben sind außerordentlich unterschiedlich, und beide Geschlechter sind darin gleichermaßen erfindungsreich.

Homosexualität und sexuelle Reinheit

Homosexuell ist immer noch ein negativ belastetes Wort und somit immer Audruck schrecklicher Stigmatisierung. Die Furcht davor, homosexuell zu sein, nimmt bei Männern immer noch einen außerordentlichen Stellenwert ein, und Homosexualität wird mit den entwürdigendsten menschlichen Lebensbedingungen gleichgesetzt. Diese Furcht ist besonders bei Männern offensichtlich, deren Selbstachtung stark angeschlagen ist. Geschäftliche Rückschläge, der Verlust der geliebten Person und Zurückweisung lassen häufig Furcht vor Homosexualität aufkommen. Diese Furcht wird weiterhin durch Klischeevorstellungen genährt, wie zum Beispiel Charakteristika und Gefühle, die Männer eigentlich haben oder auch nicht haben sollten und die einer rigiden Einteilung unterworfen sind. Interessanterweise setzen die meisten Männer Homosexualität mit Asexualität gleich, und vielleicht steht die dahinterstehende Furcht mit der Furcht vor Kastration und Impotenz in Zusammenhang (nicht nur sexuelle Impotenz, sondern im weitesten Sinne das Gefühl von Hilf- und Machtlosigkeit).

Ich glaube, daß Männer auch deshalb so viel Entsetzen vor Homosexualität empfinden, weil sie das Gefühl haben, daß es verwirrte, schlecht definierte und unscharf gezogene Grenzen bezüglich sogenannter normaler männlicher Gefühle bezeichnet. Homosexualität als Wort und als Symbol bedroht die männliche Geschlechtsidentität im allgemeinen, weil sie als eine potentielle Auslöschung sicherer Grenzen empfunden wird, innerhalb derer wir leicht und sicher definieren können, wer wir zu sein haben und was wir fühlen sollen.

Frauen sind bei weitem nicht so besorgt um Homosexualität oder um Gefühle, die die Gesellschaft vielleicht unweiblich nennt. Dies ist nicht deshalb der Fall, weil sich unser Kulturkreis Frauen gegenüber etwa altruistischer verhalten würde, sondern es ist weitgehend das Resultat eines tiefsitzenden sexuellen Vorurteils, bei dem man glaubt, daß Frauen relativ asexuell und kindisch sind, so daß ihre Gefühle nicht so besonders wichtig sind.

Dies gilt für Homosexualität und für Perversionen im allgemeinen. Ich glaube, daß heute ebenso wie vor 50 Jahren Frauen immer noch entweder als reine, jungfräuliche, idealisierte Göttinnen angesehen werden, die sich vor „exzessiven sexuellen Interessen" hüten müssen, oder als unmoralische, unanständige, sexuell unersättliche, männerverschlingende Verführerinnen. Diese kulturelle Einteilung und Abgrenzung bewirkt sehr viele sexuellen Konflikte und Selbsthaß in Frauen und blockiert häufig jede Möglichkeit zu sexuellem Genuß. Solche kulturellen Zwänge zusammen mit männlicher Furcht vor Homosexualität und weiblichen Ideen von unnahbarer Arroganz bewirken schwer gestörte Beziehungen zwischen den Geschlechtern, viel Selbsthaß und gegenseitige Vorwürfe und Anklagen.

Kampf der Geschlechter

Kleine Jungen müssen sich als Weichlinge fühlen, wenn sie mit Mädchen spielen oder wenn sie gerne kochen, nähen oder stricken. Als junge Erwachsene betrachtet man sie später als ‚linksherum', wenn sie vor Mädchen Angst haben. Mädchen geraten in Verdacht, wenn sie offen Sympathie für Jungen haben. Beide Gruppen werden von ihren Freunden des gleichen Geschlechts geneckt, wenn sie Interesse am anderen Geschlecht haben und dies auch ausdrükken. Paradoxerweise werden beide Geschlechter dazu angehalten, ‚Eroberungen' zu machen. Unbewußt sind sie gegeneinander voller Voruteile, und es wird ihnen beigebracht, vor einander Angst zu haben, so daß dadurch ihre Fähigkeiten, eine Freundschaft zu entwickeln, verkümmern. Ängste und geschicktes Taktieren mit dem anderen Geschlecht werden von den gleichgeschlechtlichen Altersgenossen als natürlich und sogar amüsant angesehen. Ganz das Gegenteil ist der Fall. Solche Taktiken sind sadomasochistisch, und sie verringern und zerstören sogar den gegenseitigen Respekt und bewirken schließlich Selbsthaß, wenn die gegenseitige Anziehung nicht länger verleugnet werden kann.

Necken und das Herabsetzen von gemeinsamen Gefühlen dient dazu, den Unterschied zwischen den Geschlechtern aufrechtzuerhalten. Dadurch wird die Illusion, daß es zwischen Männern und Frauen riesige Unterschiede gibt, immer weiter am Leben erhalten. Tatsächlich haben Jungen und Mädchen, Männer und Frauen sehr viel mehr Gemeinsames als Trennendes. Es wäre hilfreich, wenn Eltern dabei helfen würden, diese Wahrheit zu verbreiten. Hätte man das richtige sozio-kulturelle Milieu, dann würden die Geschlechter natürlicherweise mehr Freundschaften untereinander entwickeln, die sowohl oberflächlich als auch tief und langandauernd sind und in der die sexuelle Anziehung kein notwendiger Bestandteil wäre. Aber meistens ist dies nicht der Falle, und nur allzu häufig verbindet sexuelle Partner keine besondere Freundschaft.

Als Konsequenz dieser Art von Konditionierung finden sich später viele Leute in der Situation eines „Kampfes der Geschlechter", wenn sie erwachsen sind. Einige Leute haben in ihrem Leben das Gefühl, daß für die beiden Geschlechter gegenseitige Feindschaft der einzig mögliche Weg des Verhaltens und des Miteinanders ist, und sie erkennen dabei nicht, daß diese Einstellung tatsächlich durch verwirrende und destruktive kulturelle Zwänge verursacht worden ist. In unserer Gesellschaft wird immer wieder die Idee vermittelt, daß soziale Kommunikation zwischen gegengeschlechtlichen Erwachsenen ohne irgendwelchen Sex unmöglich ist. Stellen wir uns einmal die Wirkung vor, wenn Herr A. plötzlich seine Nachbarin Frau B. zum Essen einlädt, um sich einfach einmal mit ihr ausführlich über ein Thema, an dem sie beide interessiert sind, zu unterhalten. Zwar mag Herr A. seine Frau wirklich sehr lieben und ‚außer dem gemeinsamen Interessengebiet' kein Interesse an Frau B. haben, aber seine Umgebung glaubt das ganz einfach nicht. Diese Einstellung bedeutet, daß ungefähr die Hälfte der Bevölkerung durch äußerst strenge kulturelle Vorschriften daran gehindert wird, soziale Kontakte mit der anderen Hälfte zu haben und zu genießen.

Interessanterweise neigen Männer und Frauen, die im künstlerischen Bereich tätig sind, dazu, dieses soziale Tabu zu durchbrechen, und sie haben häufig bereichernde und langanhaltende

Freundschaften mit dem anderen Geschlecht. Die Literatur ist voller Beispiele für solche Beziehungen. Wahrscheinlich ist das auf die Tatsache zurückzuführen, daß Schriftsteller, Maler, Komponisten oder Tänzer im allgemeinen mit der Konvention gebrochen haben und daß dies nur ein weiterer Ausdruck ihrer Neigung zum Individualismus ist. Unglücklicherweise werden aber viele potentiell gute und bereichernde Freundschaften zerstört oder sie fangen überhaupt nicht an, weil die Menschen, die daran beteiligt wären, zufällig verschiedenen Geschlechtern angehören.

Liebe und Ehe

In unserem Kulturkreis wird über die Medien und auf anderen Wegen großer Unsinn über Liebe und ihre riesige Macht propagiert. Liebe ist tatsächlich wichtig, aber der Glaube, daß reine Liebe erreicht werden kann und daß Liebe alle menschlichen Probleme heilt, führt unweigerlich zu Enttäuschung, Selbsthaß, Zynismus und einem Zusammenbruch von Beziehungen, die sonst menschlich befriedigend hätten sein können.

In unserem kulturellen Umfeld wird die Vorstellung genährt, daß es überaus wichtig ist, geliebt zu werden. Zwar hat es eine gewisse therapeutische Wirkung, geliebt zu werden, aber dies ist bei weitem nicht so wirkungsvoll wie das Lieben. Zu lieben, der aktive Prozeß, sich selbst, andere, bestimmte Anliegen und Aktivitäten zu lieben, mobilisiert Menschen in eine konstruktive Entwicklungsrichtung. Illusionen über die reine Macht von Liebe, die einem geschenkt wird und die Glück in der Ehe garantiert, sind gleichermaßen katastrophal. Viele Menschen erleiden ein schweres Trauma, wenn sie erkennen, daß Liebe und Ehe nicht sofort vollkommen sind.

Die Anpassung an die Ehe ist immer sehr schwierig. Viele Menschen haben keine Ahnung davon, daß das Leben in einer engen Beziehung mit einem anderen menschlichen Wesen, das man noch so sehr liebt, eine beträchtliche Anpassung und große Bemühungen erfordert. Ich habe schon erwähnt, daß anfängliche Schwierigkeiten häufig mit Entsetzen registriert werden, fast als ein Zeichen für fehlende Liebe, und daß man sich darauf häufig impulsiv scheiden läßt.

Elternschaft

Es gibt keine idealen Eltern, obwohl in unserem kulturellen Umfeld etwas anderes propagiert wird. Es gibt eine Unzahl von Veröffentlichungen über Kinderpflege und -erziehung. In vielen dieser Veröffentlichungen wird eine ideale Eltern-Kind-Beziehung als erreichbar dargestellt, und dies ruft bei den besorgten Eltern ein gezwungenes, sehr stark vom Intellekt bestimmtes Verhalten hervor. Diese Eltern würden sonst aus einem natürlichen und spontanen Wissen heraus handeln.

Wir haben alle Probleme, und unsere Kinder müssen sie notwendigerweise auch haben. Wir sind die Opfer von Opfern, und wir müssen diese Tatsache akzeptieren, wenn wir mit uns selbst, mit unseren Eltern und unseren Kindern auf realistische Weise liebevoll und einfühlsam umgehen wollen.

Elternschaft löst keine persönlichen Probleme und beseitigt keine menschlichen Beschränkungen. Wir alle sind manchmal ärgerlich, eifersüchtig und neidisch, und wir hegen manchmal sogar mörderische Gefühle unseren Kindern gegenüber. Wir sind auch fähig, ihnen gegenüber sexuelle Gefühle zu entwickeln. Es gibt Zeiten, wo wir uns mehr um unser eigenes Wohl als um unsere Kinder bekümmern, wo wir uns wünschen, daß sie gar nicht existieren sollten. Alle diese und noch viele andere Gefühle, Gedanken und Handlungen, die in unserer Gesellschaft mit Abscheu betrachtet werden, sind dennoch weit verbreitet und im Hinblick auf die Bedingungen, unter denen Menschen leben, ganz natürlich.

Allgemein gesagt sind wir für unserer Kinder bessere Eltern, wenn wir für uns selbst bessere Eltern sind. Wenn wir uns selbst gut behandeln, dann führt das zu einer gesünderen Beziehung ihnen gegenüber. Selbstvernachlässigung und chronische Selbstaufopferung führen zu sehr viel unterdrückter Feindseligkeit und kranken Beziehungen.

Wir müssen uns daran erinnern, daß Kinder auch sehr komplizierte Wesen sind. Ihr Verhalten ist nicht ausschließlich ein Ausdruck der Eltern-Kind-Beziehung. Sie sind auch ihren inneren und äußeren Zwängen ausgesetzt.

Wenn in unserem kulturellen Umfeld der Mythos der idealen Elternschaft aufgebaut wird, dann wird der Selbsthaß gefördert. Dasselbe gilt, wenn wir die Vorstellung entwickeln, daß es außer der Elternrolle in unserem Leben nichts geben darf. Ich habe im Laufe der Jahre ein Reihe von Müttern als Patientinnen gehabt, die aufrichtig überzeugt waren, daß Mutterschaft es unmöglich machen würde, irgendein anderes Interesse oder irgendeine andere Aktivität zu pflegen. Tatsächlich hatten einige von ihnen das Gefühl, daß sie „schlechte Mütter" sein würden, wenn sie noch andere Interessen hätten, wenn sie am Sex Vergnügen hätten oder in Urlaub fahren wollten (besonders mit ihren Männern und ohne ihre Kinder). Diese Art von Konzept war für sie selbst, für ihre Ehemänner und besonders für ihre Kinder sehr destruktiv. Für das Kind bedeutet es einen entsetzlichen inneren Druck, eine Last zu tragen, mit ausschließlichem Interesse und das ‚Ergebnis' perfekter Eltern zu sein. Ich kannte eine Reihe von Leuten, deren größter Vorbehalt gegen ihre Eltern durch die Aussage hervorgerufen wurde: „Ich lebe nur deinetwegen. Du bist mein ganzes Leben." Kein Kind sollte damit belastet werden, daß es die Motivation für das Leben eines anderen sein muß, und jeder Elternteil braucht ein Leben, das durch sehr viel mehr bereichert wird als nur durch die Rolle der Elternschaft. Die Befriedigung der persönlichen Bedürfnisse außerhalb der Elternrolle bringt uns – und dies stimmt mit den allgemein herrschenden Vorstellungen häufig nicht überein – ein Gefühl von Wohlbehagen und Zufriedenheit, durch das unsere Elternrolle erleichtert wird und durch das der Selbsthaß und die destruktiven Einflüsse des Strebens nach einer idealen Elternrolle abgeschwächt werden.

Abhängigkeit von Kindern

In unserer Gesellschaft ruft der Gedanke einer Abhängigkeit von Kindern blankes Entsetzen hervor. „Lieber würde ich sterben, als mich an meine Kinder um Hilfe wenden“ ist keine außergewöhnliche Aussage. Dieser gesellschaftliche Druck ist unmenschlich und steht einer normalen biologischen Entwicklung entgegen. Wenn wir älter werden, brauchen wir unsere Kinder. Wir brauchen zumindest häufig ihre Gegenwart, ihre Freundschaft und Wärme. Dies ist nur allzu natürlich und entspricht dem, was wir im Laufe der Jahre an Gefühlen in sie investiert haben. Da wir so viel für sie empfinden, ist es nur menschlich, daß wir im Alter ihre Gegenwart und Aufmerksamkeit brauchen. Daß wir diese Aufmerksamkeit nicht immer bekommen, ist sicherlich eine Realität, mit der wir besser fertig werden, wenn wir keine überzogenen Erwartungen haben. Aber diese Sehnsucht und diese Bedürfnisse zu verleugnen, ist gewöhnlich falsch.

Wenn wir älter werden und wenn wir ein sehr hohes Alter erreichen, ist es sehr gut möglich, daß unsere Kinder für uns zu Eltern werden, so wie wir wie Kinder werden, die ihre Hilfe benötigen. Dies ist nur eine Schande in einem kulturellen Umfeld, in dem man einen unnachsichtigen und unangemessenen Stolz in die Unabhängigkeit setzt, auch wenn man alt oder hinfällig ist. Diesem Standpunkt fehlt die Liebe und das Mitgefühl, er ist der Geist einer unmenschlichen Haltung.

Es gehört zum Kreislauf des Lebens, daß Menschen, die im Geiste der Liebe und des Respekts für sich selbst leben, sich später einmal dazu bekennen, ihre Kinder durchaus zu brauchen.

Status quo und Veränderung

Wir sprechen zwar über Veränderung und den Wert von Veränderung, doch unsere Gesellschaft haßt Veränderung vor allem aus Furcht vor dem Ungewohnten. Diese Furcht klammert sich fest an den gegenwärtigen Zustand. Zwar beneiden wir unsere Forscher und Erneuerer, aber wir fühlen uns von ihnen durchaus auch bedroht, und wir verachten sie fast so sehr wie unsere Künstler und Dichter.

Man sagt uns, wir müßten um jeden Preis am Alten festhalten und den Status quo aufrechterhalten. Man sagt uns auch, wir dürften nicht zum Hemmschuh werden und wir müßten uns weiter bewegen und uns verändern und immer weitergehen. Wir werden andauernd mit Aufregendem gefüttert, und es wird uns gesagt, wir dürften nicht zu ‚Stimulationssüchtigen' werden. Man bringt uns bei, wir sollten die Dinge leicht nehmen und in Angriff nehmen. Aber weder das Beibehalten des gegenwärtigen Zustands noch eine Veränderung sollten aufgrund von kulturellen Zwängen zustandekommen, sondern dies ist vielmehr eine Frage der freien persönlichen Entscheidung, die darauf aufbaut, welche Entscheidungen uns in einer bestimmten Situation oder zu einem bestimmten Zeitpunkt glücklicher machen.

Arbeit

Arbeiten wird als etwas Göttliches und zugleich als allergrößte Dummheit angesehen. Natürlich ist es keines von beiden, und wir haben das Recht, gegenüber unserer Arbeit je nach Stimmungssituation unterschiedliche Gefühle zu entwickeln.

Wissen und Lernen

Wir investieren sehr viel Energie und Zeit in das Lernen, Studieren und unsere Bildung, aber wir haben zugleich das Gefühl, daß ein Übermaß an Wissen und der Zustand des Strebens oder des Intellektuellen nicht richtig sind. Unwissenheit wird mit Ehrlichkeit, Direktheit und Tugend gleichgesetzt, auch wenn unwissende Menschen doch durchaus fähig sind, hinterhältig, listig, doppelzüngig und grausam zu sein. Ich höre immer wieder Studenten damit angeben, wieviel sie nicht wissen und wie wenig sie gelernt haben für das, was sie wissen. Es ist fast, als müßten sie sich für ihr Interesse und ihren Einsatz und ganz besonders für die Kämpfe, die sie ihr Wissenserwerb gekostet hat, entschuldigen.

Ernst und Vergnügen

Viele von uns leiden immer noch unter den Einflüssen einer puritanischen Kulturtradition, die aus dem Angelsächsischen stammt und in der Vergnügen mit sehr viel Mißtrauen betrachtet wird, obwohl wir heute bewußt anders argumentieren. Sogar heute begegne ich immer wieder Leuten, denen es peinlich ist zu sagen, daß sie irgendwo oder irgendwann eine wirklich angenehme Zeit verbracht haben. Dies gilt nicht nur für Masochisten, sondern es ist auch unter denjenigen von uns weit verbreitet, die unbewußt dazu gebracht worden sind, ein besonders tiefes und anhaltendes Vergnüngen mit Oberflächlichkeit, Seichtheit, Dummheit, Frivolität und einem allgemeinen Mangel an Reife und Verantwortungsgefühl gleichzusetzen. In unserem kulturellen Umfeld entsteht dadurch Konfusion, daß wir Ernsthaftigkeit und intellektuelle Ansprüche als seltsam, verrückt und unglaubwürdig ansehen. Es ist natürlich möglich, ernst, interessiert, individualistisch, verantwortungsbewußt und zugleich dem Vergnügen gegenüber aufgeschlossen zu sein, und es ist uns durchaus möglich, diese Charakterzüge in uns zu akzeptieren und zu integrieren.

Entscheidungen

Es wird uns der Glaube beigebracht, daß Entscheidungen überaus bedeutungsvoll, schicksalhaft und ewig bindend sind. Tatsächlich sind nur wenige Entscheidungen von dieser schicksalsbestimmenden Wichtigkeit. Die meisten Entscheidungen in unserem Leben gehen um Bereiche, die nicht von lebenswichtiger Bedeutung sind, und die meisten von ihnen können rückgängig gemacht werden, *wenn wir uns die Freiheit nehmen, dies zu tun.* Unsere Gesellschaft wirkt dieser Freiheit mit Zwängen entgegen. Sie stützt die Position des Stolzes, daß Entscheidungen unwiderruflich sein müssen, und sie unterstützt die Vorstellung, daß eine neue, andere Entscheidung Ausdruck von Charakterschwäche und Unzuverlässigkeit ist. Ich habe Menschen sagen hören: „Wenn ich mich einmal entschieden habe, dann habe ich mich entschieden!“ Meine Frage ist, warum? Wenn bestimmte Faktoren, Gefühle und Ideen sich ändern, ist dann nicht die Fähigkeit, sich anders zu entscheiden, ein Ausdruck von Flexibilität, Anpassungsfähigkeit und Stärke? Aber in unserem

Kulturkreis wird weiterhin Rigidität und Verbohrtheit mit Stärke verwechselt.

Man sagt uns, Entscheidungen müßten sofort getroffen werden. In den meisten Fällen kann man sie jedoch aufschieben, und oftmals ist es angemessen, sie aufzuschieben, um mehr entsprechende Informationen zu sammeln. Der gesellschaftliche Druck, immer sofort und unwiderruflich Entscheidungen zu treffen, trägt beträchtlich zu unserer massiven Tendenz zur Angst bei. Wir dürfen jedoch die Pause, die wir einlegen, um eine weise Entscheidung treffen zu können, nicht mit dem ewigen selbsthasserischen Aufschieben, das ich früher beschrieben habe, verwechseln.

Es wird uns auch beigebracht, daß nur eine von allen möglichen Entscheidungen die beste und die richtige ist. Bei den meisten Entscheidungen gibt es keine ‚besten', und es gibt viele korrekte Wege.

Was aber ist, wenn wir uns wirklich irren? Die Erkenntnis, daß wir eine sogenannte falsche Entscheidung treffen können, ohne uns dafür zu bestrafen und unter Furcht und Selbstanklagen leiden zu müssen, wird uns zur Selbstannahme führen – und erst dadurch erlangen wir die Verfügungskraft über unsere inneren Kraftquellen. Dies trägt dazu bei, daß wir mehr und mehr fähig werden, bessere Entscheidungen zu treffen.

Schmerzen und Schmerzmittel

In unserer Gesellschaft wird das Aushalten von Schmerz um seiner selbst willen als Tugend angesehen. Es wird als Beweis von Charakterstärke, als Fähigkeit, Frustration zu ertragen, und als eine Fähigkeit des Durchhaltens angesehen. Jede Anstrengung, Schmerz zu vermindern, wird mit Mißtrauen und Verachtung und als eine Schwäche angesehen. Dies gilt für die Psychotherapie ebenso wie für den Gebrauch von Tabletten. Ich will nicht den kritiklosen Gebrauch von Pillen für alle möglichen Zwecke befürworten, aber es ist wirklich traurig zu sehen, wie Menschen sich in Schmerzen winden, weil sie falsche Vorstellungen haben über Schmerzen und die Linderung von Schmerzen durch konstruktive Mittel wie eine Therapie.

Chronischer und anhaltender Schmerz baut keine Charakterstärke auf und er steigert in keiner Weise die Fähigkeit, die Realität und die realitischen Beschränkungen, denen Menschen unterworfen sind, zu erkennen: er bietet uns ganz einfach keine der Erfahrungsmöglichkeiten, durch die wir zu Reife und Weisheit gelangen. Im Gegenteil: Er führt uns oft zum Rückzug und zur Resignation. Leiden, was auch immer ihre Quelle sein mag, haben häufig sowohl im Gefühlsbereich als auch im körperlichen Bereich eine schwächende Wirkung, und führen dazu, daß wir uns in Phantasien und ganz allgemein in eine verzerrte Sicht vom Leben flüchten. Dies resultiert in einer beschränkten Einsicht und einer schlechten Beurteilungsgabe. Der Kampf um das Wachsen und die ersten Konfrontationen mit der Realität sind häufig nur durch einen schmerzvollen Weg zu erreichen. Aber der Wert von Kampf und Wachstum darf nicht mit der auszehrenden Wirkung von Schmerzen verwechselt werden.

Alkohol und Tabak

Unser Kulturkreis verabscheut Alkohol, und man hat entsetzliche Angst vor Krebs, aber zugleich werden weiterhin Tabak und Alkohol als verbindendes Genußmittel bei sozialen Kontakten benutzt. Sowohl Alkohol als auch Tabak gehören zum kulturellen Mythos des Erwachsenseins, sie werden benutzt, wenn man zu einem Kreis von Gleichgesinnten dazustoßen möchte oder sich sexuell identifizieren will. Die Werbeleute wissen das und machen Gebrauch von diesem Wissen, indem sie ihre Produkte den jungen Leuten sozusagen als Eingangspforten zum Erwachsenenleben und als ein Mittel zum ‚sexuellen Aufblühen‘ verkaufen.

Gerechtigkeit

Ich will hier keine rechtliche oder philosophische Erörterung der Gerechtigkeit versuchen. Mein einziges Ziel ist es, Gerechtigkeit als eine mögliche Basis für Selbsthaß zu beschreiben, und ein solcher Standpunkt kann durchaus in einen liebevolleren und humaneren umgewandelt werden.

Gerechtigkeit ist kein natürlicher Zustand, und sie ist kein biologisches Naturprodukt. Gerechtigkeit ist ein Versuch, den Menschen unternommen haben, und zu gewissen Zeiten, an bestimmten Orten und unter bestimmten Umständen ist Gerechtigkeit unmöglich erreichbar. Persönliche Ansprüche auf *perfekte* Gerechtigkeit müssen zu trauriger Enttäuschung führen. Manchmal gibt es einen versteckten Anspruch darauf, daß einem persönlich Gerechtigkeit widerfahren müsse, und dieser Anspruch ist gemessen an der Realität vollkommen unangemessen. Einer meiner Patienten bekam kurz nach einer Gallenblasenoperation einen Bruch. Er meinte: „Es ist nicht richtig. Es ist ganz einfach nicht gerecht. Ich war krank, und ich habe mich wieder erholt. Es ist nicht richtig, daß ich so schnell wieder in Schwierigkeiten komme." Klar, daß dieser arme Kerl sich ein wenig wie Hiob fühlte, er fühlte sich in zweierlei Hinsicht elend: zunächst war dieses Gefühl in einer Hinsicht sicherlich angemessen und hing damit zusammen, daß er eben ein Mensch und lebendig war, in anderer Hinsicht aber war es ganz unangemessen. Er war natürlich ‚sauer', daß er schon wieder krank war. Aber die Tatsache, daß er auch ärgerlich war, weil ihm nicht genug Gerechtigkeit widerfuhr, war ein Anzeichen für seinen Anspruch auf eine natürliche Gerechtigkeit, auf jemanden ‚dort oben', der sicherstellte, daß sich alles ‚ausgleicht' – aber so ist das Leben nicht. Eine perfekte Gerechtigkeit existiert eben einfach nicht für uns – ebenso wie wir keinen Anspruch auf Gesundheit haben.

Gerechtigkeit ist in fast allen Bereichen unseres persönlichen Lebens leider oft eine zufällige Angelegenheit. Der Mythos, daß es so etwas überhaupt gibt, ruft Enttäuschung hervor, ein Gefühl des Mißbrauchtwerdens, das dauernde Erlebnis einer vermeintlich ungerechten Behandlung, Zynismus, Bitterkeit und Selbsthaß. Gerechtigkeit von Menschen untereinander und zwischen Gruppen von Menschen in einer Welt, in der Kommunikation immer noch sehr begrenzt und sehr kompliziert ist, ist häufig unerreichbar.

Bis wir sehr viel liebevoller und einfühlsamer sein werden als wir es heute sind, ist eine soziale Struktur ohne Gesetze und ohne die ganze Maschinerie, die eingesetzt wird, um eine bestmögliche Gerechtigkeit zu erreichen, in einer zivilisierten Gesellschaft undenkbar. Tatsächlich ist Gerechtigkeit ein Schritt in die Richtung von einem Mehr an gegenseitigem Verständnis und Rücksichtnahme, wenn man dies mit einer primitiven Welt vergleicht, in der das Recht des Stärkeren gilt. Obwohl von Menschen geschaffene Gerechtigkeit kein angemessener Ersatz für Verständnis und Rücksichtnahme ist, so ist sie doch ein sinnvolles Hilfsmittel, das letztendlich aus dem Geist der Rücksichtnahme entspringt. Wenn ich von einem Hilfsmittel spreche, dann meine ich damit, daß man in unserem Kulturkreis den Gründen und den möglichen Hilfen für das soziale Elend, das diese Krankheiten erzeugt, keine Aufmerksamkeit widmet, so daß der Justizvollzug eben in bekannter Weise gehandhabt wird. In unserer Gesellschaft wird dem Abwägen von Schuld und Unschuld und dem Zumessen einer Strafe eine sehr viel höhere Priorität eingeräumt als einer Überprüfung der Wurzeln der Probleme; dies ist immerhin ein sehr viel sinnvollerer Schritt als vollkommene Rechtlosigkeit und Skrupellosigkeit. Eine Gesellschaft, in der die Bestrafung auf irgendeine Weise human ist, ist immerhin besser als eine Gesellschaft, in der grausame und ungewöhnliche Bestrafungen die Regel sind. So sind wir in Ermangelung eines besseren und weniger behelfsmäßigen Systems dankbar, eine gewisse Rechtsstaatlichkeit zu erreichen, gleichgültig wie unvollkommen sie auch sein mag. Aber wir müssen das nicht in der Weise übertragen, daß wir für uns selbst eine perfekte Gerechtigkeit glauben erreichen zu müssen. Dies ist nicht im mindesten sinnvoll. Viren, Bakterien, Unfälle und der Zufall wissen nichts über die Gerechtigkeit, die die Menschen die zu realisieren versuchen.

In der Beziehung zu uns selbst brauchen wir nicht den Aspekt von Schuld, Unschuld und Bestrafung ins Spiel zu bringen. Statt dessen können wir, wenn wir es mit uns selbst zu tun haben, darum kämpfen, noch einen Schritt weiter zu gehen als unsere Gesellschaft. Wir können mit uns selbst liebevoll und einfühlsam umgehen, wenn wir uns fragen, weshalb wir uns geirrt oder etwas falsch gemacht haben und wie wir uns selbst besser verstehen und uns besser helfen können. Dies sollten wir tun und nicht über uns selbst ein Urteil über unsere Schuld oder Unschuld fällen oder uns dem Selbsthaß hingeben und uns in einer – wie es scheint – angemessenen Weise selbst bestrafen.

Fortsetzungen und neue Anfänge

Man will uns einreden und wir beginnen tatsächlich zu glauben, daß wir ‚einen neuen Anfang machen' könnten, daß wir ‚noch einmal von vorne beginnen', daß wir es ‚das nächste Mal besser machen' würden. Wir müssen jedoch Fehler, Unklarheiten und Attacken auf unsere Persönlichkeit und unseren Stolz als einen natürlichen Teil unseres Lebens akzeptieren, so daß wir nicht immer wieder neue Anfänge brauchen und uns tatsächlich besser fühlen können, ohne ‚noch einmal ganz von vorne anfangen' zu müssen. Dieses Bedürfnis ist gewöhnlich das illusionäre Bestreben, diesmal alles perfekt zu machen, ohne irgendeine Spur von menschlichen Fehlern zu haben. Es ist in diesem Zusammenhang bemerkenswert, daß Menschen, die unter Schizophrenie leiden, manchmal einen Selbstmord versuchen, weil sie glauben, sie könnten noch einmal ganz von vorne anfangen und ihre unreine Vergangenheit hinter sich lassen. Dies ist natürlich der Gipfel von Selbsthaß. Wenn wir die menschlichen Lebensbedingungen mit all den menschlichen Fehlern und all den Schwierigkeiten akzeptieren, die es nun einmal gibt, dann verlieren wir das Bedürfnis, die Tafel noch einmal ganz rein zu wischen und noch einmal geboren zu werden. Wenn wir unsere menschlichen Schwächen akzeptieren, dann sehen wir das Leben als ein Kontinuum von allen möglichen Erfahrungen an, und wir weigern uns, irgendeinen Teil dieses Kontinuums aufzugeben. Wenn wir wirklich jedes Mal, wenn wir uns geirrt haben, neu anfangen würden, dann würden wir uns der Möglichkeit von Weisheit durch Erfahrung berauben. Wir würden rein, unbefleckt, sanft – *und leer* bleiben.

Das große Üben

Wir neigen zu dem Glauben, daß das Leben eine große Probebühne für ein anderes Leiden ist, daß jemand, der über alles Buch führt, später sowieso für Gerechtigkeit sorgen wird und daß er darauf achten wird, daß jeder von uns schließlich seine Belohnung bekommt. Ein Freund von mir sagte jedoch: „Dies ist keine Probebühne! Dies ist es! Dies ist dein einziges Leben!“

Der Zufall und die Umstände

Der Zufall spielt in unserem Leben eine große Rolle. Dies ist unvermeidlich. Trotz bestimmter Theorien und Denkgewohnheiten, die das Gegenteil besagen, haben wir über vieles, was geschieht, nur wenig oder gar keine Kontrolle. Wir sind nicht wie Götter, unsere Welt kann niemals vollkommen geordnet und vorhersagbar und sozusagen unser abgesicherter Regierungsbezirk sein. Im Gegensatz zu bestimmten gesellschaftlichen und kulturellen Vorstellungen, können wir doch nicht günstige Umstände für *alle* Gelegenheiten schaffen. Es gibt im Leben von jedem von uns wirkliche Unfälle, die nichts mit unbewußter Motivation zu tun haben. Wir müssen aufhören, uns für etwas anzuklagen, was außerhalb unserer Kontrolle liegt.

Anpassung, Wachstum und Entwicklung

Unser Kulturkreis ist auf schnellen Wandel ausgerichtet, aber die menschliche Psyche ist es nicht. Wir erwarten inzwischen von uns selbst sofortiges Wachstum und sofortige Entwicklung, ebenso wie eine sofortige Anpassung an und ein sofortiges Sich-Einstellen auf neue Situationen. Als Menschen sind wir die anpassungsfähigsten Geschöpfe, die auf der Erde leben, aber sogar wir brauchen Zeit zu wachsen, uns zu entwickeln und zu akklimatisieren. Es gibt auch Situationen, in denen eine Anpassung nicht möglich ist. Zeit zu wachsen, sich zu verändern, zu lernen, sich anzupassen, ist für Menschen unbedingt notwendig, aber dies wird gewöhnlich in einer materialistischen und technologieorientierten Gesellschaft vollkommen ignoriert. Inzwischen glauben die Menschen schon, daß mit ihnen irgendetwas nicht in Ordnung ist, wenn sie sich nicht sofort entscheiden und orientieren können.

Es gibt ganz einfach keine sofortigen tiefen Beziehungen und Freundschaften. Wir brauchen Zeit, und es bedarf einiger Anstrengung, um etwas Sinnvolles aufzubauen. Dies gilt ebenso für Beziehungen zu Menschen als auch für Situationen und Aktivitäten. Ganz besonders gilt es für die Ehe. In unserer Gesellschaft unterliegen die Menschen dem Irrglauben, daß eine sofortige Anpassung an das Eheleben stattfände. Dies ist unmöglich, denn bei jeder ‚neuen Situation' muß man erst um die Anpassung kämpfen und die Erwartung, daß man sich sofort auf diese Situation einstellen könnte, führt unweigerlich zu einer Enttäuschung.

Die Erwartung, daß man sich sofort an ein bestimmtes System oder zum Beispiel an eine bestimmte Schule (vor allem an Kindergarten und Vorschulen und das erste Jahr der Oberstufe oder das erste Jahr einer berufsbildenden Schule) sowie an neue Jobs anpassen könnte, führt zu Enttäuschung, Hoffnungslosigkeit und Depression.

Der Zwang zur sofortigen Anpassung kann das Leben härter und grausamer machen, als es sein muß. Ich mußte leider mitansehen, wie Eltern ihre kleinen Kinder dafür getadelt haben, daß sie sich neuen Situationen wie dem ersten Schulbesuch und dem ersten Aufenthalt in einem Ferienlager nicht sofort angepaßt haben. Wenn wir von sehr kleinen Kindern erwarten, daß sie sich neuen Situationen und Umständen sofort anpassen, dann tragen wir dazu bei, daß sie eine geringe Selbstachtung entwickeln, daß ihnen im späteren Leben Anpassung schwerer fallen wird, als dies gewöhnlich der Fall ist, und daß sie über sich selbst sehr enttäuscht sind und deshalb beginnen, sich selbst zu hassen. Wenn wir die Lektion der Selbstliebe und des Verständnisses für sich selbst sehr früh im Leben lernen, wird sie während unseres ganzen Lebens immer wieder durchklingen. Die Zeit und die Anstrengung, die ein Kind im Kampf um die Anpassung an immer wieder neue Situationen aufwendet, helfen ihm, ein Gefühl für sich selbst, Geduld mit sich selbst, Selbstliebe zu entwickeln. Diese Lektion ist sehr wertvoll, denn das Kind wird sie benutzen, um mit sich selbst liebevoll umzugehen, wenn später Anpassung erforderlich wird.

Krise und Katastrophe

Wir in unserem Kulturkreis sind Opfer eines gigantischen Masochismus. Jede Generation verfügt über einen Beweis dafür, daß sie in der schlimmsten aller Zeiten lebt, daß sie die schlimmsten Krisen- und Katastrophenzeiten durchmacht und daß die Zerstörung der Welt unmittelbar bevorsteht. Diese Art von Katastrophenorientierung funktioniert als ein stimulierender sadistischer Köder; sie gehört zum Bild der Sucht der Massen nach Stimulation. Unglücklicherweise wird dadurch große Verwirrung, Desorientierung und eine Verzerrung der Realität hervorgerufen.

Aber trotz weiterhin bestehender und schwerwiegender Probleme macht die Menschheit doch Fortschritte. Es gibt heute weniger Grausamkeit und weniger Unmenschlichkeit in der Welt, sogar weniger Krieg, weniger Skrupellosigkeit und mehr bewußte Fürsorge und ein wachsendes Bewußtsein von der Notwendigkeit eines liebe- und verständnisvollen Miteinanders, als dies jemals zuvor der Fall war. Wir wachsen ständig. Aber wenn wir die Welt geringschätzen, dann erniedrigen wir unsere Mitmenschen, unser Land und darüber hinaus auch *uns selbst* – und das ist wahrhaftig unrecht und destruktiv.

Natürlich hat Amerika und auch die Welt enorme Probleme. Die Menschen sind sehr komplexe Wesen. In unserem Land haben wir einen nicht geringzuschätzenden Versuch gemacht. Gegenwärtig ist dies der größte Versuch eines bestimmten Kulturkreises, ein liebe- und verständnisvolles Miteinander zu praktizieren. Es wird hier letztendlich versucht, Menschen vieler verschiedener Kulturen, Hautfarben, Rassen und Arten in relativer Harmonie miteinander leben zu lassen. Dieses Experiment ähnelt in gewisser Weise dem Versuch, den wir in unserem eigenen Mikrokosmos unternehmen, nämlich verschiedene Aspekte unserer selbst in einen Zustand von akzeptabler Harmonie zu bringen. Diese Art von liebevoller Anstrengung und Arbeit bedarf beträchtlicher Zeit. Unsere Spezies ist immer noch jung. Unser Land ist in der Tat immer noch sehr jung. Auch hier ist unser Gefühl von Entmutigung im wesentlichen Ausdruck unrealistischer Erwartungen.

Wir leben nicht in einer Welt aus ständigen Glücksmomenten, in der Menschen bis in alle Ewigkeit zufrieden sind. Wir Menschen sind nicht fortwährend tapfer, rein, liebend, selbstlos, verdienstvoll und gerecht. Wir können nicht jeden Berg erklimmen, jeden Fluß durchqueren oder unerfüllbare Träume realisieren, und wir dürfen nicht solche inhumanen Ansprüche an uns selbst stellen. Wir sind keine Ideale, sondern wir sind Menschen.

Wir leben in einer Welt mit anderen Menschen, deren Gefühle unbeständig und gemischt sind, die immer neue Versuche machen, die schwankend, müde und entmutigt werden, die faul und voller Energie sind, die lachen und weinen, die annehmen und zurückweisen, die freundlich und grausam sind, selbstsüchtig und altruistisch. Wir leben in einem kulturellen Umfeld, dessen Wertvorstellungen ambivalent sind, und wir Menschen haben andauernd ambivalente Gefühle. Dies sind die Bedingungen, unter denen Menschen leben. Lebendig und menschlich zu sein sind die einzigen Bedingungen, unter denen wir gut und mit einem Gefühl von Selbstliebe und von Liebe zu anderen Menschen leben können.

Wenn wir für uns selbst ein liebevolles Verständnis entwickeln, dann tragen wir sofort als ein Mensch unter vielen Menschen zu mehr Liebe, Verständnis, Einfühlsamkeit untereinander bei. Das liebevolle Akzeptieren unserer selbst bewirkt unweigerlich eine bessere Beziehung zu uns selbst und zu unseren Mitmenschen. Durch Frieden in uns wird der Frieden mit anderen möglich. Wenn wir einmal den Kampf um Liebe und Einfühlungsvermögen beginnen, dann wird er immer weitergeführt werden. Dies ist der Geist eines gesunden menschlichen Wachstums. Dadurch werden wir fähig, uns wie wirkliche Menschen zu fühlen, die fähig sind, die reichen Möglichkeiten des alltäglichen Lebens zu würdigen und zu genießen. Ich erinnere mich da an einen Vorfall mit meiner Tochter und meinem Sohn, als sie vier und er sieben Jahre alt war. Sie stiegen in den Schulbus. Mein Sohn sagte zu dem Fahrer, „Warten Sie, es steigt noch eine Person ein." Meine Tochter sah sich um und erkannte, daß niemand sonst dort war und daß er sie gemeint hatte.

Tagelang dachte sie verwundert darüber nach und wiederholte immer wieder, „Ich bin eine Person. Er hat mich eine Person genannt.“ Eine wirkliche Person zu sein und nicht ein idealisiertes Kunstprodukt ist keine geringzuschätzende Angelegenheit. Der Mensch und die Bedingungen, unter denen er lebt, bleiben die interessantesten und vielversprechendsten Herausforderungen auf dieser unserer Erde.

Freude

Es ist, so meine ich, sehr wichtig, in diesem abschließenden Kapitel einmal über die Freude zu sprechen, die der stärkste Helfer auf dem Wege zur Selbstachtung, zu liebevollem Mitgefühl und Glück ist, die aber auch Selbsthaß und Unglück zerstört. Freude ist auch ein Kind der Liebe zu sich selbst, weil Selbstliebe es möglich macht, die Freude, die häufig durch andauernden Selbsthaß und dauerndes Unglück verlorengegangen ist, zu erfahren.

Ich glaube, es gibt nur weniges, was menschlicher ist als unsere Fähigkeit, Freude zu empfinden. Freude ist ein natürlicher Zustand und eine natürliche Stimmung. Dauernder Mangel an Freude ist ein Anzeichen für Selbsthaß und ist Ausdruck einer erworbenen irrigen Einstellung. Gesunde Kinder werden mit der Fähigkeit zur Freude und mit der Fähigkeit geboren, diese Freude auch aufrechtzuerhalten, wenn nicht in destruktiver Weise eingegriffen wird.

So viele von uns haben vergessen, was es bedeutet, Freude zu empfinden. Tatsächlich gibt es für einige von uns dieses Gefühl gar nicht mehr, da es durch selbsthasserisches Leiden ausgelöscht wurde.

Wir müssen jede Gelegenheit ergreifen, um Freude zu erkennen und um jede Bedingung, jede Situation, jede Aktivität und alle die Menschen ausfindig zu machen, die bei uns freudige Gefühle auslösen und nähren. Freude und ihre tiefere Bedeutung zu verstehen, ist ein wesentlicher, vielleicht der wesentliche Schritt, um sie zu erlangen und zu erhalten.

Was ist Freude? – Für mich bedeutet Freude, sich gut zu fühlen! – Es ist das volle Lebendigsein, die Hoffnung, die Vitalität, das

Freisein von innerem und äußerem Zwang und Tyrannei und die Hingabe. Freude kommt aus Selbstannahme, sie entspringt dieser Selbstannahme und nährt sie auch wiederum, sie kommt aus dem Akzeptieren der Realität innerhalb der Beschränkungen und Begrenzungen des Menschlichseins, sie kommt aus Selbstachtung, innerem Frieden, Ausgeglichenheit, Spontaneität, Integration, Sinnlichkeit, Sexualität, Selbstverwirklichung, Kreativität und kooperativer Beziehung zu anderen.

Freude ist ansteckend, charismatisch, attraktiv, und sie hilft gewöhnlich den Menschen, die mit ihr in Berührung kommen.

Kurz gesagt, Freude ist eine Stimmung, die den gesündesten Anteilen in uns selbst entspringt. Freude heilt. In dieser Stimmung sind wir mit unseren Gefühlen stärker in Kontakt als in irgendeiner anderen Stimmung. Wir sind besser in der Lage, unsere Vorzüge und inneren Kraftquellen zu aktivieren und zu nutzen. Wenn wir das tun, dann vermehren wir noch unsere Freude. Im wesentlichen ist Freude ein Mittel, das der Entfremdung entgegenwirkt, nämlich einer Entfremdung von unseren eigenen Gefühlen, und sie wirkt der inneren Abtötung entgegen. Sie ist eine außerordentlich aktive Kraft im Kampf gegen Selbsthaß, Depression und alle Arten von einer Zurückweisung des Selbst; auf der tiefsten emotionalen Ebene hat die Freude nichts Leichtes, obwohl sie manchmal eine frivole Komponente haben kann. Sie ist besonders wertvoll, um gegenseitiges Anklagen und Haß zu verhindern und zu zerstreuen. Sie wirkt in dieser Weise, weil sie stark zu einer Atmosphäre von Kameradschaft, gegenseitigem Respekt, Zusammenarbeit und sogar Liebe beiträgt. Freude macht uns für uns selbst und für unsere Umgebung ganz besonders offen. Sie macht uns anderen gegenüber sensibel. Sie steigert unsere sinnliche Wahrnehmungsfähigkeit – Gesichtssinn, Gehör, Geruch, Berührung – durch Freude wird das, was wir mit all unserem inneren Selbst wahrnehmen, zu einer Art kreativen Grundstimmung. Durch Freude wird uns geholfen, noch mehr Freude durch die Freude anderer Menschen zu finden.

Eine gute Selbstachtung ist von höchstem Wert. Sie hilft uns beim Kampf gegen Depression und Selbsthaß. Sie ist das Tor zu unseren inneren Kraftquellen und zu unseren Fähigkeiten, uns selbst zu verwirklichen, eine gesunde Veränderung und Wachstum zu realisieren. Unglücklicherweise ist eine sehr schwer geschädigte Selbstachtung, wie sie so viele von uns haben, obwohl sie zum Zeitpunkt ihrer Geburt die Anlage zur Selbstachtung inne hatten, sehr schwierig zu heilen. Durch Leistung ist das nicht zu schaffen. Sie hilft zwar, und wir können uns an ihr freuen, wenn wir schon Selbstachtung besitzen. Aber wo keine Selbstachtung vorhanden ist, tragen Leistungen gewöhnlich zum Aufbau eines Image und der eigenen Erhöhung des Selbst bei; und wenn wir aus diesen Höhen herunterfallen, dann wird unser Selbsthaß noch weiter gesteigert werden.

Wenn man die positive Wirkung der Selbstachtung betrachtet, so glaube ich, daß Freude mehr als irgend etwas anderes auf der Welt dieses praktische und überaus wichtige Wunder bewirkt. Sie heilt und steigert die Selbstachtung. Sie bringt uns, wie ich es schon beschrieben habe, mit starken Gefühlen in Berührung und steigert zugleich noch die Stärke unserer Gefühle. Dies gilt besonders für alle wichtigen, warmen, befriedigenden Gefühle über uns selbst und die Welt. Dieses großartige Steigerungsmittel der Lebendigkeit, Vitalität und der Hoffnung bewirkt, daß wir uns in bezug auf uns selbst wirklich viel besser *fühlen* und nicht nur intellektuelle Erkenntnisse gewinnen, und zwar in einer Weise, die nicht im mindesten mit Stolz, mit narzistischer Selbstbeschäftigung oder mit dem Streben nach Ruhm und Prestige in Verbindung steht. Freude erweckt und fördert in uns wieder *unsere eigene Vitalität,* was ein wirklich gutes Gefühl für uns selbst und den eigentlichen Kern von tiefer, natürlicher Selbstachtung darstellt.

Freude ist selten die Erfahrung allerhöchsten Glücksgefühls. Sie ist niemals ein rachsüchtiger Triumph. Sie ist nicht die kurze Befriedigung, die wir durch eine stolze Erhöhung unseres Selbst gewinnen, oder das Hochgefühl, das narzistische Bestätigungen in uns auslösen können, oder das Gefühl, das wir durch einen Sieg in einer Situation der Rivalität gewinnen. Sie kann nicht in märtyrerhaftem Leiden gefunden werden. Wenn wir dafür offen sind, dann finden wir sie häufig im ganz Alltäglichen – in guter Luft, einer schönen Landschaft, in gutem Essen, einer guten Kameradschaft oder beim Lesen eines Buchs.

Für die Freude bedarf es nicht der rauschähnlichen Atmosphäre von Glücksmomenten, die Höhen und Tiefen hat. Freude wird nicht dadurch genährt, daß man stimulationssüchtig ist; aber auch nicht durch die erregende oder auch abtötende Wirkung von Substanzen, die nicht von unserem eigenen Körper produziert werden. Alles, was wir gebrauchen, was dem Körper schadet, steht der Freude entgegen.

Als Zusammenfassung läßt sich sagen: Freude fördert immer das Selbst, ohne Narzismus auszulösen. Dies bedeutet, daß innere konstruktive Kräfte unterstützt und aktiviert werden, ohne daß die Wahrnehmung von anderen, die Fürsorge und die Wärme für sie dadurch ausgeschaltet würden. Freude ist vielleicht die wirksamste Therapie. Freude ist ein Grund, und vielleicht sogar *der* Grund zum Leben.

Freude als Lebensgrund

Bedeutet diese Aussage, daß das Leben keine andere Bedeutung als Freude hat und daß wir um der Freude willen leben? Bedeutet das, daß nichts anderes eine Rolle spielt?

Für mich sind Rollenspiel und Künstlichkeit die großen Feinde der Freude. Demut und Realität sind ihre großen Freunde. Meine Ansicht ist, daß wir einfach die Bedeutung des Lebens oder den Grund für unser Leben nicht kennen – außer eben unserer Freude. Vielleicht können wir eine Person daran messen, was ihr bei seelischer Gesundheit Freude bereitet.

Wenn wir daher meinen, es gebe irgendeinen Sinn im Leben über die Freude hinaus, dann sind wir tatsächlich im Glauben, gottähnlich zu sein. Jegliche andere Bedeutung über die Freude hinaus übersteigt das menschliche Fassungsvermögen. Ich glaube, daß die Suche nach einer anderen Bedeutung auf unsere Demut und unsere Menschlichkeit eine destruktive Wirkung haben kann. Eine solche Suche kann zur Selbstverherrlichung beitragen, und sie kann bewirken, daß wir Rollen spielen, die mehr zu sein vorgeben und dadurch mehr Aufforderungen an uns stellen. Dadurch kann unsere Fähigkeit, Freude zu empfinden, gehemmt und sogar gelähmt werden.

Für mich besteht Glaube aus der Ansicht, daß das menschliche Leben eine Bedeutung hat, auch wenn ich als ein menschliches Wesen eine andere Bedeutung als die ‚Philosophie der Freude' nicht begreifen kann. Dieser Glaube ist notwendig, um in uns ein Gefühl von Demut zu bewahren und uns zu erfolgreichem Streben nach Freude zu animieren. Der Versuch, etwas anderes als nur menschlich zu sein, erzeugt ein Gefühl von Unglück und Elend und das Gegenteil von Freude. Wenn ich glaube, daß das Leben außer der Freude keine andere Bedeutung hat, weil ich diese Bedeutung nicht erkennen kann, so ist das ein Ausdruck von Größenwahn. Dadurch werden Menschlichkeit und Demut, die für die Freude notwendig sind, abgetötet. Wir neigen daher auch zu dem Glauben an das Chaos, und das wiederum erzeugt Instabilität, Angst und eine egozentrische Haltung.

Der Gedanke ist für mich maßgebend, daß innerhalb der menschlichen Grenzen der Sinn des Lebens mit der Suche nach Freude gleichzusetzen ist. Ich glaube, daß es andere und umfassendere Bedeutungen und Antworten auf die Frage, warum wir hier sind, gibt. Daß aber das Wissen außerhalb meines Erkenntnisbereiches ist, verschafft Erleichterung und befreit. Ich bin allmählich der Menschen müde geworden, die den Anspruch haben, andere Bedeutungen des Lebens zu verkünden und deren Interpreten zu sein. Ich mag sie deshalb nicht, weil sie die Freude zu verhindern wissen; sie steigern ihre Macht über andere im Namen Gottes, indem sie irgend etwas anderes als irdische Belohnung versprechen.

Wir müssen uns daran erinnern, daß wir Kräfte verlieren werden, wenn wir Demut und die Wahrnehmung der Realität zerstören. Dadurch verringern sich unsere Energie, unsere Konzentration und unsere menschlichen Stärken, und es fehlt uns an der gänzlichen Hingabe, die für die Entstehung der Freude notwendig ist.

Wo wirkliche Freude ist, sind auch meiner Meinung Schuldgefühle vollkommen unangemessen. Mit Freude wird das Leben nach meinem Empfinden immer gelebt, so wie es gelebt werden soll, nämlich innerhalb von natürlichen, gesunden Grenzen von Ethik und Respekt für den anderen.

Freude als Vorurteil gegen die Freude

Verwirrung, Vorurteile und sogar Furcht stehen nicht selten in engem Zusammenhang mit dem Begriff Freude. Es ist wichtig, die Dinge an dieser Stelle zu klären und Hemmschwellen abzubauen, die der Freude und der Entwicklung von Mitgefühl und Liebe und einer positiven Lebensphilosophie entgegenstehen. Ich sagte schon, daß man häufig meint, Freude stehe im Zusammenhang mit Seichtheit und Oberflächlichkeit. Bei manchen gilt sie auch als selbstsüchtig, nachgiebig sich selbst gegenüber, unmoralisch und sogar grausam.

Ich muß hierzu gleich klarstellen, daß sadistische Manöver und Aktionen, die möglicherweise von einigen als stimulierend empfunden werden, überhaupt nichts mit Freude zu tun haben. Das Ausbeuten und Manipulieren von Menschen, das indirekte Leben und Fühlen nur auf dem Weg über andere, das Hervorrufen von Schmerz bei sich selbst oder bei anderen, ergeben niemals Freude.

Ein Merkmal der Freude ist, daß sie niemals auf Kosten von irgendjemand anderem hervorgerufen wird oder existiert. Die aufgrund von sadistischen Manövern oder aufgrund von Machtspielen oder durch den Triumph der Rache erzeugten Gefühle sind Gefühle einer synthetischen Lebendigkeit. Sie sind Ergebnis des Versuches, die Empfindung inneren Totseins zu bekämpfen. Solche Gefühle entspringen einer kranken Seele. ‚Befriedigungen', die aus solchen Gefühlen gezogen werden können, sind immer nur kurzlebig, sie machen süchtig (wie etwa die Gefühle der Erhöhung des Selbst),und sie bedürfen zunehmend häufigeren und stärkeren Stimulanzien. Dies bedeutet im wesentlichen, daß ‚Freude' die aus dem Gefühl des Sieges über eine andere Person oder durch den Sieg über eine Gruppe von Menschen gewonnen wurde, überhaupt nicht echt ist; sie hat mit der wirklichen Freude, die gesunde innere Ressourcen und Vitalität integriert, nichts zu tun.

Freude kann durch die Bedingungen, die sie hervorrufen und die sie stark machen, definiert werden. Es gibt weniges, was eine größere Freude hervorruft als die Befriedigung, anderen wirklich zu helfen. Dies gilt ganz besonders für die Hilfe zur Selbstverwirklichung, nämlich der Entwicklung und Verwirklichung der natürlichen Neigungen, und sie gilt für die Leidensverringerung bei anderen. Solche Freude ist ein Beweis für die tiefe innere Verbindung, die wir natürlicherweise alle untereinander haben. Sie ist auch Beweis dafür, daß es für uns in einem Zustand der Gesundheit ganz natürlich ist, miteinander in Beziehung zu stehen. Nichts steht der Ausbeutung und dem Sadismus stärker entgegen.

Freude über die Entwicklung unseres Selbst, über eine gut gemachte Arbeit, über ein Engagement für Menschen und für bestimmte Anliegen, über das Funktionieren unseres Körpers, über sinnliche Befriedigungen, über kreative aktive oder passive Unternehmungen ist weder seicht noch oberflächlich. Wenn jemand Erhabenheit und Gewichtigkeit zur Schau trägt, so ist das gewöhnlich nur Ausdruck von Pose und Rollenspiel, und es fehlt dabei unweigerlich an Tiefe oder Substanz. Freude wird manchmal als unschuldige Frivolität empfunden und ausgedrückt, aber sie kommt aus unserem innersten Selbst. Meistens ist sie ein Produkt von innerer Aufrichtigkeit, ernstem Bemühen und von konstruktiven Ansätzen. Wenn man sie mit Seichtheit verwechselt, so deshalb, weil man dem ‚wie' eine größere Bedeutung als dem ‚was' zugeschrieben hat und weil man auf andere einen bestimmten Eindruck machen will, aber nicht so sehr, weil man ein persönliches Wertesystem entwikkelt hätte. Perfektionisten, die sich selbst tyrannisieren, sehen häufig Freude als suspekt, unmoralisch und möglicherweise süchtigmachend an. Das dahinterliegende Gefühl ist, daß das „Opfer" möglicherweise nach Freude süchtig werden könnte und dann für Freude alles opfern würde. Menschen, die sich selbst kleinmachen und auslöschen, die insgeheim danach streben, Ruhm durch ein Märtyrerdasein zu erlangen, betrachten Freude als selbstsüchtig, als selbsterhöhend und sogar als ein Anzeichen für Aggressivität.

„Wie kann das gut sein, wenn es sich so gut anfühlt, sich so gut zu fühlen?" fragen sie. Leid und Elend werden hier häufig mit Güte und Tugendhaftigkeit gleichgesetzt.

In Wirklichkeit steht Freude mit Durchsetzungsvermögen, einem starken Ich und unserem ganzen Selbst in Verbindung; sie gibt uns Befriedigung und Stärke. Durchsetzungsvermögen wird niemals so wie Aggression, bei der andere niedergedrückt werden, durch hierarchisches Streben oder das Herabsetzen des Status oder des Wohlbefindens von anderen Menschen erreicht.

Das Selbst wird niemals um der Freude willen aufgeopfert, denn unserer Definition nach ist die Freude die eigentliche Substanz des Selbst. Freude kann als der aktive Aspekt des Selbst angesehen werden: das Potential, das zu Energie geworden ist, die gesprochene Stimme, das gesungene Lied, die Augen, die sich nun für das Leben geöffnet haben, der Liebhaber, der wirklich Liebe empfindet.

Freude als Stimmung und als Philosophie

Für mich setzt sich eine Stimmung aus einer Symphonie von Gefühlen zusammen. Eine Stimmung drückt die vielen Gefühle aus, die wir im Hinblick auf uns selbst und auf die Welt haben. Umgekehrt bestimmt sie weitgehend unsere Ansichten und Wahrnehmungen und macht völlige Objektivität unmöglich.

Die Grundstimmung oder die Stimmung, die wir am häufigsten im Laufe unseres Lebens erfahren, ist der wesentliche, bestimmende Faktor dafür, wie unser Leben und damit unser Gesundheitszustand, unsere Beziehungen, unsere Arbeit und alle seine anderen Aspekte aussehen.

Können Stimmungen von uns beeinflußt oder vorsätzlich verändert werden? Sind sie nichts als automatische Antworten auf unkontrollierbare Einflüsse unserer Drüsen oder auf die organische Beschaffenheit unseres Gehirns? – Ich glaube, daß Stimmungen beeinflußbar sind und verändert werden können. Ich bin davon überzeugt, daß unser Körper und unser Leben weitgehend von unserer psychischen Verfassung bestimmt werden.

Ich glaube, daß Drüsen und das komplizierte und machtvolle

chemische Labor, das wir ›menschliches Gehirn‹ nennen, auf unser Denken und unsere Gefühle reagieren und daß sie großenteils die entsprechenden chemischen Vorgänge ins Leben rufen, um die Stimmungen, die zu jenen Gefühlen gehören, hervorzurufen und zu erhalten. All dies wird uns von unserem Wertsystem eingegeben: unsere Weltanschauungen und Ansichten, unsere Prioritäten – was für uns wichtig und nicht wichtig ist, welche Beziehungen wir zu uns selbst, zueinander, zur Welt haben.

Freude ist also mehr als eine passive Stimmung. Freude ist eine Stimmung, die einer bestimmten Philosophie entspringt, einer bestimmten Art, das Leben zu betrachten und es zu leben.

Die Philosophie der Freude stellt an uns sehr hohe Anforderungen, denn wir müssen uns ihr wirklich hingeben und ihr äußerste Priorität einräumen. Unglücklicherweise richten sich sehr viele Kräfte in unserer Welt auf die Rachsucht, den Ruhm, den Perfektionismus, auf Anklagen, Rache, Hoffnungslosigkeit, Zynismus, Selbsthaß und das Elend und Unglück. Unglück ist für die Freude wie ein Krebsgeschwür.

Wir müssen, wo immer dies möglich ist, Liebe zu uns selbst, Mitgefühl mit uns selbst und Freude fördern, und wir müssen uns gegen Selbsthaß und Elend stark machen, wo auch immer wir diese unsere Feinde erkennen.

Wir müssen darum kämpfen, die Philosophie der Freude in allen Bereichen unseres Lebens anzuwenden. Kämpferisches Bemühen, und darüber müssen wir uns bewußt sein, ist nicht Leiden, sondern vielmehr eine freudige Aktivität, die dem gesunden Wachstum des Selbst gewidmet ist. Das Bemühen und der Kampf, gute Musik zu verstehen, eine Sprache zu lernen, eine Familie zu gründen, ein Haus zu bauen, machen das Gefühl und die Stimmung von Freude aus.

Jedesmal, wenn wir Freude empfinden, dann tragen wir dazu bei, die Freude in der Welt zu vermehren. Sogar in einer tiefen Depression gibt es Zeiten, in denen ein wenig Freude durchkommen kann und wir dann ein Stückchen unseres Selbsthasses abtragen.

Wenn wir darum kämpfen, uns selbst noch einmal – oder auch zum ersten Mal – dazu zu verhelfen, Freude an einer schönen Aussicht zu empfinden, an Blumen und frischer Luft, an lachenden Kindern, an intellektuellen Aktivitäten, am Gehen und Sprechen, an Erinnerungen und an den Tausenden von Beschäftigungsmöglichkeiten, die wir wahrnehmen können, dann tragen wir zu mehr Freude in der Welt bei. Optimismus hilft dabei und ebenso der Kampf darum, die gute Seite einer Sache zu sehen.

Wir dürfen uns nicht entmutigen lassen. Freude ist auch eine Gewohnheit, aber es bedarf einiger Zeit, um uns diese Gewohnheit anzueignen; dies ist vor allem für die Menschen wichtig, die sich seit langer Zeit davon entfernt haben.